LES PLANTES

LEURS AMOURS, LEURS PROBLÈMES
LEURS CIVILISATIONS

DU MÊME AUTEUR :

Les Médicaments, Collection « Microcosme », Seuil, 1969.

Drogue et Plantes magiques (épuisé), Horizons de France, 1971.

Évolution et sexualité des plantes, Horizons de France, 2e éd., 1975, épuisé.

L'Homme renaturé, Seuil, 1977 (Grand Prix des lectrices de *Elle.* Prix européen d'écologie. Prix de l'académie de Grammont).

La Médecine par les plantes, Fayard, 1981 (nouvelle édition revue et augmentée, 1986).

La Prodigieuse Aventure des plantes (avec J.-P. Cuny), Fayard, 1981.

Mes plus belles histoires de plante, Fayard, 1986.

Le piéton de Metz (avec Christian Legay, Dominique Balland), Éd. Serpenoise, Presses Universitaires de Nancy, 1988.

Drogues et plantes magiques, Fayard, 1983 (nouvelle édition).

La vie sociale des plantes, Fayard, 1984 (réédition 1985).

Fleurs, fêtes et saisons, Fayard, 1988.

JEAN-MARIE PELT

LES PLANTES

Leurs amours, leurs problèmes, leurs civilisations

Nouvelle Édition revue et remise à jour

FAYARD

Anthropomorphisme, s'écriera-t-on. C'en est justement l'inverse; car il faut prendre garde qu'il ne s'agit nullement d'expliquer à partir de l'homme certaines données énigmatiques qu'on constate dans la nature, mais au contraire d'expliquer l'homme, qui relève des lois de cette même nature et qui y appartient par presque tout en lui, à partir des conduites plus générales qu'on y rencontre, répandues dans la grande généralité des espèces.

ROGER CAILLOIS

Il est remarquable de voir comment Darwin reconnaît chez les animaux et les plantes sa propre société anglaise avec sa division du travail, sa concurrence, ses ouvertures de nouveaux marchés, ses « inventions » et sa malthusienne lutte pour la vie.

KARL MARX

L'analogie est le grand facteur du progrès scientifique.

LEIBNITZ

PRÉFACE À LA NOUVELLE ÉDITION

Il y a un an paraissait Les plantes, leurs amours, leurs problèmes, leurs civilisations. *L'abondant courrier que suscita cet ouvrage mérite quelques commentaires ; il justifie le choix des citations de Caillois, de Leibniz et de Marx, figurant en exergue, et qu'il faut relire.*

Certes, les livres sur les plantes sont légion : les progrès dans l'illustration en couleur nous ont valu de superbes albums. Flores, guides de jardinage ou de promenade, répertoires d'arbres, d'herbes et de champignons ne se comptent plus... Que peut-on alors dire encore sur « les plantes » qui n'ait déjà été dit ?

Peut-être simplement peut-on les aborder autrement ; changer de perspective et de point de vue ; considérer les plantes comme des êtres à part entière, contraints, pour vivre et survivre, à inventer, à innover, à s'organiser... Imaginer en somme une autre manière de parcourir notre jardin, pour y découvrir, chez les fleurs que nous aimons « des mœurs et des comportements » qui sont aussi les nôtres.

Quelques-uns – il y en a toujours – refuseront de suivre : ils dénonceront des analogies abusives, l'audace de certaines affirmations, la non-pertinence de telle ou telle extrapolation, voire l'impertinence d'une telle approche. Ils parleront « d'anthropocentrisme», comme si dégager de l'observation des plantes les lois et principes qui sont ceux-là mêmes de la vie devait nous interdire de reconnaître en elles, comme en tout être vivant, une part de nous-mêmes ! Ne sommes-nous pas, elles et nous, engagés pour le meilleur et pour le pire dans l'unique et grandiose aventure de la vie ? D'ailleurs quelle vision de la nature pourrait ne point être, peu ou prou, « anthropocentrique », c'est-à-dire focalisée sur nous-mêmes ; par la structure de nos organes sensoriels et de notre cerveau, nous ne percevons de la nature que ce que nous livre « notre propre regard ». Un chien ou une abeille ont une perception toute différente de leur environnement ; car nous resterons pour toujours prisonniers de nous-mêmes et de nos instruments, ne pouvant jamais percevoir qu'une infime part du

« réel » : celle que justement nous saisissons « de notre point de vue »... Un point de vue parmi d'autres ! Ce qui conduit à avoir, si l'on peut dire, l'anthropocentrisme modeste.

D'autres décèleront dans ce livre une teinte finaliste, s'obstinant à refuser de reconnaître à tout être vivant, à tout organisme, à toute structure, à tout comportement, un but, une raison d'être... A ceux-là, on rappellera que Jacques Monod lui-même, dont on ne saurait pourtant mettre en doute le matérialisme radical, dut constater que tout être était avant tout une « machine à but »... fût-ce celui de se reproduire. Tel est bien en tout cas l'un des buts des plantes, et nous suivrons ici leurs laborieux cheminements et leurs audacieuses inventions pour l'atteindre : comment, à moins d'être aveugle, ne pas reconnaître, dans leurs multiples stratégies amoureuses, la force et la subtilité qui nous animent nous-mêmes, engagés nous aussi sur les chemins périlleux de l'amour et du sexe ?

En relisant Linné et Darwin, on conviendra que nos ancêtres ne craignaient point ce type de comparaisons. Ne les voyait-on pas s'aventurer au-delà de leurs terrains familiers, pratiquant audacieusement et souvent excellemment le « mélange des genres » - d'où les grandes synthèses que l'on sait, qui aujourd'hui défient si bien le temps.

Nécessaire et fructueux raisonnement analogique ! En permettant de transférer idées et concepts d'une science à l'autre, il conduit, par ces sortes de courts-circuits, à faire passer le courant des idées à travers les épaisses murailles qui séparent les disciplines et cloisonnent les spécialistes dans l'étroite prison d'un savoir en miettes.

Mais l'abondant courrier qui suivit la publication de la première édition de cet ouvrage montre bien que l'immense majorité des lecteurs, parmi lesquels des botanistes et des biologistes fort éminents, ont compris le sens du message. Car ce livre est porteur d'un message. Sous l'anecdote, la petite histoire, se cache tout simplement une histoire – l'histoire fantastique de la montée de la vie, de la poussée de la sève dans l'une des branches maîtresses de l'arbre généalogique du monde vivant : le règne végétal.

Une histoire où l'on décèle le génie de l'organisation du

vivant, la logique de ses structures, de ses hiérarchies, de ses organisations, de ses chronologies, de ses mécanismes et de ses lois.

Non, l'univers n'est point le chaos. Et, si désordre il y a, c'est d'abord dans notre tête qu'il faut l'y chercher ! Pauvre cerveau humain, saturé d'informations futiles ou contradictoires, et trop absorbé par la nécessité de s'agiter et de courir sans cesse pour pouvoir encore découvrir ce que tous les hommes de tous les temps avaient su voir et exprimer à travers leurs sagesses et leurs religions : à savoir, que l'univers a un sens, qu'un ordre profond le régit et s'impose à nous comme au microbe, à l'animal ou à la fleur.

Ce que chaque enfant indien apprend de son père et de sa terre, nous l'avons oublié, préoccupés que nous sommes à manipuler nos ordinateurs et à entretenir à grands frais l'énorme machine à produire et à consommer qu'est devenue notre civilisation.

Ce livre voudrait apporter un peu de la saveur et du parfum de la terre oubliée ; il voudrait modestement contribuer à l'éclosion de la nouvelle alliance qui laborieusement se cherche actuellement entre l'homme, la nature et la vie : notre ultime chance de salut. Pari difficile et qui exige lucidité et compréhension, face au monde qui nous entoure : celui qui nous a faits, et celui que nous prétendons orgueilleusement construire de nos seules mains.

On a pu dire que ce livre se lit d'un trait, comme un roman ; et qu'il produit une impression de total dépaysement, bien que la promenade se déroule dans des paysages familiers : nos forêts, nos jardins et nos champs... Faire du neuf avec du déjà vu ? Peut-être. Mais surtout changer notre regard, et apprendre non seulement à connaître, mais surtout à reconnaître : à reconnaître pour renaître et à renaître pour aimer.

Jean-Marie Pelt

CHAPITRE 1

Une rencontre au sommet : l'homme et l'orchidée

Femmes, anges ou démons?

Fabuleuses, extraordinaires orchidées, si proches des hommes, si proches de nous...; symboles d'exotisme, vous évoquez la luxuriance des forêts tropicales, mais aussi la table des milliardaires que vous ornez de vos grappes délicates ou de vos corolles éclatantes. Et pourtant, votre irruption dans nos mœurs ne s'est pas faite sans dommages... sans dommages pour vous.

Du génocide à la colonisation

La chasse à l'orchidée est encore dans toutes les mémoires. Des livres lui ont été consacrés. Version végétale des modernes sapharis, les orchidées subirent, parce qu'elles étaient rares et parce qu'elles étaient belles, la pire des calamités qui puisse s'abattre sur un être vivant : devenir un objet de convoitise humaine. La ruée sur l'orchidée, comme la ruée sur l'or, engendra des massacres : arbres coupés, forêts ravagées, sites dévastés, espèces décimées... Certaines orchidées auraient sans doute disparu à jamais de la surface de la terre si l'homme n'avait fini par les protéger de sa propre domination. Telle cette orchidée du Venezuela, qui, pour avoir l'imprudence de fleurir au moment de la fête des mères, était chaque année victime d'une extraordinaire hécatombe pour satisfaire les demandes venant d'Amérique du Nord. Il fallut interdire l'importation de cette espèce qui, étant l'emblème du Venezuela, aurait fini par ne plus exister que sur ses timbres ou ses blasons.

Ainsi, au XIXe siècle, les orchidées furent-elles les Indiens du règne végétal! Ces Indiens qu'on massacrait sans égard pour s'approprier leurs terres, dans ces mêmes forêts d'Amérique du Sud, brusquement livrées à la conquête de l'homme blanc, et qui sont aussi le paradis des orchidées.

Le massacre cessa lorsqu'on découvrit le moyen de cultiver les orchidées en serre, ce qui ne se fit pas sans mal. Après le génocide, commençait l'ère de la colonisation. Domestiquées et produites à la chaîne, les orchidées se démocratisèrent en même temps que leurs acheteurs.

Et pourtant ces fleurs sophistiquées, aux corolles délicates ou somptueuses, continuent à émerger du rang, nimbées d'une aura de fascination et de mystère qui n'appartient qu'à elles... Serait-ce que nous subodorions l'étrange cousinage qui nous lie à ces toutes dernières venues du monde des plantes?

Car l'homme et l'orchidée partagent le privilège d'occuper des positions stratégiques symétriques à l'extrême pointe des règnes animal et végétal. Ils sont, l'un et l'autre, ce qu'il y a de plus récent dans l'histoire de la vie. Comme deux sommets, ils émergent face à face. Entre eux, c'est l'abîme qui sépare les plantes des animaux et plus encore des hommes! Un abîme? ou simplement un fossé, une vallée creusée dans le continent de la vie où ils s'enracinent les uns et les autres?

Mais comparer une famille botanique, comportant près de 20 000 espèces comme les orchidées, à une espèce unique, l'homme, n'est-ce pas confondre le tout et la partie? Oui et non. Car l'homme, comme toute espèce vivante, est un rassemblement d'individus répartis en sous-groupes, ce qu'exprime à l'évidence la diversité des races. Et plus que toute espèce, l'humanité s'est diversifiée à l'infini : au cours de son évolution, elle a ajouté aux divergences de la nature celles de la culture. De sorte que l'espèce humaine ne s'analyse plus seulement en races biologiques, mais aussi en ethnies, dont chacune est marquée par une culture qui lui est propre. L'humanité représente donc un microcosme infiniment plus complexe et divers qu'une grande famille botanique; et si les divergences majeures ne sont plus biologiques, elles sont intellectuelles, culturelles, écologiques... Bref, en franchissant le « pas de la réflexion », comme aimait le dire Pierre Teilhard de Chardin, l'homme inaugure un nouveau monde, et pour tout dire, après les minéraux, les végétaux et les animaux, un nouveau règne, celui de l'esprit; mais ce monde, comme le monde biologique, n'échappe pas aux lois communes de la vie; et c'est justement ce que l'on va voir en faisant une fine radioscopie de la famille des orchidées, si proche de nous.

Une famille prolifique et conquérante

Les orchidées, comme les humains, ont conquis toute la planète : elles peuplent tous les continents, supportent tous les climats, avec une prédilection toutefois pour les régions tropicales; mais d'autres habitent l'Alaska, la Sibérie et même le Groenland. Pour s'adapter à des conditions de vie aussi diverses, elles ont dû faire preuve d'une grande capacité d'imagination.

En climat tempéré, les orchidées sont des herbes, et pour cette raison passent inaperçues. Seuls les naturalistes les distinguent dans les prairies estivales, où leurs hampes de fleurs roses, jaunes ou pourpres voisinent le bouton d'or ou le pissenlit. Les flores du Bassin méditerranéen ou de la chaîne des Alpes comptent des dizaines d'espèces d'orchidées, souvent très belles, mais que leur petite taille dérobe à nos regards pressés, superficiels et vagabonds. Inconvénient de la station debout, héritée de nos lointains ancêtres, et qui, dès l'aube de l'émergence humaine, projeta notre regard et notre curiosité vers le ciel, en même temps qu'elle nous arrachait à la terre, à ses couleurs, à ses odeurs. L'homme, disait le poète, est « un dieu tombé, qui se souvient du ciel »... Il chemine à mi-hauteur, sur des sentiers escarpés, entre le roc qui le brise et le précipice qui l'attire... Inconfortable sentier, qui donna le vertige à tant de philosophes...

Mais le botaniste emprunte des sentiers insolites, et découvre, dans la prairie alpine par l'odeur cette fois, l'Orchis vanille. Car il sait marcher le nez au sol, comme l'animal, que nous étions jadis, et reconnaître ainsi les odeurs qui montent de la terre. Cette très petite orchidée aux fleurs modestes, brunâtres et sans charme, surprend par sa forte odeur de vanille. Car les orchidées sont d'excellents chimistes. Elles synthétisent généreusement colorants et parfums, et l'odeur de vanille n'est qu'un échantillon de leur riche répertoire.

La vanille, la vraie, est d'ailleurs une orchidée. Mais une orchidée tropicale, croissant sous forme de liane. Pourquoi une liane, et pourquoi tropicale?

Dans une prairie ou une pelouse montagnarde, les orchidées, comme les herbes qui les entourent, vivent au soleil. Chacune, avec un esprit plus ou moins aigu de compétition, s'arrange pour s'y faire sa petite place... Mais dans les forêts équatoriales, les grands arbres absorbent la lumière. Le sol est sombre, et les herbes ne peuvent ni pousser, ni fleurir. Pour survivre, les plantes doivent s'adapter en s'arrangeant pour trouver la lumière. Et leur seul moyen est de grimper aux arbres, de monter très haut pour offrir leurs feuilles et épanouir leurs fleurs au soleil. C'est ce qu'ont fait les vanilliers, que l'on cultive aujourd'hui au Mexique ou dans les îles de l'océan Indien, en les faisant grimper sur des plantes supports.

Mais le port lianescent est un équipement coûteux. Il exige un investissement énorme en énergie (la quantité de lumière consommée) et en matières premières (l'eau et les sels minéraux puisés dans le sol, le gaz carbonique absorbé dans l'air) pour fabriquer une tige immense, qui n'est en réalité qu'un simple support, dépourvu de feuilles et de fleurs, au moins dans sa partie inférieure. Aussi, de nombreuses orchidées tropicales, astucieuses et économes, se débarrassent-elles de ces encombrantes échasses pour se planter directement sur la fourche des arbres. Elles y trouvent toujours des feuilles ou des cadavres en décomposition, formant un humus artificiel où elles peuvent s'enraciner...

S'enraciner n'est pas à vrai dire le terme exact. Car ces orchidées, que les botanistes nomment « épiphytes », ce qui veut dire « qui poussent en l'air », ont, comme toutes les plantes, tendance à former des racines. Ces racines apparaissent comme des filaments épais et charnus, qui plongent du feuillage des arbres ou pendent le long du tronc, mais n'atteignent jamais le sol. Car elles se sont arrangées pour capter l'eau, sans aller la puiser dans la terre. Aussi s'arrêtent-elles, si l'on peut dire, en cours de route, ce qui leur évite d'aller trop loin et de devoir parcourir, mais en sens inverse cette fois, le long chemin qu'empruntaient les lianes du sol vers les frondaisons! Les lianes gaspillent, mais les épiphytes fonctionnent à l'économie. C'est qu'elles ont su, grâce à ces curieuses racines, s'abreuver directement d'eau de pluie, qu'elles prélèvent par un ingénieux dispositif; en effet, l'eau qui s'égoutte le long de ces racines pendantes est absorbée à leur extrémité, par un tissu spécial, le voile; ce voile est une sorte d'éponge formée d'un manchon de cellules vides, qui se gonflent d'eau à la moindre pluie. Par temps sec, ces réserves d'eau sont consommées par la plante et les cellules du voile vidées s'aplatissent les unes sur les autres, formant une paroi protectrice, évitant les brûlures du soleil et la dessiccation. Ces orchidées ne se contentent donc pas de prélever dans l'air le gaz carbonique nécessaire à la synthèse de la matière végétale, comme le font toutes les plantes, elles y prélèvent aussi l'eau. Leur alimentation est donc entièrement aérienne, ce qui justifie bien le nom de « filles de l'air » que l'on a pu leur donner. L'eau et le gaz carbonique ainsi prélevés seront transformés, grâce à l'énergie solaire captée par la chlorophylle, en sucres et autres substances organiques, selon le schéma commun à toutes les plantes vertes.

Des plantes mises à la diète

Mais les mœurs alimentaires des orchidées n'ont pas fini de nous surprendre! Certaines, en effet, vont plus loin dans l'originalité et s'offrent des régimes différents. Délaissant la voie royale de l'assimilation chlorophyllienne, qui reste la source élémentaire d'élaboration de la matière végétale, elles deviennent, en quelque sorte, omnivores.

Comme l'homme qui se nourrit d'animaux et de plantes, elles préfèrent laisser à d'autres le soin de fabriquer leur nourriture, et se contentent de consommer ce qui se fait ailleurs. Ces espèces perdent leur chlorophylle, deviennent brunâtres et vivent comme des champignons; elles puisent dans l'humus des molécules organiques toutes faites, libérées par décomposition de la végétation environnante. Cet art de faire travailler les autres, et de se nourrir à leurs dépens, nous l'avons poussé jusque dans ses ultimes conséquences. En revanche, nous serions bien incapables de perdre l'hémoglobine de notre sang, qui, en véhiculant l'oxygène inspiré par les poumons, nous permet de brûler notre nourriture et d'alimenter ainsi notre corps en énergie. Car nos facultés d'adaptation, malgré les apparences, sont infiniment plus faibles que celles des plantes, au moins en ce domaine. Pour une plante, perdre sa chlorophylle est un événement tout à fait comparable; car c'est perdre le pigment grâce auquel fonctionne tout son système énergétique : le court-circuit en somme, la panne généralisée. Il en résulte l'incapacité, pour elle, de capter l'énergie solaire et de synthétiser ses propres aliments; autrement dit, la diète totale, le jeûne absolu. La plante serait condamnée à périr, à moins de réussir à s'alimenter autrement. Ce qu'elle fait en puisant dans le milieu extérieur une nourriture déjà élaborée, comme le font les hommes et les champignons, qui se singularisent précisément de toutes les autres plantes par leur absence de chlorophylle et leur régime alimentaire typiquement animal!

La néottie nid d'oiseau s'est résolument engagée dans cette voie. Cette petite orchidée des sous-bois s'est entièrement débarrassée de sa chlorophylle, d'où sa teinte brunâtre, et la régression des feuilles qui ont perdu toute utilité. Ses racines à bulbes multiples évoquent un nid avec des œufs – d'où son nom –. Son indifférence à la lumière, que faute de chlorophylle elle ne peut plus utiliser, lui permet parfois de vivre et même de fleurir sous terre. Initiative pour le moins originale, et qui fait l'absolue singularité de cette orchidée régressive, à mœurs de champignon! Initiative inquiétante aussi, car si toutes les plantes en faisaient autant, ce serait la fin de la vie sur la terre : faute de plantes vertes, l'oxygène de l'air ne serait plus renouvelé, et les animaux condamnés à mourir de faim et d'asphyxie.

Mais qu'y a-t-il de commun entre cette néottie fouisseuse et la vanille grimpante, entre les orchidées perchées sur les arbres et cette orchidée capable de vivre enterrée? Quelle caractéristique particulière permet à une plante d'arborer le label « orchidée »? En définitive, toutes ces orchidées, qu'ont-elles donc en commun qui leur soit propre?

Une orchidée c'est d'abord, et avant tout, une certaine architecture florale, extraordinairement sophistiquée, et comme inventée tout exprès pour vivre en bonne intelligence avec les insectes. Car c'est aux insectes, et à eux seuls, que les orchidées confient leur pollen, avec mission de le véhiculer d'une fleur à l'autre, en vue de la fécondation. Et pour séduire l'insecte chargé de pratiquer l'insémination artificielle à grande échelle, la fleur d'orchidée n'a rien laissé au hasard.

La mise au point de son architecture est sans doute le produit d'un long et patient « travail de recherche » à partir du type floral du lys. Le résultat fut un succès. Et ce succès, la nature l'exploite avec obstination : sur un plan floral homogène, elle module à l'infini. En somme, elle exploite à fond la réussite d'un prototype, comme ces architectes qui cherchent à placer partout le même plan, à quelques modifications de détail près. Mais ces modifications suffisent à offrir la plus extraordinaire palette de formes et de couleurs.

Les orchidées tropicales répandent de véritables cascades de fleurs multicolores, tels des papillons un instant figés dans leur vol. Aussi recherche-t-on un grand nombre d'espèces pour leur qualité ornementale. Plusieurs Etats latino-américains ont choisi des *Cattleya* comme emblème national : le *Cattleya trianae* en Colombie, le *Cattleya turialba* au Costa-Rica et le *Cattleya skinnerri* au Panama. Et le perfectionnement des techniques horticoles a permis, par le jeu des hybridations, de produire des variétés infinies d'orchidées ornementales, qui rivalisent et se surpassent en élégance et distinction.

Simple dans sa conception, complexe dans sa réalisation, la fleur d'orchidée illustre la dialectique de l'essence et de l'existence! Ces fleurs admirables, aux corolles somptueuses et aux parfums enivrants, épuisent leur talent à séduire. Les insectes, magnétisés par ce grand déploiement de charme, ne manquent pas de tomber dans le panneau...; dans le panneau publicitaire que représentent à leurs yeux à facettes ces fleurs puissamment attractives. Ils repèrent alors la piste d'atterrissage que la fleur leur offre, sous la forme d'un pétale allongé, le « labelle ». Le labelle, c'est la véritable image de marque de l'orchidée, son label de qualité. Comme la piste d'un aéroport, ce labelle est soigneusement balisé, tantôt par des stries ou des ponctuations colorées, tantôt par des touffes de poils correctement alignées. L'insecte prend alors la position du vol d'approche et peut même, le cas échéant, atterrir sans visibilité; car les insectes ne se guident pas seulement par les couleurs; ils sont aussi très sensibles aux odeurs. C'est pourquoi les orchidées fabriquent parfois des balises odorantes. Chez le *Listera*, ce sont de longues lignes de glandes insérées sur le labelle, qui sécrètent une odeur attractive.

Le baiser de l'insecte à la fleur

Mais la nature pratique le libre échange et la visite de l'insecte n'est pas gratuite. S'il accepte, comme on va le voir, de véhiculer le pollen, il entend bien être payé de retour. En remboursement du service rendu à la fleur, celle-ci lui offre son nectar, ce liquide sucré que les insectes sucent goulûment, à chacune de leur visite sur une fleur. Le nectar floral, c'est le petit verre qu'on offre au facteur pour le remercier de sa visite.

Certes, il est des insectes encore frustes, qui se contentent de brouter méchamment les fleurs. Mais ce sont là des pratiques archaïques et vulgaires que les orchidées, sauf en quelques cas, ont abandonnées depuis longtemps. Elles préfèrent élaborer de jolies glandes à nectar, ou mieux encore des éperons en forme de cornes d'abondance, situées juste dans le prolongement du labelle sur lequel l'insecte atterrit. L'insecte y plonge sa trompe et, dans ce baiser à la fleur, aspire le nectar comme on déguste une boisson avec une paille. Encore faut-il que la trompe soit assez longue pour atteindre le nectar, ce qui exige un rapport étroit entre l'anatomie de l'insecte et celle de la fleur. Si l'éperon est très long et la trompe trop courte, l'insecte en sera pour ses frais!

Darwin, observant la pollinisation des orchidées à Madagascar, fit à ce sujet de passionnantes observations. Avec près de mille espèces d'orchidées, dont les 8 ou 9/10e sont spécifiques à la grande île, Madagascar offre un champ d'observation d'un intérêt exceptionnel. Or, Darwin avait été frappé par la longueur de certains éperons, et en particulier par celui d'*Angraecum sesquipedale*, espèce ainsi nommée en raison de son éperon, évalué à un pied et demi de long, soit environ cinquante centimètres, ce qui d'ailleurs est un peu exagéré. Darwin se demandait quel insecte pouvait bien aller chercher du nectar dans un éperon aussi long. Pour lui, une telle plante était sans doute une erreur de la nature, comme un condamné à mort en sursis, que les insectes finiraient bien un jour par délaisser, faute d'y trouver leur compte. Il fallut attendre quarante ans plus tard pour découvrir un gros papillon, du groupe des sphinx, dont la trompe, extrêmement longue lorsqu'elle est déployée, lui permet d'atteindre le fond des éperons de l'*Angraecum*. Entre ce sphinx et cette fleur, une adaptation mutuelle s'est faite au cours des âges, encore qu'il soit impossible de savoir qui de l'insecte ou de la fleur s'est adapté à l'autre. C'est le fameux problème de l'œuf et de la poule; et la réponse est, bien entendu, qu'il y eut entre eux co-adaptation mutuelle : l'un et l'autre ont évolué simultanément en raison de leur étroite interrelation, aboutissant finalement à une formule de coexistence à deux, excluant tout insecte compétiteur, puisqu'aucun ne possède une trompe apte à réussir cette étrange et laborieuse copulation buccale avec l'éperon de l'*Angraecum*.

Curieusement, on découvrit en Amérique du Sud un sphinx, dont la trompe, extrêmement longue, conduisait à s'interroger sur la nature de la fleur qu'il pouvait bien visiter. Et l'on découvrit, quelques années plus tard, une orchidée du genre *Habenaria*, possédant un éperon de longueur équivalente. C'était donc, rééditée en Amérique, l'histoire de l'*Angraecum*, mais cette fois à l'envers.

Les orchidées semblent détenir le secret de ces étranges mariages monogames entre une espèce de fleur et une espèce d'insecte. La constance et la fidélité sont les uniques garants de la perpétuation de l'espèce, car la fleur ne peut être fécondée que par son partenaire spécifique, dont la disparition signerait son arrêt de mort.

C'est le malheur qui a bien failli se produire pour la vanille. La vanille, originaire du Mexique, y est utilisée de longue date. Lorsqu'on voulut l'introduire en culture dans les îles de l'océan Indien, notamment à Maurice et à la Réunion, il fallut se rendre à l'évidence : la vanille, brusquement frappée de stérilité, n'y donnait jamais de fruit. Les recherches entreprises montrèrent alors que la vanille n'était fécondée que par un seul type d'insecte, le mélipone, qui n'existait pas dans ces îles, et que naturellement on n'avait pas songé à importer de sa patrie d'origine, le Mexique.

Les quelques tentatives effectuées pour adapter l'insecte aboutirent à des échecs. Il fallut finalement qu'un jeune Noir invente une méthode artificielle de fécondation, que l'on pratique aujourd'hui encore : le pollen est prélevé avec des petites pinces, puis posé sur la partie réceptrice de la fleur : son stigmate; de sorte qu'il n'est pas inexact de dire que la vanille est fécondée par insémination artificielle, au même titre que les animaux domestiques; dans ces régions où son partenaire naturel n'existe pas, l'homme, en se substituant à lui, est devenu son unique chance de survie. En veuvage de son insecte favori, la vanille épouse l'homme en secondes noces, ce qui ne signifie pas, comme l'écrivait un étudiant étourdi, qu'elle soit fécondée par du pollen humain!

Spectaculaires et plus édifiantes encore sont les étranges relations que les orchidées entretiennent avec leur partenaire unique, lorsqu'elles tendent à lui ressembler par mimétisme. Dans ce cas, le labelle – toujours lui – traditionnellement chargé d'attirer l'insecte et de guider son atterrissage, va, si l'on peut dire, au bout de sa logique : il se transforme littéralement en un faux insecte. Ce pétale prend alors l'allure d'un moucheron, d'un frelon, d'une mouche, d'une guêpe ou d'une araignée, selon les espèces, et sera naturellement fécondé par l'insecte correspondant.

... Où l'orchidée se déguise et cligne de l'œil

C'est un amateur français, Pouyanne, magistrat à Alger, qui décrivit, pour la première fois en 1916, la fécondation d'un ophrys (*Ophrys speculum*) par une guêpe, qui ressemble à son labelle d'une manière saisissante. Il avait observé que seules les guêpes mâles étaient attirées par ces fleurs bizarres qui leur ressemblent tant, et finit par réaliser que les mouvements spasmodiques de l'insecte sur la fleur n'étaient point l'expression d'une violence gratuite, mais bien au contraire les gestes de l'amour! Il en voulait pour preuve le fait que la guêpe mâle prend sur la fleur exactement la même position que celle qu'elle occupe sur un partenaire femelle!

Comme les botanistes n'aiment pas que des amateurs viennent piétiner leurs plates-bandes, et comme à cette époque de la Grande Guerre on faisait précisément la guerre et non l'amour, les propos de Pouyanne ne furent guère entendus. D'autant que le grand Darwin lui-même, observant ces mêmes ophrys [1], n'était pas parvenu à élucider le mystère de ce labelle mimétique. Certains crurent donc voir dans la thèse de Pouyanne les élucubrations d'un vieux monsieur un peu vicieux... D'autres ne faisaient même aucun lien entre ce mime et la pollinisation. Ils pensaient qu'en simulant une guêpe, l'ophrys se défendait contre l'appétit des animaux, en les dissuadant de brouter une fleur porteuse d'un hôte aussi dangereux! Un botaniste viennois, Francé, prétendit même que c'est pour ne pas être visitée par des insectes que les ophrys les miment. Croyant en effet la place occupée, les insectes s'éloignent de ces fleurs. L'idée de Francé n'était peut-être pas aussi fausse qu'on le crut plus tard. La présence en effet sur une fleur d'un pseudo-insecte d'une espèce entraîne sans doute

1. Afin de ne pas alourdir la présentation du texte, les noms des genres latins qui sont passés dans le langage courant ont été maintenus en caractères romains.

l'éloignement des insectes appartenant à d'autres espèces qui, considérant la fleur occupée, ne s'y intéressent pas.

Par contre, cette « occupation » ne manque pas de susciter le vif intérêt des insectes mâles de la même espèce, qui croient reconnaître à distance un partenaire sexuel, comme l'ont prouvé les minutieuses expériences du botaniste suédois Kullenberg, confirmant en tout point les observations de Pouyanne. Le piège de la séduction amoureuse joue infailliblement, d'autant que le labelle n'a pas ménagé ses efforts pour que l'insecte tombe dans le piège ainsi tendu. Kullenberg a montré en effet que la disposition des poils qui le recouvrent est absolument similaire à celle des poils de l'insecte femelle, de sorte que les partenaires ne se reconnaissent pas seulement par la vue, mais aussi par le contact physique. Bien plus, ce labelle mimétique émet exactement la même odeur que la femelle de l'insecte, odeur d'ailleurs produite par les mêmes molécules. Convergence incroyable, qui double le mime physique, visuel, d'un mimétisme chimique rigoureux. Très excités par cette parfaite imitation de leurs partenaires, les mâles s'affairent sur le labelle et tentent de copuler avec lui. Mais, dans la plupart des cas, ils n'y parviennent pas, sans doute parce que ce labelle ne possède pas d'orifice sexuel comme la femelle. La nature révèle ici sa cruauté et la fleur d'ophrys sa parfaite indifférence pour un partenaire qu'elle entend bien séduire, parce qu'elle en a besoin, mais non point satisfaire.

Il est probable que cette frustration soit en définitive favorable à l'orchidée, sinon à l'insecte; car le mâle insatisfait poursuit sa route de labelle en labelle, transportant d'une fleur à l'autre le pollen qu'il a détaché dans son agitation fébrile et fécondant ainsi de nombreuses fleurs. Comme l'intelligence des insectes est plus que limitée et leur capacité d'adaptation pratiquement nulle, ils poursuivent ainsi indéfiniment et malencontreusement leur misérable quête amoureuse sans jamais y trouver leur plaisir. Le trouveraient-ils d'ailleurs, que, leur désir satisfait, ils manifesteraient peut-être moins d'empressement à tenter leur chance sur d'autres fleurs. Le nombre de visites décroîtrait en raison même de la molle torpeur qui suit généralement le plein accomplissement de l'acte sexuel, et c'est l'orchidée qui subirait alors le préjudice de sa bonté! En fait, elle exploite et tire habilement partie de l'imbécillité de l'insecte, congénitalement incapable de comprendre que, dans cette affaire, il sera toujours « le pigeon ». Un partenaire plus intelligent en tirerait les conséquences et fuirait ces fleurs égoïstes, les condamnant à mort par stérilité. Mais justement les insectes sont programmés, et bien incapables de changer leur programme! De plus, la nature s'est arrangée pour les forcer à jouer ce jeu, si peu satisfaisant pour eux. En étudiant l'ophrys abeille *(Ophrys apifera)*, on s'aperçut en effet que les fleurs s'ouvrent au moment de l'éclosion des insectes mâles, qui les fécondent, mais bien avant celle des abeilles femelles. Ainsi, les mâles, condamnés au célibat, en sont-ils réduits à ces pratiques masturbatoires, stimulées par le phantasme que l'orchidée offre à leur appétit, puisqu'ils n'ont pas d'autre partenaires que les labelles d'ophrys. Seuls les mâles survivants se consoleront de leur frustration juvénile en fécondant les vraies femelles quand elles seront écloses; ce qui est aussi utile à l'orchidée, puisqu'il en résultera une nouvelle génération d'abeilles, qui joueront, à leur tour, le rôle de pollinisateur.

Mais ces décalages chronologiques ne s'effectuent pas nécessairement au détriment de l'insecte. Il peut se faire aussi qu'ils s'effectuent au détriment de l'orchidée, laquelle doit parfois attendre longtemps la visite de son partenaire spécifique, si par exemple celui-ci n'est pas encore éclos et qu'elle l'est déjà. C'est pourquoi les orchidées mimétiques prennent d'étonnantes précautions pour conserver le plus longtemps possible leur pouvoir de séduction, et font preuve, ici encore, d'une surprenante féminité, mettant en œuvre les techniques de maquillage les plus sophistiquées. Pour rester fraîches et attractives durant des semaines, et parfois des mois, elles se revêtent de fards épais, sous forme d'une cuticule élastique et imperméable, leur permettant d'affronter le mauvais temps sans dommage. Et bien souvent elles vont même jusqu'à s'enduire d'un épais masque de cire, ce qui leur confère une consistance et une rigidité particulières.

Il peut se faire que malgré toutes ces précautions aucun pollinisateur spécifique ne daigne paraître. L'orchidée doit alors se résoudre au veuvage et à la stérilité. L'*Ophrys apifera* cependant a trouvé, lorsqu'une telle éventualité se produit, le moyen de se débrouiller tout seul. Le pollen, comme chez toutes les orchidées, est aggloméré, dans l'unique étamine de chaque fleur, en deux masses épaisses, les pollinies. Ces pollinies sont dressées; mais, si aucun insecte ne vient s'en saisir, elles finissent par s'affaisser et tombent spontanément sur la partie réceptrice femelle de la même fleur. Il y a alors autofécondation, solution de repli, à laquelle se livrent certaines fleurs, lorsqu'elles n'ont pas eu la chance de contracter mariage avec une autre fleur; solution à laquelle seuls les êtres hermaphrodites, porteurs des deux sexes, comme la plupart des plantes, peuvent naturellement avoir recours! Curieusement, dans notre exemple, c'est la détumescence de la pollinie qui produit la fécondation, alors que son érection naturelle la maintient à l'état d'impuissance; car les pollinies sont dressées au-dessus de la partie réceptive du stigmate femelle, dont elles sont en outre séparées physiquement par une membrane souvent infranchissable : le rostellum. Tout dans ces fleurs, on le voit, est mis en œuvre pour favoriser la fécondation croisée obligatoire, par insecte interposé.

Car l'autofécondation – cette solution de désespoir – n'est pas du goût de la plupart des orchidées mimétiques. Comme si elles voulaient l'éviter à tout prix, certaines d'entre elles poussent leur capacité de séduction jusqu'à offrir à l'insecte ce qu'exactement il recherche : l'orgasme. Tel est le cas de quelques orchidées australiennes [1], qui offrent aux petites guêpes mâles qui les visitent le bonheur d'y trouver leur plaisir, comme on peut le constater en observant les spermatozoïdes émis en masse sur leurs labelles en forme de langue. Selon E. Coleman, à qui l'on doit de minutieuses observations concernant ces espèces, les mâles semblent souvent préférer l'orchidée à leurs femelles. Le piège atteint donc ici sa perfection.

Une orchidée d'Amérique centrale [2] attire les mâles d'une espèce d'abeilles qui tentent de copuler avec l'extrémité des pétales, bien que la ressemblance soit loin d'être parfaite. Dans ce cas, c'est l'odeur et le toucher, plus que l'aspect visuel, qui semblent déterminer l'attraction sexuelle. Comme le mimétisme n'affecte plus seulement le labelle mais plusieurs pétales, plusieurs insectes tentent de s'accoupler en même temps avec la fleur. Étrange démonstration d'amour de groupe, où plusieurs partenaires s'affairent sur un unique objet, sans aucun lien entre eux.

Du mimétisme au fétichisme...

Cet exemple attire l'attention sur l'importance que revêt l'odeur dans le mécanisme d'attraction des orchidées mimétiques. Et c'est là que l'on atteint le comble du paradoxe. Des expériences ont en effet prouvé que, même lorsque le labelle était défiguré et découpé au point de ne plus ressembler à l'insecte partenaire, il ne perdait pas pour autant son pouvoir attractif, en raison de l'odeur intense de femelle qu'il émet. En fait, l'odeur attire l'insecte à distance, à la manière d'un radar, et bien avant que la vue du labelle mimétique n'intervienne à son tour. Et le contact physique n'intervient qu'en troisième lieu, après l'atterrissage. Le mimétisme

1. Observations sur quatre espèces du genre *Cryptostylis*.
2. *Trigonidium obtusum*.

est donc complet et manifeste son efficacité à tous les stades qui précèdent la copulation!

Lorsqu'un mâle est déjà installé sur une orchidée mimétique, il n'est pas rare qu'un autre mâle survienne et tente de se poser sur le premier. Plus qu'une démonstration d'homosexualité, il s'agit simplement d'une erreur d'appréciation du second insecte qui, attiré par l'odeur de femelle du labelle, fait en quelque sorte une double confusion et tente alors de copuler avec un insecte de son propre sexe. Mais dès qu'il voit son erreur, il repart aussitôt. Car l'homosexualité ne semble pas de mise chez les insectes dont les programmes génétiques innés sont plus rigoureux que chez les oiseaux et les animaux supérieurs où les comportements et les empreintes acquises dans l'enfance jouent un rôle primordial dans l'orientation sexuelle. Dans ces groupes évolués, de nombreux cas d'homosexualité ont pu être observés.

L'attraction sexuelle n'est pas le seul piège inventé par les orchidées pour attirer les insectes. Les *Oncidium* de l'Équateur répandent de longues grappes de fleurs jaunes et délicates, qui, en se balançant au vent, ressemblent à des abeilles du genre *Centris*; les mâles de *Centris* s'y précipitent violemment, non pas mus, eux non plus, par quelque appétit homosexuel, mais par le désir de dégager leur territoire, qu'ils surveillent sans arrêt et marquent de leur odeur; or, ils croient voir en ces fleurs qui leur ressemblent de dangereux rivaux. Les attaques sont précises, brutales et rapides; l'insecte mâle pique sur la fleur avec une habileté stupéfiante; il ne s'agit plus ici d'un désir amoureux, d'une pseudo-copulation, mais d'une lutte pour le territoire, d'un pseudo-antagonisme. On a même évoqué un cas de pseudo-parasitisme à propos d'une orchidée australienne du genre *Calochilus*, mimant un insecte sur lequel une guêpe pond ses œufs. C'est donc le labelle qui reçoit les œufs de la guêpe à la place de l'insecte. Mais cette observation a été discutée et il se pourrait qu'elle ne soit qu'un exemple de plus de pseudo-copulation.

On n'en finirait pas de parcourir la liste impressionnante des orchidées mimétiques, pollinisées chacune par un insecte spécifique. Dans le seul genre ophrys, vingt et une espèces sont dans ce cas. Et ce phénomène n'est pas l'apanage des seules orchidées puisqu'il a pu être observé par Kullenberg dans d'autres familles botaniques [1].

L'art de stimuler l'attrait sexuel par des mimes fait aussi partie de notre propre histoire; il fait même aujourd'hui la fortune des sex-shop, dont les poupées et autres gadgets ne sont que la version moderne et technique du labelle mimétique des orchidées. Ainsi, l'observation des orchidées nous offre-t-elle l'archétype, le modèle naturel du fétichisme, cette déviation de la libido qui détourne l'appétit sexuel de son objet naturel pour le fixer ailleurs. Mais la nature n'a que faire des déviations, dès lors qu'elles atteignent leur but, ici la pollinisation. Elle prend à revers le raisonnement apparemment logique des moralistes de jadis, qui condamnaient toute expression de la sexualité, hormis celle qu'ils considéraient comme conforme à la « loi naturelle » : l'union de l'homme et de la femme, en vue de la procréation dans le mariage. Et sur l'art de distinguer ce qui est naturel de ce qui ne l'est pas, l'on pouvait faire confiance au talent des casuistes, capables de couper en quatre le plus petit des poils pubiens! Or, la nature se moque de ces distinctions subtiles, qui, pour elle, n'ont aucun sens : car tout ce qu'elle invente est naturel par définition; et comme son imagination est sans limite, le champ du naturel est sans frontière. A l'homme de trouver le meilleur équilibre entre tous les possibles, entre les risques de durcissement chers aux époques victoriennes et les risques de pourrissement propres aux décadences. A chacun de sentir ce qui est bon pour lui, et qui n'est pas mauvais pour les autres. La nature a bon dos, qui permet de justifier toutes les attitudes, toutes les expériences, toutes les audaces... et

1. Par exemple chez *Guiera senegalensis* (Combretacées).

tous les égoïsmes. Elle ne dispensera jamais l'homme de se construire avec intelligence, dans l'alliance toujours fragile et toujours menacée de son esprit, de son cœur et de son corps, et dans la riche diversité de ses mœurs et de ses cultures.

Voilà pour la morale. Mais que dit la biologie? Pour elle, le mimétisme reste une énigme absolue. Il fait partie de ces phénomènes inexpliquables, qui mettent à l'épreuve la théorie classique de l'évolution par mutation et sélection naturelles. Quelle extraordinaire série de mutations devrait-on imaginer pour qu'un labelle devienne un insecte? Et pourquoi la nature produirait-elle et sélectionnerait-elle de telles mutations chez une espèce et pas chez une autre? Si l'on peut à la rigueur comprendre la coadaptation des trompes et des éperons chez l'*Angraecum* malgache et son sphinx, on voit mal l'orchidée « s'insectiser » par un processus analogue... Mais après tout, a-t-on jamais pu expliquer pourquoi tel missionnaire issu d'une vieille province française et au nom « bien de chez nous » revient de Chine après trente ans avec un visage et des attitudes qui ne permettent plus de le distinguer d'un vrai Chinois... Et ces vieux couples, où les époux finissent par se ressembler!... Autre forme de mimétisme, bien que d'origine biologique toute différente; autre énigme!

En fin de compte, la vraie question reste sans réponse : y aurait-il, chez l'orchidée mimétique, un processus original, spécifique, mais encore inconnu; quelque chose qui ressemblerait à une « volonté » de sa part de ressembler à un insecte. Poser la question, c'est déjà faire preuve, aux yeux des pairs, d'une audace inouïe. Y répondre serait encourir immanquablement leur condamnation sans appel!

Il arrive cependant chez les orchidées que les pièges soient moins sophistiqués, l'insecte allant vers la fleur avec, si l'on peut dire, ses « gros sabots ». C'est ce qui se passe précisément dans le cas des Sabots de Vénus, où, une fois encore, le labelle est maître-d'œuvre. Ce labelle, en forme de sabot, emprisonne les bourdons qui s'y laissent prendre : sa paroi lisse les empêche de rebrousser chemin et les contraint à s'échapper par une autre issue. Ils la trouvent sous forme d'une faille minuscule qu'ils traversent, emportant au passage le pollen sur leur tête. Habile stratégie que celle de ce Sabot de Vénus, merveilleuse orchidée des bois humides, seul représentant européen du genre *Cypripedium*, devenu rare aujourd'hui dans la flore. L'orchidée baquet [1] ajoute à cette stratégie de l'emprisonnement celle de l'envoûtement. Les mâles d'un genre d'abeilles sont en effet attirés par le labelle qui débouche sur un réceptacle creux, rempli d'un liquide enivrant. L'abeille, étourdie, tombe dans le baquet; elle ne trouve d'issue que par un étroit tunnel, dans lequel elle est condamnée à une pénible reptation, qui dure environ une demi-heure, et d'où elle s'échappe épuisée, mais porteuse des pollinies.

Il ne manque finalement que le mouvement pour que la panoplie des moyens de séduction soit complète; eh bien! une orchidée a été jusque-là. Les labelles des *Bulbophyllum* sont revêtus de poils vibratiles qui, en ondulant sans cesse, font aux insectes des sortes de clins d'œil, ou plus exactement des battements de cils, auxquelles ils succombent derechef.

Femmes, anges ou démons?

Ce vaste panorama sur les mœurs, et ce qu'il faut appeler les « comportements » des fleurs d'orchidées à l'égard des insectes, finit par nous troubler nous-mêmes, tant paraissent subtiles les ruses et supercheries dont elles s'avèrent capables. Promettant beaucoup et donnant peu, ne sont-elles pas l'image même de ces jeux cruels dont elles nous apprennent que la nature avait le secret bien avant que le déploiement des gran-

1. *Coryanthes macrantha.*

des stratégies de la séduction dans notre propre espèce ne les reprennent à son compte.

Par son tempérament comme par ses mœurs, l'orchidée est une femme. Parée de riches couleurs, formant les ensembles les plus harmonieux, finement maquillée sur fond de teint approprié, discrètement ou parfois outrageusement parfumée, aucune excentricité, aucune fantaisie n'est négligée dès lors qu'elle accroît son pouvoir de séduction. Et s'il faut se travestir, elle ira jusque là : n'est-ce pas ce que font les orchidées mimétiques en se déguisant en insectes? Ainsi, quelques millions d'années avant l'émergence de l'homme, l'orchidée savait déjà combien est grand le rôle du maquillage et du vêtement dans les stratégies de la séduction.

Mais, en même temps, elle inscrivait dans la nature l'injustice fondamentale qui à tout instant s'étale sous nos yeux : cette nature qui en donnant à certains êtres, et non à d'autres, la grâce ingénue ou insolente, mais toujours gratuite de la beauté, leur confère du même coup un énorme pouvoir sur autrui. Comment ne pas évoquer la beauté de tant d'adolescentes et d'adolescents, si caractéristique de toutes les décadences, et que leur « capital érotique » libère de tout complexe et de toute contrainte; fut-ce à la limite de devoir travailler pour vivre! La fleur d'orchidée est leur modèle et leur symbole. Mais ils ne le savent pas. Car ils ne savent rien, n'ayant nul besoin d'être curieux : la curiosité, c'est eux qui la suscitent! Car autour d'eux butinent et papillonnent d'innombrables insectes pris au piège de ces mimes, prétendants malheureux, perpétuellement frustrés ou éconduits par ces êtres fascinants plus avides de recevoir que capables de donner.

Trouble et équivoque, la fleur d'orchidée symbolise la sensualité; orgueilleuse, elle s'affiche effrontément et sans pudeur; égoïste, elle pense d'abord à elle. Dans le vaste monde des fleurs, l'orchidée mimétique assume une fonction luciférienne : comme ces petits démons au visage angélique qui peuplent les trottoirs des lieux de plaisir, elle induit l'insecte en tentation, allume son désir, puis le tient sous son charme; d'où l'obstination du pauvre animal à s'épuiser dans une course folle de fleur en fleur, sans jamais y trouver le bonheur. Et pourtant l'orchidée disparaîtrait si nul ne succombait à ses charmes!

Car la nature a l'art de marier les contraires. Son équilibre est à ce prix. Amorale, et parfois libertine, elle ignore et transcende nos concepts simplificateurs : entre ce que nous appelons le bien et le mal, elle ne trace aucune frontière; elle ne codifie pas les délits et les peines. Faut-il la condamner? Faut-il condamner l'orchidée mimétique pour avoir su si bien organiser ses affaires? Ou au contraire, à l'instar de l'intendant infidèle de l'Évangile, admirer son talent. L'histoire de la vie enseigne que la jalousie est mauvaise conseillère. Car à chacun sa place dans la nature. Et pour qui sait la contempler en silence et méditer ses leçons, il n'y a plus de jugement. Simplement une humble et pressante invitation à mieux comprendre; et, qui sait, ...à mieux aimer.

L'insecte aime l'orchidée à sa manière et le grand air de la séduction s'achève en des ébats toujours violents, qu'il s'agisse d'une tentative de copulation, d'une lutte contre un rival présumé ou plus simplement d'un effort épuisant pour échapper à un piège redoutable. Pourquoi d'aussi belles fleurs déclenchent-elles tant de violences? Sans doute parce que leur pollen reste aggloméré sur chaque fleur en deux masses lourdes et compactes, les pollinies, enveloppées jusqu'à maturité dans la paroi protectrice de l'unique étamine. Pour dégager cette paroi et déloger le pollen de son habitacle, il faut, de la part de l'insecte, une force peu commune, qui s'apparente davantage au viol ou à la lutte qu'à la douceur d'un flirt... Une fois cette circoncision réussie, et les pollinies dégagées, il faut encore les fixer sur le ventre, le dos, la tête ou la trompe de l'insecte, de manière suffisamment solide, pour qu'elles ne se détachent pas en cours de route. Pour cela, une petite glande gluante placée à la base de chaque pollinie forme, dès qu'elle est fixée à l'insecte, une sorte de ciment, qui, en séchant, la maintient solidement.

Certaines orchidées prennent même des précautions supplémentaires : les *Catasetum* d'Amérique du Sud possèdent des poils raides sur leur pollinies; au moindre contact, ces poils déclenchent un mécanisme brutal, qui plante les pollinies sur la tête des abeilles comme deux cornes dressées. Les *Catasetum* en outre, par leur forte odeur de menthe, stimulent l'appétit des insectes qui viennent brouter leur labelle. Face à ces mœurs barbares, la fleur a trouvé cette réplique non moins brutale qui assure infailliblement la pollinisation.

Darwin avait été fort impressionné par l'ardeur sauvage des *Catasetum*. Comme il relatait minutieusement leur art de planter les pollinies sur la tête des insectes au célèbre biologiste anglais Huxley, ascendant d'une lignée non moins célèbre, il s'entendit répliquer sèchement : « Et vous pensez vraiment que je vais croire tout cela ! » Mais qu'aurait dit Huxley s'il avait entendu parler de pseudo-copulation ou de mimétisme! Darwin lui-même n'avait pas, si l'on peut dire, vu le « coup » tant ces mœurs végétales paraissaient inconcevables à son époque.

Il avait pourtant consacré au mode de transport des pollinies de très fines observations. Il note, dans plusieurs cas, que lorsque l'insecte quitte la fleur, la masse pollinique modifie lentement sa position : d'abord verticale, elle se place à l'horizontale, se disposant exactement dans l'axe de la partie réceptive femelle de la prochaine fleur visitée, où elle se fixera, assurant ainsi la fécondation.

Paradoxe de brutalité et de délicatesse, fines précisions des mécanismes et lourdes pénalités infligées à ceux qui les mettent en œuvre, les orchidées sont l'image même de la vie : admirables et effrayantes, belles et redoutables, efficaces et fantaisistes. Au nom de cette efficacité, leur imagination est sans limite : une très belle orchidée tropicale *(Stanhopea graveolens)* se singularise par la forte taille de ses fleurs et leur extraordinaire odeur. A les voir, on se demande quel insecte possède un gabarit suffisant pour assurer leur pollinisation : en fait aucun. Car la fleur attire les mouches par l'odeur lourde et entêtante qu'elle produit. Ces mouches sont promptement dévorées par une araignée qui, tapie à l'écart, en fait son menu habituel. Et l'araignée est à son tour la proie d'un colibri qui, en fonçant sur elle et donc sur la fleur, assure la pollinisation!

On savait déjà que les fleurs ont généralement besoin d'un intermédiaire pour être pollinisées : les relations des orchidées et des insectes, avec leurs cours mutuelles, leurs parades nuptiales, leurs nuits d'amour, l'ont suffisamment montré. Mais *Stanhopea* dépasse la mesure : ce n'est plus d'un seul intermédiaire dont elle a besoin, mais de trois, le bonheur de la pollinisation venant au bout de cette réaction en chaîne, à l'issue de laquelle ne survivent que la fleur et l'oiseau. Les intermédiaires ont été purement et simplement exécutés, sacrifiés sans pitié sur l'autel des noces [1].

En disposant leur pollen en masses compactes, les orchidées marchent à l'économie, ce qui est tout à fait inusuel dans le monde des fleurs où le gâchis du pollen est la règle. En effet, le transport des pollinies à dos d'insecte permet une transmission intégrale du pollen produit par une fleur sur une autre fleur; il n'y a pratiquement aucune perte en cours de route contrairement à ce qui se passe ailleurs, où le pollen est généreusement gaspillé. Par ce trait de caractère, les orchidées se rapprochent des mœurs des animaux supérieurs qui émettent leurs spermatozoïdes dans le corps de la femelle, et ne répandent pas à tout vent. Autre signe

1. Le mode de pollinisation de *Stanhopea* tel qu'il est rapporté ici conformément aux études menées par Ruschi au Brésil en 1949 a ensuite été contesté par Dodson. Ce cas mériterait donc un examen plus approfondi et doit être reçu pour l'instant avec circonspection.

de haute évolution, autre convergence étrange entre l'orchidée et nous.

La maîtrise dans la régulation des naissances

Dès que la pollinisation a eu lieu, la fête est finie. La fleur se frippe, perd ses couleurs, son odeur, sa fraîcheur. Le labelle fane et la fleur disparaît entièrement dans la végétation environnante. La nature cesse ses campagnes publicitaires et enlève ses panneaux dès que leur objectif est atteint; les vieilles affiches ne souillent pas indéfiniment le paysage après que le spectacle a eu lieu! C'est d'ailleurs cette précipitation à défleurir qui explique pourquoi les éleveurs d'orchidées redoutent autant la présence d'insectes dans leurs serres. Car la fleur ne conserve sa beauté qu'autant qu'elle n'est pas fécondée. Aussitôt après, elle flétrit.

La fleur d'orchidée révèle ici sa vraie nature : non pas celle d'une prostituée, car elle n'offre pas même du plaisir à son client; non pas celle d'une femme insatiable et dévorante, car elle se contente d'un seul visiteur, pour peu qu'il lui apporte le pollen; non pas celle d'une épouse, car elle n'entretient aucune relation durable avec son partenaire d'un instant. Mais bien celle d'une mère qui, pour faire ses petits, met vraiment tout en œuvre.

L'insecte ayant accompli sa mission et la fleur également, celle-ci va désormais se consacrer entièrement à l'élevage des futurs nouveau-nés. Le succès de la pollinisation met un terme au désir et à toute relation sexuelle ultérieure avec les insectes. Voilà qui aura de quoi rejouir nos austères moralistes quelque peu bousculés dans leurs convictions; ils ne manqueront pas d'apprécier que chez les orchidées l'exercice de la sexualité est exclusivement ordonné à la fonction de reproduction!

Les orchidées sont prolifiques. Darwin estimait à

6 200 le nombre de graines contenues dans une seule capsule d'*Orchis maculata*. Comme la plante porte une trentaine de fruits, elle pourrait engendrer près de 200 000 descendants. Mais il y a mieux : dans le genre *Acropera*, une espèce va jusqu'à fournir 74 millions de graines par pied ! Si toutes ces graines germaient, elles recouvriraient la planète en moins de cinq ans. Mais elles ne germent pas ! Car la nature, soucieuse de maintenir l'équilibre, a inventé un ingénieux système de limitation des naissances.

Pour tenir aussi nombreuses dans le ventre nécessairement réduit de la fleur, les graines ne peuvent qu'être minuscules. Dans certaines espèces, elles forment une véritable poussière ne pesant à la limite chacune qu'un deux-centième de milligramme [1]. De telles graines ne sont que des avortons à peine formés, où l'embryon n'est qu'un petit massif de cellules indifférenciées. Dans ces conditions, la germination est ardue : où puiser les aliments nécessaires, pour permettre à l'embryon de faire une petite racine, qu'il enfoncera ensuite en terre pour se nourrir ? Car ces graines ne possèdent aucune nourriture en réserve. L'embryon, qui est le bébé de la plante, n'a rien à sa disposition pour se nourrir au moment où il se réveille de son sommeil hivernal pour germer.

Ce problème, les orchidées le résolvent par champignon interposé : l'embryon se laisse pénétrer par les filaments de champignons microscopiques (*Rhizoctonia*), qui drainent vers lui les aliments indispensables à la reprise de la croissance. Ce champignon joue le rôle d'une paille, que l'embryon utilise pour s'alimenter. Lorsque la jeune plante a pu acquérir son indépendance alimentaire en enfonçant ses racines dans le sol, le champignon, par un juste retour des choses, exige à son tour d'être nourri par la plante avec laquelle il a organisé sa vie. L'orchidée cherche au contraire à s'en débarrasser, car elle n'en a plus besoin – toujours la

1. Chez *Dendrobium attenuatum*.

même tactique égoïste –; l'orchidée appartient décidément à cette catégorie d'êtres qui aiment mieux recevoir que donner. Une lutte d'influence va donc se déclarer : si le champignon résiste, un équilibre fragile s'instaure et les filaments persistent dans les tubercules de la plante durant toute sa vie. Le gonflement des organes souterrains chez de nombreuses orchidées a été interprété comme une réaction de défense de la plante contre le champignon qu'elle abrite. Le nom d'orchis, qui signifie testicule en latin, rappelle d'ailleurs la forme des organes souterrains de la plante, qui évoquent effectivement deux testicules.

La plupart des graines, incapables de trouver un champignon nourricier, ne germent pas. En fin de compte, les orchidées font figure de plantes rares malgré l'incroyable prolifération de leurs graines. Dans les prairies ou les sous-bois, elles restent disséminées çà et là, sans jamais former de peuplements très denses comme le font les coquelicots ou les marguerites par exemple. L'orchidée est peu sociale : comme tous les grands séducteurs, elle cherche moins la compagnie de ses semblables que celle de ses victimes.

La germination des orchidées exigeait jadis des tours de mains que seuls quelques horticulteurs expérimentés connaissaient. Ils infestaient les graines avec un bouillon de culture de champignons, selon la technique du botaniste français Noël Bernard, et obtenaient quelques germinations. D'où la rareté et le prix de ces fleurs. Des recherches américaines ont permis d'accroître le taux de germination en cultivant les graines sur des milieux contenant 2 % de sucre; tout se passe comme si ce biberon sucré compensait la sécheresse de la mère. Car c'est à l'albumen – substance alimentaire normalement contenue dans les graines – qu'est normalement dévolu le soin d'alimenter l'embryon durant ses premiers jours! Or, les orchidées n'en possèdent pas.

L'orchidée a donc résolu le problème de la surpopulation par une méthode efficace et indolore : la dégénérescence de la graine. Elle supprime ses nouveau-nés par non alimentation, après les avoir endormis à l'état d'embryons immatures dans ses graines. Il faut bien constater que l'humanité ne fait guère mieux lorsqu'elle laisse mourir de faim, et sans les endormir, près du quart de ses enfants. Quant à l'avortement, c'est pire encore : car il ne prend pas soin d'endormir le fœtus, l'arrachant brutalement au ventre de la mère! Étrange parallèle, qui met en lumière l'acharnement de la nature à contrarier l'expansion des espèces trop prolifiques.

L'ambiguïté sexuelle des orchidées

Mais si les orchidées pratiquent comme nous la régulation des naissances, elles possèdent, en revanche, d'autres moyens de reproduction, qui n'appartiennent qu'aux plantes et nous laissent rêveurs.

Le premier est la capacité de reproduction végétative, par simple subdivision des organes souterrains. Ainsi, comme toutes les plantes vivaces, les orchidées peuvent-elles se reproduire d'année en année, sans germination des graines, par simple multiplication de leur appareil souterrain, à l'instar de tant de plantes à bulbes. Ce mode de propagation typiquement végétal est totalement absent chez les animaux supérieurs, voués à la stérilité s'ils ne rencontrent aucun partenaire de leur espèce.

Chez de nombreuses orchidées, en particulier dans le genre orchis, la coexistence du vieux tubercule de l'année précédente avec celui de l'année en cours simule, on l'a dit, de manière saisissante une paire de testicules. La famille doit d'ailleurs son nom à cette étrangeté anatomique, puisque orchis signifie en grec : testicule; et l'on conçoit que, conformément à l'antique théorie des signatures, les tubercules d'orchidées aient pu être considérés comme de puissants aphrodisiaques.

Selon cette théorie en effet, que l'on retrouve dans toutes les civilisations primitives, les plantes signent, par leur forme ou leurs aspects, les propriétés thérapeutiques qu'elles possèdent. Le suc jaune qui s'échappe des tiges de chélidoine lorsqu'on les rompt ne peut qu'être un excellent médicament des maladies du foie, c'est-à-dire de la jaunisse; le latex blanc des euphorbes se doit de favoriser la sécrétion lactée; de même, la forme de la noix évoque le cerveau et indique son emploi dans le traitement des maladies mentales; quant au haricot, il se doit naturellement de guérir les maladies du rein. Nous dirons plus loin ce qu'il faut penser de ce type de raisonnement analogique, et quelle en est la signification. Constatons seulement que la signature odorante et visuelle du labelle d'orchidée se justifie entièrement, et qu'il possède, du point de vue de l'insecte, des effets aphrodisiaques incontestables! Quant à transférer le raisonnement en thérapeutique humaine, c'est une autre affaire! Toujours est-il qu'en matière d'aphrodisiaques, la théorie des signatures s'est révélée particulièrement fertile, sinon dans la réalité des effets constatés, au moins dans l'imaginaire. De nombreuses plantes évoquant un sexe mâle en érection, comme l'asperge, la carotte, la banane et de nombreuses gousses ont connu une faveur extraordinaire. Et plus que tout autre, la célèbre mandragore à forme de corps humain, dont le Livre de la Genèse nous apprend que Ruben fit une ample récolte, qui assura à Jacob sa généreuse postérité. Pourtant, la mandragore fait dormir, et la théorie est prise ici en flagrant délit de divulgation de fausses nouvelles! Quant aux orchidées, la tradition les faisait naître de la semence de taureau échappée pendant la copulation et répandue sur le sol. Il est vrai que l'extrême petitesse des graines d'orchidées avait dû les laisser passer inaperçues. En revanche, la forme suggestive du double tubercule ne pouvait laisser aucun doute sur leurs effets aphrodisiaques.

Mâles par leur signature testiculaire, femelles par leurs attitudes séductrices, voici les orchidées singulièrement ambiguës. En fait, le sexe dépend ici de l'observateur : il est femelle pour l'insecte, mais mâle pour l'homme. Encore qu'offrir une orchidée à une jolie femme n'est jamais neutre. Symbole même de la séduction, avec tout ce qu'elle a d'équivoque, l'orchidée est une sorte de Janus aux deux visages, femme fatale et Don Juan. Pour tout dire, un être trouble, et profondément troublant.

La production à la chaîne

Or, ces êtres mystérieux et déconcertants, qui ont inventé les stratagèmes les plus fous pour se reproduire, portent en eux la possibilité de le faire par le procédé le plus banal, le plus anodin, le plus simple qui se puisse imaginer... mais aussi le plus extraordinaire, et qui achèvera de nous laisser pantois. C'est l'aptitude à se reproduire à l'intégrale, à se multiplier à l'infini, à partir de quelques cellules. Il suffit de prélever ces cellules dans un jeune bourgeon et de les ensemencer sur un milieu favorable : douées comme toutes cellules très jeunes d'un fort pouvoir multiplicateur, elles prolifèrent et forment une masse tissulaire compacte. Les milieux de culture, placés dans des fioles de verre, sont constamment agités, de sorte que ce tissu occupe des positions variables où il ne peut reconnaître un haut et un bas, ce qui l'empêche d'émettre une tige et une racine. On démultiplie alors ces amas tissulaires indifférenciés et on les répartit à nouveau dans des fioles contenant le même milieu nutritif; et ainsi de suite jusqu'à reproduire des milliers d'amas tissulaires identiques. Puis on cesse l'agitation et on maintient en permanence les fioles en position verticale : une racine s'ébauche alors qui fuit la lumière et une tige qui la recherche. Une nouvelle plante, entièrement artificielle, est née sans aucun phénomène de sexualité, exactement identique à l'ancêtre lointain sur lequel furent prélevées les premières cellules mises en culture.

La multiplication des orchidées nous amène ainsi aux limites de la science-fiction, en nous rappelant que tout le programme héréditaire d'un individu est contenu dans chacune de ses cellules; il est donc possible, au moins en théorie, et dans le cas présent en pratique, de reproduire à l'identique un individu à partir d'une seule de ses cellules, pourvu que celle-ci ait encore un suffisant pouvoir de division.

On rêve à ce qu'il adviendrait de l'extension aux animaux et aux hommes d'un tel mode de reproduction, qui, s'il est théoriquement possible, n'est pas encore – Dieu merci! – pratiquement réalisable. Le développement de ce type de propagation à grande échelle déboucherait sur des individus soigneusement sélectionnés à partir d'un individu souche : il suffirait de bien choisir celui-ci pour mettre entre les mains d'un tyran une armée de robots parfaitement automatisés et capables de tout. Mais on n'en est pas encore là!

Dans la nature, les orchidées se contentent d'émettre leurs graines minuscules et innombrables, manifestement régressives. Ça n'est pas une de leur moindre singularité qu'arrivées à l'extrême sommet de l'évolution du règne végétal, elles fabriquent, pour se reproduire, des graines qui n'ont plus que la taille des spores qu'émettent les plantes archaïques comme les mousses ou les fougères. Étrange retour en arrière dans l'histoire de la vie, qui, comme nous le verrons plus tard, ne manque pas d'évoquer les tendances régressives qui n'épargnent ni les humains, ni leurs civilisations.

Car les orchidées sont guettées par les dangers qui nous menacent nous-mêmes : en domestiquant l'insecte, le champignon, l'arbre porteur, elles ont lié leur sort et leur avenir aux contingences externes. Il leur faut une cour. Comme l'homme moderne, elles ne sauraient survivre sans des « supports » permanents et un environnement particulier. Certaines ont d'ailleurs abandonné, dès à présent, la synthèse chlorophyllienne, et vivent à la manière des champignons sur l'humus. Arrivées très haut dans la hiérarchie des êtres, les orchidées, comme les hommes, sont menacées par un même péril : la tendance à la facilité, ce que les botanistes nomment la « dégradation parasitaire » et les moralistes « la vie au crochet des autres ».

Cette menace profilée à l'horizon n'a pas jusqu'ici porté atteinte à leur expansion. Celle-ci semble résulter d'un très habile équilibre entre les fonctions d'imitation et d'exploration : l'imitation est la capacité de reproduire indéfiniment une structure favorable, fixée une fois pour toute; par exemple le plan floral de l'orchidée. L'exploration est le génie inventif, l'aptitude à explorer toutes les possibilités et tous les itinéraires. Ainsi, les orchidées ont des fleurs toujours différentes, vivent en symbiose avec les insectes les plus divers, s'adaptent aux modes de vie et aux milieux les plus variés. L'art d'amalgamer du neuf au déjà vu est peut-être l'ultime secret de leur succès.

Pour tout dire, les orchidées ont nos problèmes : comment s'adapter pour vivre dans des milieux aussi différents que la forêt tropicale, la garrigue méditerranéenne, la pelouse alpine ou la Scandinavie? Comment faire face à de graves accidents, comme la perte de la chlorophylle, qui remet en question l'équilibre énergétique et le régime alimentaire? Comment conserver les bénéfices évidents de la spécialisation et de la fidélité conjugale au partenaire sexuel, sans pour autant sombrer dans une totale dépendance, qui risquerait, à terme, d'être mortelle? Comment réguler les populations et limiter les naissances pour échapper à la prolifération incontrôlée? Comment éviter les fâcheuses tendances régressives, qui remettent sans cesse en cause les progrès antérieurs, ce que nous appellerions les droits acquis? Autant de questions auxquelles ces plantes ont dû répondre, autant de défis qu'elles ont dû relever.

Mais, dira-t-on, comment ont-elles pu en arriver là? Comment la vie a-t-elle permis un aussi fabuleux déploiement d'imagination, pour aboutir à des êtres végétaux aussi sophistiqués, et qui finissent par nous apparaître comme de tout proches cousins? Pour le comprendre, il faut remonter aux sources du fleuve immense, dont les orchidées marquent l'embouchure, et qui est l'histoire-même de la vie... cette vie qui prit naissance dans l'océan primordial, voici quatre milliards d'années.

CHAPITRE 2

Aux origines de la vie : les algues

Prendre une claque et relever le défi

L'histoire de la vie commence dans les océans. Là, il y a quatre milliards d'années, sur la planète encore juvénile, s'élaborent par réaction chimique les premières molécules vivantes. Parmi celles-ci une molécule privilégiée : la chlorophylle. On ne saura jamais quel être primitif génial aura réussi à fabriquer pour la première fois cette verte molécule, dont l'apparition marque le point de départ de l'histoire des plantes.

Où l'azur naît de la verdure...

Comme une plaque transparente colorée en vert, la chlorophylle décompose les rayons solaires : elle absorbe le rouge et le bleu et laisse passer le vert. Mais l'énergie solaire ainsi absorbée n'est pas transformée en chaleur, comme elle le serait à travers la plaque de verre; elle sert à réaliser une réaction chimique simple : combiner l'eau, les sels minéraux dissous et le gaz carbonique de l'air pour former de la matière vivante, et surtout des sucres qui permettront aux premières cellules végétales d'épaissir leur membrane et d'accumuler des réserves alimentaires en leur sein. Le goût sucré de la betterave ou de la canne n'est que l'exagération du phénomène de synthèse des sucres, privilège unique de toutes les plantes vertes exposées à la lumière. Ainsi la matière vivante s'élabore-t-elle sur la planète, par les plantes et par elles seules. C'est pourquoi la masse végétale représente ce que les écologistes appellent la production primaire destinée à être consommée par les êtres plus complexes, hommes et animaux. On peut donc dire que les algues et toutes les plantes vertes qui leur succédèrent dans l'histoire de la vie vivent de l'eau et de l'air du temps. Elles font la synthèse du matériel et de l'immatériel, unissant les quatre éléments, l'eau et l'air, la lumière et la terre, pour en faire leur propre chair vivante. Synthèse magique qui reste le privilège unique des plantes, hors de portée de toute science humaine !

Cette synthèse végétale s'accompagne en outre d'un dégagement d'oxygène, résultant de la décomposition de l'eau. Ce dégagement d'oxygène par les premières algues chlorophylliennes apparut sans doute comme une catastrophe. Car l'oxygène s'avérait un dangereux poison pour les êtres les plus primitifs, qui avaient réussi jusque-là à vivre par fermentation et furent contraints de se réfugier promptement dans des milieux protégés et non oxygénés comme les vases du fond des eaux où ils demeurent encore. L'oxygène, pendant ce temps, se dégageait dans l'atmosphère où il s'accumulait peu à peu. C'était le déchet de la photosynthèse.

Lentement, l'atmosphère primitive de la terre formée d'une épaisse couche de brume grisâtre se modifia et le ciel se mit à bleuir par accumulation d'oxygène dans la haute atmosphère. Ainsi, l'azur céleste n'est-il que la conséquence du verdissement de la mer d'abord et de la terre ensuite, grâce à la prolifération des êtres chlorophylliens. Car c'est le monde vert, le monde des plantes qui fit la planète bleue, notre terre, l'oasis de l'univers. C'est lui qui fit notre ciel d'azur. On imagine l'étonnement d'un être intelligent qui aurait, d'une autre planète, observé le lent bleuissement de la terre au cours des deux derniers milliards d'années.

Les origines du sexe

Ainsi, durant des centaines de millions d'années, la vie végétale se perpétue et évolue au sein des océans; avec une infinie lenteur, les êtres primitifs se perfectionnent jusqu'à ce que survienne à nouveau un événement essentiel : l'invention de la sexualité. Jusqu'alors, les cellules se multipliaient par scissiparité : une cellule primitive se divisait en deux, chaque cellule fille en faisant autant, et cela indéfiniment, de génération en génération. Naturellement les générations étaient courtes : quelques heures, au maximum quelques jours; car la vie d'une cellule est brève, dès lors que son seul « désir », visiblement, est d'en faire deux! Chaque cellule, venant de la division en deux de sa mère, lui était rigoureusement identique; une réplique fidèle reproduite, de division en division, à des milliers, à des millions, à des milliards d'exemplaires.

On a ainsi pu calculer que pour les bactéries qui se divisent toutes les demi-heures, un individu peut théoriquement en produire trois cents milliards en vingt-quatre heures, et, en quelques semaines, une masse supérieure à celle de la terre! Mais la nature régule toujours. Car il ne suffit pas de se reproduire. Il faut aussi boire et manger!

La mer se peuplait ainsi d'êtres innombrables, formant des clones, sortes de super-êtres immortels; la mort éventuelle d'une cellule devenue incapable de se diviser n'atteignait en rien la lignée, l'être collectif formé d'une immense masse de cellules toutes identiques, puisque simples copies conformes de leur parent, mais indépendantes les unes des autres. Pas plus que la mort d'une cellule n'atteint la vie de notre organisme – autre masse de cellules, mais cette fois associées et organisées – qui renouvelle sans cesse les cellules de ses tissus, à l'exclusion des cellules nerveuses. Pas plus enfin que la mort d'un agent, fut-ce de son directeur, n'entraîne l'interruption – donc la mort – d'une grande organisation sociale comme un service public, par exemple. Pourtant, nous sommes mortels, tandis que le super-organisme collectif d'une algue bleue ne l'est pas, le même être se perpétuant indéfiniment puisqu'il reproduit indéfiniment les mêmes cellules : il ne mourait que si toutes les cellules identiques, remontant au même lointain ancêtre, mouraient en même temps! C'est qu'entre cette algue antique et nous, la sexualité est apparue, en même temps que son corollaire, la mort.

Quand et comment la sexualité a-t-elle surgi? On l'ignore.

Mais on pense qu'il fallait déjà que les cellules aient atteint un certain degré d'organisation et de complexité, puisque les êtres les plus primitifs que nous connaissons aujourd'hui ignorent à peu près tout encore de la sexualité : tel est le cas des bactéries et des algues bleues les plus anciennes.

On fait généralement remonter l'apparition de la sexualité à deux milliards d'années. Son principe est élémentaire : à partir du moment où une cellule, en se divisant, en donne deux, il devient possible d'imaginer le mécanisme inverse, où deux cellules, en fusionnant, en redonnent une. Faut-il voir, dans cette rencontre primordiale de deux cellules identiques, un effort pour compenser une défaillance accidentelle, par exemple une perte de substance due à une lésion? Ou faut-il y voir plus simplement le résultat d'un tamponnement, qui, en brisant les membranes, aurait mélangé les contenus par hasard? Là encore toutes les hypothèses sont permises, tous les paris sont ouverts. Toujours est-il que deux cellules issues de la même lignées et initialement séparées se rejoignent. Et ce processus a pu se reproduire des millions de fois, sans engendrer quelque chose de vraiment neuf : que pourrait-il sortir d'une union avec soi, sinon soi.

Mais, avant que la sexualité n'apparût, un autre phénomène était déjà enclenché : celui des mutations; survenant brusquement et de manière imprévisible sous l'effet de rayonnements ou d'autres facteurs, elles modifiaient le « programme » des cellules et introduisaient, dans l'homogénéité des lignées de générations successives et toujours identiques produites par simple division cellulaire, une cause de variation. Il advint naturellement un jour qu'une cellule mutée rencontra une cellule initiale de sa lignée. Ainsi le contact allait s'établir entre deux êtres légèrement différents, bien que d'origine commune; la sexualité, en tant que rencontre de deux entités distinctes capables de produire un être nouveau et unique, était née. Il fallait naturellement pour cela que les deux cellules soient encore très proches : tout acte sexuel restait impossible entre cellules de lignées différentes, comme il l'est encore aujourd'hui entre individus d'espèces différentes : aucun croisement possible entre chien et chat! La sexualité s'organisait ainsi dès l'origine, telle que nous la voyons fonctionner aujourd'hui chez les êtres les plus évolués : non plus entre cellules, mais entre individus de même lignée, c'est-à-dire de même espèce, certes semblables, mais non absolument identiques; le mélange de leurs potentiels propres reproduit un être unique, proche et pourtant toujours différent des parents.

La sexualité apparaît ainsi, comme le montre Langaney [1] dans un ouvrage récent, comme une formidable source de variations et d'innovations : elle produit entre les êtres une diversification telle qu'aucun individu jamais n'est identique à ses parents. On a pu calculer que pour un couple humain, le jeu des combinaisons des cellules sexuelles permet d'imaginer 64 mille milliards de combinaisons possibles pour chaque œuf produit. Nous n'avons donc chacun qu'une chance sur 64 mille milliards d'êtres que nous sommes, c'est-à-dire ce fils ou cette fille de nos parents. Et il en est de même pour chaque couple humain et pour chacun de ses enfants! Autant dire que nous sommes tous des exemplaires uniques, venant d'un œuf unique, d'où la

1. LANGANEY A., *Le Sexe et l'Innovation*, Paris, Seuil, 1979.

formule « qui fait un œuf fait du neuf ». On conçoit que sur quatre milliards d'hommes, il n'y en ait pas deux qui se ressemblent; sauf les vrais jumeaux qui, issus d'un même œuf divisé ensuite en deux comme l'aurait fait une algue bleue, nous donnent une idée de ce que serait le monde sans sexualité : un monde statique d'êtres tous identiques et qui ne se reconnaîtraient même pas dans la rue puisqu'ils seraient tous rigoureusement pareils... Véritable hypothèse de science-fiction!

Mais il n'en est rien. Car la véritable formule de la sexualité n'est pas : deux cellules sexuelles – ou deux êtres – en fusionnant en donnent une, mais plutôt deux cellules en donnent une autre! Et cet autre donnera un être unique au monde. S'il procrée, il donnera quelque chose de neuf, mais pas lui! Contrairement à l'adage courant, on ne se perpétue pas dans ses enfants. Seuls les êtres très primitifs, qui se reproduisent par division et sans sexualité, le font. Mais les autres, dès lors que la sexualité intervient, ne peuvent que produire une descendance différente : d'où la surprise de découvrir tôt ou tard des enfants qu'on ne reconnaît pas, ou qu'on ne reconnaît plus... qui ne sont pas nous, et qu'on ne « possédera » jamais. Car tout ce qui procède de la sexualité est source de dissymétrie, de variation, de différence.

Or ces variations sont le moteur même de l'évolution. Car qui dit variation, dit différence dans les capacités d'adaptation aux changements permanents du milieu, et par conséquent capacité, pour la vie, de surmonter, en éliminant les individus les moins adaptés, les obstacles qu'elle rencontre sur son chemin. Ainsi, la sexualité, dont l'incertitude est une menace précise pour chaque individu qui risque d'être laissé pour compte, devient au contraire une force considérable pour l'espèce; elle sélectionne sans cesse les fruits des unions les plus heureuses, et par-là même assure la permanence des espèces, au-delà des changements qui sans cesse les menacent.

L'amour cellulaire

Il fallut attendre longtemps encore pour qu'une différence visible apparaisse entre les cellules destinées à s'accoupler. C'est alors seulement que l'on parlera d'un sexe mâle : une cellule petite et généralement mobile, et d'un sexe femelle : une cellule plus grande et généralement fixe.

Chez de nombreux êtres primitifs qui sont parvenus jusqu'à nous, par exemple chez les algues *Chlamidomonas,* la reproduction sexuée s'effectue entre cellules rigoureusement identiques : il est donc impossible d'y différencier les sexes. De minutieuses recherches ont cependant montré que la brutale attraction qu'une cellule manifeste soudain pour une autre est la conséquence d'une émission chimique. A partir d'un certain âge, et en fonction de la nourriture et du mode de vie, une cellule ordinaire atteint ce qu'on pourrait appeler sa « puberté ». Elle devient alors une cellule sexuelle, et émet des substances chimiques capables d'attirer une autre cellule ayant subi la même transformation. Dans le cas présent, les cellules étant ciliées, une parade amoureuse se développe par le jeu des cils, qui se rapprochent, se touchent, se reconnaissent et, s'il y a compatibilité, se soudent; puis les contenus cellulaires fusionnent; l'ensemble du processus prend plusieurs heures en milieu entièrement aquatique.

Dans le cas d'une algue brune filamenteuse *(Ectocarpus siliculosus),* la reproduction commence de la même manière, par l'émission en mer de cellules toutes identiques, qui nagent et n'exercent aucune attraction mutuelle. Puis une cellule se fixe sur le roc; aussitôt d'autres cellules se précipitent vers elle, jusqu'à ce qu'une d'entre elles fusionne et la féconde, ce qui entraîne le départ immédiat de toutes les autres. On a pu montrer, là aussi, que la fixation entraîne une émission chimique; et l'on considère comme élément femelle cette cellule fixée. L'émission attire les cellules mobiles, considérées comme mâles, qui nagent à proximité.

Poussant plus avant l'analyse, il apparut que la cellule femelle fixée ne pouvait émettre sa substance attractive que s'il existe des cellules mâles à proximité. Car c'est une émission chimique issue des cellules mâles qui entraîne la fixation de la cellule femelle sur son support, et induit sa propre sécrétion.

Ainsi, chez ces êtres extrêmement primitifs, aux origines mêmes de la sexualité, le jeu dialectique subtil des attirances et des répulsions mutuelles est-il déjà engagé. Avec lui s'engagent en même temps les risques d'échec, de déception, de frustration, de stérilité, et en tout cas cette incertitude fondamentale, qui semble être l'apanage et l'originalité de la sexualité, d'où les peurs et les tabous qu'elle a provoqués de tout temps.

Sur le thème de l'union de deux cellules complémentaires, la vie a modulé à l'infini, avec une fantaisie qui défie toute imagination; au fur et à mesure que nous descendrons l'immense fleuve de son histoire, les modalités de ces unions nous apparaîtront toujours plus diverses, toujours plus riches, jusqu'aux stratégies hautement sophistiquées des orchidées, et à l'ultime grandeur de l'amour humain! On comprendra mieux alors les inévitables exactions que la sexualité induit dans l'organisation sociale, qui, dans toutes les civilisations, tend à la codifier selon des schémas propres à chaque culture; car le changement, l'incertitude inquiètent! Ces codifications cependant n'ont jamais pu totalement exclure les expériences marginales; elles n'atteignent ainsi que très partiellement leur objectif implicite, visant à sécuriser au maximum les partenaires de cette aventure en les soumettant à des règles édictées par la société. Que ces règles viennent à s'affaiblir ou à s'atténuer, et l'on voit immédiatement la vie reprendre son incroyable puissance de variation, comme on l'observe dans l'évolution actuelle des mœurs. Après le puritanisme du XIXe siècle, qui nous valut par réaction Freud, Reich et Marcuse, le pendule balance en sens inverse, ouvrant la voie à toutes les expériences, à toutes les fantaisies, mais aussi à toutes les déviations et à tous les excès.

La sexualité enfin, dès lors qu'elle survient, postule la mort. Des cellules se divisant par scissiparité perpétuent à l'infini, sans discontinuité, la même lignée : une cellule en donne deux, et disparaît ainsi dans sa descendance sans mourir. Certes, le processus est régulé, faute de quoi la planète entière eût été envahie de longue date : des cellules meurent au lieu de se diviser. Mais elles n'emportent pas définitivement avec elles un patrimoine génétique, un individu original et unique : celui-ci se perpétue à travers toutes les autres cellules du clone issues du même lointain ancêtre.

En revanche, la sexualité entraîne la discontinuité entre les parents et leur descendance. La descendance ne supprime plus l'ascendance comme lorsqu'une cellule se divise en deux; dans ce cas, en effet, l'ascendante, la cellule mère, se dissout, s'évanouit dans sa descendance. Mais la sexualité maintient en vie les ascendants, les parents : elle laisse quelque chose derrière. Et ce quelque chose, très vite, la vie l'élimine, car elle progresse comme une onde et efface ses traces derrière elle.

Et ce qu'elle efface, ce que la mort emporte, c'est précisément un être unique, tel qu'il ne s'en produira plus jamais d'absolument identique. Ce qu'on est, ce que je suis, ne sera jamais plus. JAMAIS. La mort emporte pour toujours les exemplaires uniques que nous sommes, ce qu'elle est incapable de faire pour une algue bleue où tous les exemplaires sont identiques de générations en générations, de sorte qu'elle ne peut les tuer tous; en tout cas pas tous à la fois. La seule chose de nous que nous puissions perpétuer, au moins un certain temps, ce sont nos œuvres : celles de l'esprit que la mort ne peut atteindre; elles demeurent le reflet immatériel de ce que nous fûmes, perpétuant notre essence inviolable au-delà de nos existences éphémères, jusqu'à ce que l'oubli, cette autre forme de mort, cette mort « à distance » ne finisse par faire son œuvre;

car rien en ce monde ne résiste au temps. Et surtout pas nos corps de chair et de sang sur lesquels la sélection naturelle s'acharne avec résolution. Car si la sexualité induit la diversification des populations par le jeu infini des variations individuelles, elle laisse à la mort le soin de faire le tri. Si tout ce qu'elle produit n'est pas bon, si certains échantillons ne sont pas viables, à la mort de les éliminer promptement! Aussi la mort, en emportant, avant même qu'ils aient le temps de se reproduire, les individus tarés, malencontreusement dotés de combinaisons génétiques défavorables, contribue à la qualité globale des populations, au prix de douloureux sacrifices individuels. Ce dont visiblement la nature se moque. Ce qui compte pour elle, c'est de perpétuer la vie; et non pas la vie de tel ou tel, dont elle n'a que faire. Un atome de plus ou de moins, une goutte d'eau dans la mer... quelle importance! Aussi, en triant obstinément, la mort modifie les milieux vivants et contribue à leur évolution.

Le sexe et la mort, indissolublement liés, sont donc les deux grands facteurs de variation et de changement, les deux grands éléments d'imprévision et d'incertitude, sources d'insécurité et de crainte, pourvoyeurs d'angoisses et de peur. Par quelle obscure intuition nos ancêtres du Moyen Age associaient-ils ces deux notions, lorsqu'ils qualifiaient l'acte d'amour de « petite mort »? Pour conjurer ces risques, l'homme tente de les apprivoiser dans la diversité de ses cultures. A moins qu'il ne les escamote, comme il le fit du sexe voilà un siècle, et de la mort aujourd'hui. Malheur aux sociétés qui rejettent ou le sexe, ou la mort. Ils sont indissociables, au cœur même de la vie. Dialectique éternelle et pathétique de l'amour et de la mort...

Mais nous parlions des algues. En matière de sexualité, les algues, plus encore que tout autre groupe animal et végétal, ont inventé les systèmes de reproduction les plus divers; un peu comme un musicien qui modulerait à l'infini sur le thème unique d'une symphonie. Ce thème unique, c'est naturellement l'aptitude de deux cellules, l'une mâle, l'autre femelle, à fusionner pour donner un œuf. Et ces cellules peuvent être semblables ou dissemblables, mobiles ou fixes, intégrées à un tissu ou libres dans la masse des eaux. Quant à l'œuf il donnera soit directement une nouvelle plante, soit au contraire, des spores qui elles seulement formeront la nouvelle algue.

La prairie océane

Dans la mer des premiers jours, les végétaux primitifs sont microscopiques. Aujourd'hui, des milliards d'années plus tard, ils le sont toujours et échappent entièrement au regard. D'où cette question : de quoi se nourrissent donc, en haute mer, les poissons innombrables, dès lors qu'aucune végétation visible à pâturer ne semble disponible? Car l'adage selon lequel « toute chair est herbe » ne se dément jamais à la surface des continents. C'est toujours, en effet, la feuille, le fruit ou la graine qui servent de nourriture aux animaux, soit directement pour les herbivores, soit par herbivores interposés pour les carnivores. En serait-il autrement dans les océans? Certes non. Mais la prairie océane est plus ténue, plus diffuse que la prairie terrestre; formée d'innombrables cellules végétales flottantes au sein des eaux éclairées, elle constitue le plancton marin : des milliards de cellules microscopiques en suspension, comparables à ces grains de poussière qui tourbillonnent lorsqu'un rayon de lumière pénètre l'obscurité d'une vieille demeure. La richesse d'une mer, en poissons, est directement liée à sa richesse en plancton, qui est leur nourriture; et la mer aura naturellement une coloration d'autant plus verte que le plancton végétal y sera plus abondant. Les mers très bleues, comme la Méditerranée, qui reflètent si profondément le ciel, doivent leur éclat à la transparence de l'eau, c'est-à-dire à leur pauvreté en plancton végétal.

C'est pourquoi les pêches y sont si peu fructueuses, alors qu'elles le sont bien davantage dans les verts océans. La Manche produit chaque année 1 400 tonnes de plancton végétal au km², soit une productivité végétale comparable aux prairies qui la bordent et fournissent environ 1 800 tonnes de foin sur la même surface.

Mais le plancton ne vit que sur la mince pellicule d'eau illuminée par le soleil; en dessous d'une profondeur moyenne de cent mètres environ, l'obscurité ne permet plus aux algues planctoniques de se développer.

Chaque cellule planctonique organise sa vie en fonction du jeu de la lumière, c'est-à-dire de l'alternance des jours et des nuits. Le jour est consacré à la production : la cellule fonctionne comme une petite usine qui fabrique et accumule du sucre; et la nuit, pendant la phase de repos due à l'absence de lumière, elle pense à son avenir et se reproduit, en émettant de minuscules organismes munis d'un cil appelé flagelle.

Voilà donc la vieille cellule planctonique immobile, qui engendre subitement en son sein deux ou plusieurs minuscules organismes ciliés, capables de se déplacer activement dans l'eau. Ils vont à la rencontre l'un de l'autre et s'accouplent par deux : nous sommes ici à l'origine de la reproduction sexuée où deux cellules encore identiques, l'une mâle, l'autre femelle, se rencontrent et forment un œuf. Tantôt ils ne s'accouplent pas et évoluent chacun pour leur compte vers l'état adulte, c'est la reproduction asexuée : perdant leur cil et accumulant, grâce à la photosynthèse, des sucres sur leur membrane cellulaire, ils s'épaississent et s'alourdissent peu à peu. Si l'on voit bien que les cils peuvent être utiles à la navigation de ces organismes, lorsque ceux-ci vont à la rencontre l'un de l'autre pour former un œuf, on comprend mal à quoi ils peuvent servir chez les espèces planctoniques dépourvues de ce mode de reproduction sexuée. Peut-être servent-ils tout simplement à arracher la cellule adulte au seul péril qui la guette vraiment : celui de s'alourdir en vieillissant par accumulation de matières sucrées, et de sombrer par excès d'embonpoint, dans les profondeurs de l'océan, où l'absence de lumière signe leur arrêt de mort. Car les cils permettent à la cellule, nouvellement née, de nager de manière autonome vers la surface : on a découvert, en effet, dans ces jeunes cellules ciliées et nageuses, une sorte d'œil qu'attire irrésistiblement la lumière, et qui semble diriger les mouvements du flagelle comme le ferait un pilote de son gouvernail.

En émettant de leur sein une masse de jeunes organismes ciliés doués de mobilité, qui se précipitent en surface vers la lumière pour grandir et grossir, les vieilles cellules planctoniques assurent généreusement leur remplacement et perpétuent le stock de matière alimentaire végétale qui servira de nourriture au monde animal marin.

Quand le végétal devient animal

Il suffit d'ailleurs que de tels organismes nageurs perdent leur chlorophylle et, par conséquent, leur aptitude à la synthèse des sucres, pour qu'on glisse insensiblement du règne végétal au règne animal; car telle est l'origine des premiers animaux formés dans les océans. Nous sommes ici à la frontière indécise qui sépare dans la mer la cellule végétale chlorophyllienne adulte dépourvue de moyen de locomotion, de l'animal mobile privé de chlorophylle. Il n'est pas douteux que les animaux sont nés des végétaux par des processus analogues à celui-ci, sous forme d'organismes d'abord formés d'une seule cellule comme ici, et qui se sont compliqués par la suite. Que les végétaux aient précédé les animaux dans l'histoire de la vie s'impose d'ailleurs comme une évidence : car les animaux n'ont pas seulement besoin des végétaux pour se nourrir. Ils en sont aussi tributaires par l'oxygène qu'ils respirent, cet oxygène précisément que la synthèse chlorophyllienne végétale dégage en abondance. L'oxygène, qui était le déchet de la photosynthèse végétale, est ainsi recyclé par les animaux qui le réutilisent pour respirer. Car la vie n'accumule jamais ses déchets à l'infini : elle les recycle soigneusement, évitant ainsi le risque de s'étouffer sous ses propres déchets. Bel exemple de recyclage que l'écologie offre aux économies des vieux pays industriels, qui, ayant déjà épuisé leurs ressources, sont contraints aujourd'hui à songer eux aussi à recycler leurs déchets pour économiser des matières premières devenues rares et coûteuses.

Les premières cellules planctoniques ne se contentent pas d'accumuler des sucres sur leurs parois, ce que les cellules animales non chlorophylliennes ne sauraient faire. Elles y ajoutent souvent des matières minérales et par exemple, comme chez les diatomées, de la silice. Il se forme alors autour de la cellule une carapace rigide simulant une boîte à couvercle de forme variée et souvent munie d'ornementations spectaculaires, où l'on voit la nature s'ingénier et imaginer les fantaisies les plus invraisemblables. Monde fascinant des diatomées présentes non seulement dans les eaux marines, mais aussi dans les eaux douces où certaines espèces, par leur aptitude à résister aux pollutions, sont de précieux indicateurs permettant d'évaluer l'intensité de celles-ci.

Des algues en crise

Au sein des grandes masses océanes, la cellule planctonique ne rencontre aucun obstacle. Emportée par le courant ou mue par ses flagelles, elle flotte ou se déplace entre deux eaux, menacée simplement par l'animal qui pourrait en faire sa nourriture. Mais que la vague l'amène brutalement au contact des roches littorales et la voici brusquement confrontée à un nouvel obstacle. Comment l'éviter? Comment survivre aux chocs répétés que la fureur des vagues impose à sa frêle membrane? A chaque mouvement du ressac, la cellule fragile prend une claque sur le rocher. Or chacun sait par expérience que lorsqu'on prend des claques, on en tire rapidement les conséquences. La cellule planctonique en fait autant. Plutôt que de voir son fragile corps cellulaire sans cesse projeté contre les aspérités rocheuses, elle « décida » un jour de s'y fixer purement et simplement. A partir de quoi, le problème était résolu. Mais aussitôt d'autres problèmes naissaient, car ainsi va la vie, de crise en crise. En effet, si la situation nouvelle de cette cellule comporte des avantages, elle entraîne aussi des inconvénients. L'avantage est évident : c'est l'intense mouvement des vagues sur les rochers qui entraîne un brassage continu de l'air et de l'eau dont témoignent les embruns : l'eau, au contact intime de l'air, se recharge en gaz carbonique, matériau nécessaire à la synthèse chlorophyllienne. Plus grande sera l'agitation de l'eau, meilleure sera l'alimentation de l'algue. Encore faut-il qu'elle puisse supporter ce mouvement sans être arrachée à son support. Et voici l'inconvénient. Car s'adapter, c'est adopter un nouveau mode de vie, et s'en donner les moyens. Aussi voit-on la cellule planctonique former, par divisions successives de sa cellule unique, un tissu cohérent capable de la fixer solidement à son support. Tissu aux formes les plus diverses, filamenteux, ramifié ou foliacé, auquel les botanistes ont donné le nom de « thalle ». Pour eux, est thalle toute forme végétale, du microbe au champignon et de l'algue au lichen, qui n'affecte pas la classique division en racine, tige et feuille propre aux plantes supérieures.

Le littoral apparaît donc comme le lieu privilégié où la vie passe du stade unicellulaire planctonique à l'organisation pluricellulaire des algues fixées. Telle est une des grandes lois de la vie que les nouveautés s'élaborent dans les régions frontières, au confluent de milieux différents, s'enrichissant de leurs apports respectifs et opposant des défis aux êtres qui leurs sont confrontés. On sait la richesse biologique des estuaires où se brassent les eaux douces et saumâtres, et où s'accumulent les alluvions. On sait aussi la richesse des marécages, frontière indécise entre la terre et l'eau. L'histoire humaine n'échappe pas à cette loi universelle! L'évolution se fait toujours sur les marges : le christianisme est né aux confins de l'Empire romain, dans ce Proche-Orient ouvert aux influences asiatiques; et l'esprit de la nation américaine s'est forgé dans la grande aventure de la conquête de l'Ouest, sur ce que les Américains de l'ère des pionniers appelaient d'ailleurs leur « frontière ». Aujourd'hui encore, ce sont les marginaux comme certains écologistes, par exemple, qui annoncent et déjà construisent la société future.

La masse océane représente pour l'algue primitive un milieu relativement simple : de l'eau éclairée par le soleil. Dans ce milieu sans obstacle les plantes sont restées monocellulaires. Le littoral rocheux représente un milieu beaucoup plus complexe. L'eau y est toujours éclairée par le soleil, mais elle est projetée sur les rochers dans un grand tourbillon qui la met ainsi en contact direct avec l'air. La cellule planctonique relève ce défi et s'adapte en construisant des structures plus complexes, parmi lesquelles figurent les grandes algues de nos littoraux.

Le passage de la vie monocellulaire à l'état pluricellulaire ne va pas sans difficultés. Car le mouvement des marées introduit un nouveau facteur en exposant les végétaux à l'air pendant le temps, plus ou moins long, où elles les découvrent. Ce qui se traduit par un gain de lumière et une perte d'eau, avec les risques de dessèchement qui en résultent. Et l'on verra les algues entreprendre un nouvel effort adaptatif, utilisant chacune, selon ses moyens, les potentialités et les ressources variables en eau et en lumière du littoral.

Comment se faire une place au soleil?

La répartition des algues qu'on observe à marée basse est le résultat de la compétition qui s'exerce depuis des millions d'années, entre les différents groupes d'algues, dont chacun a peu à peu réussi à se faire, si l'on peut dire, sa place à l'eau et au soleil. La situation privilégiée est naturellement le niveau de la marée basse, où les algues ne sont découvertes que pendant une période très courte lors des grandes marées, et où la quantité de lumière disponible reste toujours très importante.

C'est dans ces conditions exceptionnellement favorables, que se sont développées les algues les plus perfectionnées, telles que les laminaires dont les grandes lames brunes peuvent atteindre quatre à cinq mètres de long sur nos côtes et bien davantage dans d'autres régions du monde. Par exemple, le laminaire géant *Macrocystis* des mers chaudes, avec une longueur pouvant dépasser 150 mètres, semble bien représenter l'être vivant le plus long que l'on connaisse. D'autres laminaires attirent le regard par la délicatesse de leur thalle aux formes multiples, digitées, rubannées ou ornementées de gracieux colifichets évoquant les robes sophistiquées de nos grands-mères.

Plus haut, vers le rivage, se développent d'autres algues brunes, et notamment les fucus, ou raisins de mer, de taille plus réduite et de structure un peu moins complexe. Elles flottent grâce à de petits ballonnets gonflés d'air, leurs flotteurs, et se ramifient en « Y », processus archaïque de division que les botanistes appellent « dichotomique », et qui est une des caractéristiques infaillibles à laquelle on reconnaît qu'une plante est archaïque et primitive. Riches en iode et en minéraux divers, les fucus donnent d'excellents engrais dont l'agriculture biologique fait une grosse consommation. Et les vendeurs d'huîtres s'en servent pour garnir leurs étals, où l'on peut observer ces représentants des algues marines sur le continent.

Au-dessus de la zone des fucus, vers le niveau de la mi-marée, la longueur de l'exposition à l'air devient un handicap, un facteur très sévère. Les algues deviennent plus petites, leurs structures se simplifient. C'est le territoire des ulves, ou laitues de mer et des algues filamenteuses vertes. Ainsi, au fur et à mesure que l'on se rapproche du rivage, la vie des algues devient plus difficile.

On observe schématiquement le même phénomène, dès que l'on descend vers les profondeurs, où sous la zone des grands laminaires de marée basse se développent d'abord des algues brunes, puis des algues rouges. On peut donc en gros en montant de l'obscurité des profondeurs vers la lumière éclatante des zones exondées en permanence, observer une zonation avec une prédominance d'abord d'algues rouges, puis d'algues brunes, puis d'algues vertes.

Ces dernières représentent en fait un stade pionnier : les algues vertes manifestent en effet de grandes capacités d'adaptation et survivent dans les conditions les plus sévères : zones très exondées ou au contraire soumises à des courants puissants. Peut-être doivent-elles à ces éminentes qualités d'adaptation d'être les seules à avoir réussi à quitter l'eau pour donner les plantes vertes terrestres.

Dans le groupe des algues brunes, les *Pelvetia* manifestent aussi une bonne adaptation à l'exondation : si les « forêts » des grands laminaires sont, en milieu littoral, l'homologue de ce que sont les forêts continentales, en milieu terrestre, c'est-à-dire la végétation normale des milieux bien arrosés, les *Pelvetia* seraient au contraire l'équivalent des cactus et autres espèces affines, colonisant les milieux arides.

Mais que signifient les couleurs dont se parent les algues? On peut les comparer à ces produits chimiques qu'on ajoute aux préparations photographiques afin de les sensibiliser, soit à des éclairages très faibles, soit à des lumières de couleurs déterminées.

Les algues rouges doivent leur couleur à un sensibilisateur rouge, capable d'absorber les rayons bleu-vert de la lumière que la chlorophylle n'absorbe pas. Or ces rayons pénètrent plus profondément la masse des eaux que les rayons rouge-orange et bleus captés par la chlorophylle. Ceci explique que les algues rouges se complaisent dans les grandes profondeurs où elles assimilent le peu de lumière qui les atteint, à la fois par la chlorophylle et par leur sensibilisateur rouge. Mais qu'elles viennent en surface et leur sensibilisateur est rapidement détruit, de sorte qu'elles verdissent intensément puisque seule demeure alors la chlorophylle, beaucoup moins fragile.

Les algues brunes possèdent un sensibilisateur brun, qui absorbe les rayons jaunes et orange, en plus du rouge, de l'orange et du bleu, absorbés par la chlorophylle.

Quant aux algues vertes, elles ne possèdent que de la chlorophylle, et pas de sensibilisateur. Or la chlorophylle est un pigment beaucoup plus stable que les deux autres qui disparaissent rapidement à la forte lumière. Ce qui explique aussi que seules les algues vertes aient pu produire une descendance parmi les plantes terrestres. Elles sont donc les véritables ancêtres de toutes les plantes. Les algues brunes et les algues rouges n'ont pas pu adapter de descendants aux conditions de vie sur les terres émergées, et restent des culs-de-sac de l'évolution, définitivement piégées dans des milieux spécialisés, où le manque de lumière leur permet de vivre dans des conditions où les végétaux verts classiques ne pourraient pas survivre.

L'ordre ou la liberté?

Le passage des eaux libres au littoral exige, on l'a vu, l'adaptation du végétal par passage du stade monocellulaire au stade pluricellulaire. Car plus le milieu est complexe, plus exigeante devient l'adaptation, et plus perfectionnée la structure. La construction d'un corps pluricellulaire exige, en effet, de chaque cellule qui le constitue, de lourds sacrifices. Libre, chaque cellule expose toute sa surface à la lumière et peut se diviser à tout moment. Intégrée à un organisme plus vaste dont elle n'est plus qu'un élément, il lui faut se soumettre à un principe d'ordre supérieur qui va réduire sa liberté, en la soumettant aux lois de l'organisme auquel elle appartient. Ainsi, par exemple, dans les algues filamenteuses, on observe que dans les longues files de cellules alignées, toutes ne se divisent pas de la même manière, ce qui produirait un mouvement chaotique et désordonné. Seule, au contraire, la dernière cellule du filament, se divise, provoquant l'allongement de celuici. On l'observe aisément en enduisant de fines poussières de noir de fumée de tels filaments; seules les poussières fixées sur la calotte s'écartent peu à peu les unes des autres, puisque la croissance en longueur ne s'effectue que là. Les autres cellules situées sous cette cellule terminale sont dominées par elle et perdent la capacité de se diviser transversalement. Ce n'est qu'à une certaine distance de l'extrémité du filament que cette capacité de division réapparaît : de ces divisions transversales naissent des ramifications latérales qui progressent de nouveau chacune par la division de la cellule terminale. D'où la formation d'une structure cohérente et ramifiée où se révèle la physionomie classique de l'organisation végétale, avec sa tige principale et ses ramifications secondaires. Tel est aussi le mode de croissance des fucus, mais non des laminaires qui poussent par la division des cellules de la base du thalle, annonçant déjà le mode de croissance de l'herbe de nos prairies, capables de se régénérer à partir de la base après avoir été « tondue » par le bétail.

Lorsque plusieurs filaments se réunissent pour former un tissu épais, les cellules du centre ne reçoivent plus de lumière et ne sont plus capables de faire la photosynthèse. Elles doivent être alimentées par les cellules périphériques. Leurs capacités propres sont ainsi réprimées au profit de la constitution d'un tissu plus solide qui donnera à l'algue la capacité de se fixer sur le rocher. Les cellules du crampon perdent ainsi leur aptitude à faire la synthèse chlorophyllienne, ne serait-ce que par l'épaisseur de leurs parois qui leur permettent de porter tout l'organisme, même si son poids est allégé dans la mesure où les lames d'algues flottent dans l'eau.

Ces exemples montrent les sacrifices que chaque cellule doit consentir, l'inhibition de certaines potentialités qu'elle doit accepter, au profit de la société cellulaire à laquelle elle appartient. Déjà se profile, à propos de ces végétaux très primitifs, l'organisation des sociétés humaines les plus élaborées, où quel que soit le degré d'autonomie accordé aux individus, de larges sacrifices doivent être consentis au profit de la survie du groupe. L'individu paie toujours son tribu, fusse sous forme d'impôts, à la société à laquelle il appartient et dont il n'est jamais qu'une cellule. Et en biologie, la répression des potentialités individuelles de chaque cellule au profit de l'organisation est au moins aussi forte que l'action des forces répressives dans les sociétés les moins démocratiques. L'organisation et la hiérarchie, chez l'algue comme chez l'homme, imposent leurs exigences. Ainsi, se joue, dès les origines de la vie, le jeu difficile de l'ordre et de la liberté.

Mais les sacrifices consentis par la cellule profitent à l'organisme tout entier. La dominance hiérarchique exercée par les cellules terminales sur les autres donne à l'organisme sa forme et son organisation. Car l'organisme forme un tout parfaitement cohérent. Il suffit, pour s'en rendre compte, de sectionner le crampon d'une algue : ainsi libérée de son support, l'algue flotte à la dérive et meurt, comme un animal décapité. Ceci s'explique : les cellules inférieures non chlorophylliennes, noyées dans un tissu porteur épais, forment le support des cellules supérieures spécialisées dans la photosynthèse et exposées à la lumière. Elles dépendent donc des cellules supérieures, en ce qui concerne leur nutrition. Mais, à l'inverse, les cellules supérieures dépendent des inférieures en ce qui concerne le maintien et la position de l'algue. Fixée, elle est sans cesse mue par le mouvement des vagues et donc alimentée en gaz carbonique, grâce au brassage incessant de l'eau et de l'air à son contact. Flottante, elle dérive dans un milieu auquel elle n'offre plus la moindre résistance : l'effet de brassage devient alors trop faible pour l'alimenter en gaz carbonique et, elle ne tarde pas à se décomposer. On voit donc que toutes les cellules travaillent ensemble au profit de l'algue tout entière, même si elles doivent pour cela inhiber une part de leurs potentialités et tendre à une certaine spécialisation. La sargasse, dont la célébrité a donné son nom à une mer, est la seule algue capable de vivre à la dérive dans les courants marins. Elle flotte grâce à des flotteurs aériens, un peu comme le fucus.

La tendance à la spécialisation des cellules apparaît également au niveau de la reproduction. Plus les algues deviennent compliquées, plus elles confient à quelques cellules seulement la charge de la reproduction. La plupart des algues ont des vies courtes, ce qui les oblige à se reproduire activement. La longévité de la plupart d'entre elles ne dépasse guère quelques mois, ou quelques années; les grands laminaires ne dépassent jamais une douzaine d'années. Lors de la reproduction, des cellules mères se fragmentent en unités planctoniques qui s'échappent à travers un pore, ou une fente. Ces spores flagellées sont tout à fait identiques à celles qu'émettent les cellules végétales planctoniques. Tout se passe, en effet, comme si, au moment de se reproduire, l'algue fixée conservait en mémoire le mode de reproduction de ses ancêtres monocellulaires libres. Comme pour celles-ci, ces spores flagellées redonneront soit directement une algue neuve en se fixant sur le rocher, soit par accouplement un œuf qui sera le point de départ d'une nouvelle algue.

A la conquête du nouveau monde

Bref, le perfectionnement des formes, l'adaptation des cellules aux missions particulières que leur confère l'organisme auquel elles appartiennent, les modulations infinies de la reproduction sexuée, tout était déjà inventé avant que la vie ne s'arrache à la mer. C'est à partir du stock des algues vertes que se sont différenciés, il y a plus d'un demi-milliard d'années, les premiers végétaux terrestres venus de la mer par vagues successives, et constituant les grands groupes de plantes terrestres. La terre a, en quelque sorte, sélectionné les inventions les plus appropriées qu'avaient réalisées les algues littorales, autant en ce qui concerne l'appareil végétatif que l'appareil reproducteur. Pour les plantes, la mer c'est l'ancien monde où tout fut inventé; et la terre, c'est le nouveau continent qui prit plus tard le relais. La terre fut ainsi colonisée par des vagues successives venant de la mer, comme l'Amérique des apports successifs de l'Eurasie. La première tentative lointaine fut la conquête de l'Amérique par les Indiens d'Asie, il y a sans doute une vingtaine de milliers d'années. Ils ont formé sur le Nouveau Monde les civilisations indiennes archaïques, qui se maintiennent marginalement et ressemblent à ces algues primitives qui réussirent à s'arracher à la mer pour vivre dans les eaux douces continentales, ou sur support terrestre; telles ces algues pleurocoques monocellulaires qui enduisent le tronc des arbres de nos forêts, formant de vastes traînées vertes sur l'écorce exposée à la pluie et à l'humidité. Mais poursuivons notre comparaison. Dans le sillage de Christophe Colomb, conquistadors espagnols et conquérants anglo-saxons créèrent à leur tour de nouvelles civilisations, qui, en Amérique du Nord, dépassèrent même, au cours de ce siècle, le niveau d'évolution de l'Ancien Monde. Il en fut ainsi des grandes civilisations végétales qui, issues des algues vertes, s'épanouirent successivement sur les continents, n'y laissant aux algues qu'une place infime.

Pas plus qu'on ne peut comprendre l'histoire des civilisations américaines sans référence aux apports successifs du Vieux Monde sur ce continent, pas plus on ne peut comprendre l'évolution des grandes civilisations végétales terrestres sans référence à la vie marine et algale qui les a successivement fondées et dont toutes sont issues. « La botanique commence dans la mer », disait Church. C'est de là que les plantes partirent à la conquête des continents, s'arrachant peu à peu à la vie aquatique pour s'élever, fleurir et fructifier à l'air libre.

Mais une dernière question se pose : à quoi servent donc les algues? Pour l'instant, et pour l'essentiel, à nourrir les poissons, les Japonais et les cosmonautes : cultivées dans les capsules spatiales, elles régénèrent l'oxygène et forment après essorage des purées à haute valeur alimentaire. Ces nourritures célestes destinées aux cosmonautes pourraient annoncer les nourritures terrestres des hommes du troisième millénaire, puisant dans la mer de nouvelles ressources alimentaires indispensables pour nourir les dix milliards d'hommes du XXIe siècle.

Aujourd'hui les océans en sont encore à l'âge de la cueillette : on y pêche comme on chassait aux temps néolithiques, avant l'ère de la culture et de l'élevage. Mais demain peut-être, les prairies océanes relaieront nos prés, étendant à l'immense masse des océans le champ d'intervention de l'ingéniosité humaine : les algues y seront alors cultivées et les poissons domestiqués à l'instar des plantes et des animaux terrestres que l'homme cultive et élève depuis des millénaires.

CHAPITRE 3

Les mousses : préhistoire des plantes terrestres

Qui fait l'ange fait la bête

Les mousses, par leur taille insignifiante et la place discrète qu'elles occupent dans la végétation, ne stimulent ni la curiosité des collectionneurs, ni la faveur des amateurs de plantes.

Une tige de mousse, c'est une plante en miniature. Encore faut-il pour l'observer l'isoler des formations denses qu'elle constitue avec ses semblables pour former des tapis ou coussinets. Comme pour les coraux des mers chaudes, la nature compense, en effet, la faiblesse de l'individu en réalisant d'énormes concentrations sous forme coloniale. C'est ainsi que la multiplication des petits êtres et leur association en bataillons rangés et disciplinés équilibre tant bien que mal la puissance des grands, selon l'adage : « L'Union fait la force. »

Les mousses ne forment jamais d'arbres, jamais de buissons, jamais de tiges ligneuses. C'est pour n'avoir pas su inventer le bois, qui fait la force des plantes terrestres, qu'elles en sont réduites au statut de plantes inférieures : inférieures par leur taille, inférieures par leur organisation, inférieures enfin par leur position dans la végétation, sous les herbes des prairies ou sous les arbres des forêts.

Les Indiens du monde végétal

A en juger par les fossiles, les mousses ont une origine extrêmement ancienne. Elles représentent sans doute l'une des premières tentatives des algues vertes pour se libérer du milieu marin et conquérir la terre ferme. Tentative méritoire, mais tentative limitée : après une performance remarquable, leur adaptation à la vie terrestre, les voici depuis des millions et des millions d'années comme figées dans leur organisation initiale, incapables d'évoluer et de mener à terme l'ensemble des processus par lesquels les plantes s'adaptent à la vie aérienne. Bref, les mousses n'ont pas su se dépasser. Aujourd'hui largement dominées par les fougères, les conifères ou les plantes à fleurs, elles constituent néanmoins la première civilisation végétale partie à la conquête de la terre. Elles sont aux roses ou aux orchidées ce qu'est l'Indien de l'Amazone ou le Peau Rouge de l'Arizona à l'Américain de Washington ou de Chicago. Comme la mousse, la rose ou l'orchidée descend des algues; mais elles sont venues beaucoup plus tard, ont parcouru un chemin évolutif beaucoup plus long, et ont donc été beaucoup plus loin. Les mousses sont restées archaïques, les autres sont modernes.

De leur lointaine parenté avec les algues et de leur ascendance aquatique, les mousses gardent en mémoire bien des souvenirs. Visiblement, elles n'ont pas pu se libérer complètement de ce passé marin qui les marque si profondément. Figées, immobiles, elles témoignent de ces temps reculés où les plantes terrestres primitives n'avaient encore inventé ni les racines, ni le bois, ni la fleur, ni le fruit, ni la graine.

Le bois fait la splendeur de l'arbre; il est l'élément indispensable au maintien des plantes terrestres, dont il forme le squelette. Faute de bois, voici les mousses condamnées à une taille dérisoire, comme l'insecte faute de tissu osseux. Mais la lignine, constituant chimique du bois, n'est pas seulement l'élément indispensable à la construction d'un squelette rigide; elle tapisse aussi la paroi des gros vaisseaux par lesquels l'eau circule des racines aux tiges, aux rameaux et aux feuilles, et participe ainsi à la formation d'un puissant appareil circulatoire qui distribue, à partir du sol jusqu'aux feuilles les plus éloignées, l'eau nécessaire à la vie et surtout à la synthèse chlorophyllienne.

Rien de tel chez les mousses. Faute de vraies racines et de vrais vaisseaux, la sève ne peut que circuler péniblement d'une cellule à l'autre, comme chez les algues. Mais les algues vivent entièrement immergées ou flottantes, ce qui les dispensent de tout appareil de soutien et élimine tout problème circulatoire; l'eau pénètre directement par les pores dans les tissus, de sorte que les algues n'ont besoin ni de racines absorbantes, ni de vaisseaux spécialisés.

Pour n'avoir pas mieux fait que les algues dans le domaine de la circulation interne de l'eau, et pour avoir néanmoins eu l'audace de s'affranchir du milieu marin pour accomplir la prouesse de vivre sur terre, les mousses ont été punies : condamnées à demeurer minuscules, faute d'être capables de s'alimenter correctement en eau.

Qu'ont-elles donc inventé d'original? L'observation d'une tige isolée de mousse montre une disposition tout à fait classique : une tige centrale porteuse de nombreuses petites feuilles vertes. Or, ce dispositif est rare chez les algues qui revêtent les formes les plus diverses, mai sans différencier aussi nettement les organes. Ainsi, les mousses s'appliquent-elles, avec succès, à mieux diviser le travail entre un organe porteur et conducteur de l'eau : la tige, et les nombreuses petites batteries solaires que sont les feuilles. Chaque feuille, en effet, absorbe, grâce à la chlorophylle verte, de l'énergie solaire, par laquelle elle transforme le gaz carbonique puisé dans l'air et l'eau provenant du sol en sucres et en amidon, selon le processuss classique de la photosynthèse.

Avec les mousses apparaissent pour la première fois les feuilles. Encore que celles-ci soient imparfaites : de tailles minuscule, elles ne possèdent aucun vaisseau conducteur spécialisé, c'est-à-dire aucune nervure nettement perceptible. Pourtant, par la multiplication des feuilles sur un axe porteur, et leur judicieuse répartition dans les trois dimensions, les plantes accroissent dans des proportions considérables la surface utile où s'effectue la synthèse des sucres. Qu'on imagine l'encombrement d'un arbre dont toutes les feuilles seraient soudées en une seule immense lame verte et formeraient alors une sorte de voile compact de plusieurs centaines de mètres carrés. Or, les algues, sauf exception, n'ont guère dépassé ce type d'organisation; on le voit, par exemple, chez l'ulve ou le laminaire. Les mousses, en poussant plus avant la division du travail et en inventant la feuille, marquent un réel progrès.

Des atomes jusqu'aux sociétés humaines, la loi de division du travail, qui affecte à chaque élément d'un ensemble une tâche précise, apparaît comme une loi fondamentale de la vie, sur laquelle repose l'ordre et l'organisation de tous les systèmes vivants. Une cellule, c'est déjà un organisme en miniature où de multiples organites assurent chacun une fonction précise, exactement comme les organes du corps d'un animal ou d'un homme. Des organismes animaux aux organismes sociaux, il n'y a qu'un pas, la société étant elle-même constituée de nombreux organismes spécialisés, assurant chacun une fonction précise, au service de la société toute entière. C'est pourquoi, au fur et à mesure que l'on s'élève dans les plantes supérieures, la division du travail est poussée de plus en plus loin et des organes spécialisés apparaissent, qui font par exemple toute la différence entre l'ultrasophistication d'une orchidée en fleur et l'extrême simplicité d'une tige de mousse.

Mais la nature, à la différence des sociétés évoluées, ne respecte pas toujours les droits acquis et les progrès sont continuellement remis en question. C'est ainsi que dans le groupe des hépatiques, tout proche des mousses, la disposition en tige feuillée s'est perdue : la plante reprend le port classique d'une algue sous la forme d'une mince lame verte et rampante, adhérant au sol ou au rocher et portant, comme chez les *marchantia* par exemple, les organes reproducteurs sous de curieux petits parapluies. Les hépatiques, qui colonisent toujours des milieux très humides, auraient récupéré, par une sorte de réflexe conditionné, la structure des algues anciennes dont les mousses dérivent. De l'algue à la mousse, puis de la mousse à l'hépatique, l'évolution aurait ainsi bouclé ce que certains appellent un pseudo-cycle, avec retour apparent au point de départ. Retour apparent seulement, car les hépatiques bien que simulant des algues ont conservé le mode de reproduction des mousses. On mesure combien est encore incertain le caractère de plante terrestre dans ce groupe pionnier, et combien, dans ce qu'on pourrait appeler leur inconscient virtuel, l'algue toujours sommeille.

La psychanalyse des mousses

Qui entreprendrait la psychanalyse des mousses découvrirait, sans doute promptement dans ce subconscient virtuel, les comportements et les tendances des algues, leurs proches ancêtres, dont elles portent clairement l'hérédité. On a même pu dire que les mousses étaient elles-mêmes des plantes régressives, nées de la simplification de plantes terrestres primitives aujourd'hui disparues.

Le comportement sexuel des mousses ne fait d'ailleurs que confirmer cette impression d'archaïsme. Comme toutes les plantes un peu évoluées, les mousses forment des cellules mâles et femelles dont la rencontre aboutira à la formation d'un œuf. Ces cellules se forment au printemps, à l'extrémité des tiges feuillées. Les cellules mâles sont des spermatozoïdes nageurs libérés en abondance des organes microscopiques au sein desquels ils se forment. Lorsque le tapis de mousse est mouillé, ces spermatozoïdes nagent à la rencontre d'une cellule femelle qui, elle, reste en place, posée au fond d'une sorte de bouteille fixée à l'extrémité d'une petite tige feuillée. Ici, comme chez la plupart des animaux, l'initiative de la rencontre revient à l'élément mâle dont le tempérament entreprenant ne se dément qu'exceptionnellement. La formation de l'œuf exige, on le voit, la présence d'eau, puisque les spermatozoïdes ne peuvent se déplacer qu'en nageant : pour se reproduire, la mousse se comporte exactement comme une algue. L'adaptation à la vie terrestre n'est donc qu'un succès très partiel : l'eau reste impérativement nécessaire à la transmission de la vie, donc à la survie de l'espèce, comme chez les algues marines.

C'est d'ailleurs un fait bien connu, aussi bien chez les animaux que chez les végétaux, que la sexualité reflète les tendances ancestrales. Ainsi les grandes algues du littoral, brassées par la marée, émettent pour se reproduire des spores ciliées en tous points comparables à celles que produisent leurs ancêtres, les cellules formant le plancton végétal de la haute mer. De même, bien que plus évoluées que les mousses, les fougères gardent encore ce caractère et ne peuvent se reproduire sur le sol que par des spermatozoïdes nageurs, donc en présence d'eau. Mousses et fougères peuvent être comparées aux grenouilles : celles-ci, quoique libérées de la vie aquatique, sont contraintes d'y retourner pour pondre leurs œufs d'où naîtront les jeunes têtards, qui n'aquerront qu'à partir d'un certain âge la possibilité de se mouvoir sur terre : elles commencent leur vie comme des poissons, et la poursuivent comme des animaux terrestres. Ce n'est qu'à partir des reptiles chez les animaux, et des conifères chez les végétaux, que la reproduction se libère du milieu marin. Reptiles et mammifères pondent leurs œufs ou font leurs petits sur terre, tandis que les arbres portent leurs fleurs dans les airs.

Il peut arriver que des animaux ou des plantes évoluées retournent à la vie aquatique : c'est le cas par exemple du nénuphar. Dans ce cas toutefois la reproduction continue à se faire par voie aérienne comme chez les ancêtres de ces plantes, d'où les magnifiques fleurs émergeant à la surface de l'eau et émettant leur pollen à l'air : de même pour les renoncules d'eau qui se reproduisent tout à fait comme les renoncules ordinaires étalant leurs fleurs en surface, et non sous l'eau. Dans les deux cas, ces plantes d'eau conservent leur appareil reproducteur à l'air!

Les phoques, comme la plupart des mammifères adaptés à la vie aquatique, sauf les baleines, reviennent à terre pour se reproduire. Et les otaries également : on les voit alors déployer des stratégies compliquées où la loi du plus fort est toujours la meilleure.

En effet, les mâles arrivent sur les plages les premiers et se battent pour se répartir le territoire : les plus forts occupent le littoral, les autres sont refoulés vers l'intérieur. Les femelles sortent de l'eau ensuite et se répartissent autour des mâles dominants sur le littoral, dont chacun se constitue son harem... Il arrive même que pour l'aider à « encadrer » son troupeau de femelles il accepte le concours d'un jeune auxiliaire qui aura droit par faveur spéciale... à quelques femelles.

Puis, après les amours, tout le monde retourne à l'eau!

Les tortues marines quittent également la mer, lorsqu'elles viennent pondre leurs œufs sur le sable du littoral. Cette excursion en dehors du milieu marin n'est d'ailleurs pas sans risques pour les futures jeunes tortues, menacées par les oiseaux prédateurs, lorsqu'à l'éclosion des œufs elles retournent à la mer.

A noter cependant que si des plantes ou des mammifères réapprennent à vivre en milieu aquatique, aucun poisson jamais n'a réussi à vivre sur terre. Ces plantes ou ces mammifères d'ailleurs ne redeviennent jamais des algues ou des poissons. En fait les régressions, les retours en arrière sont plus simulés que réels. Un vieillard retombant en enfance ne redeviendra jamais un enfant. La vie ignore les retours en arrière, même lorsqu'elle s'ingénie à les simuler.

Poussant le raisonnement plus avant, il apparaît que la région pubienne est la seule à avoir conservé les vestiges de la toison qui recouvrait le corps de nos ancêtres et dont s'habillent aujourd'hui encore tous nos cousins, les singes. Autre caractère conservateur de nos organes sexuels! Mais l'on objectera que la tête est, elle aussi, couverte d'une forte pilosité. Or elle représente, à l'inverse, l'organe le plus évolué, puisqu'elle enferme le cerveau. En fait, à la différence des poils pubiens, les cheveux ont l'étonnante particularité de poursuivre quasi indéfiniment leur croissance. On pourrait donc les considérer comme des poils « surévolués », simulant des caractères primitifs. Un peu comme les graines d'orchidées simulaient des spores, ou le thalle des hépatiques celui des algues. Une telle explication est plausible, à moins qu'à l'instar de cet humoriste, on préfère voir dans la chevelure un vestige de la toison de nos ancêtres, qui signerait le caractère régressif et sexuel de la tête... puisque aussi bien c'est d'elle que naissent phantasmes et idées lubriques!

Une sexualité régressive

Tous ces exemples montrent à quel point la sexualité conserve et reproduit les caractères et les comportements des ancêtres. Voilà sans doute l'origine du tabou qui, durant des siècles, entoura l'exercice de la sexualité humaine. Parce qu'il croyait voir dans la sexualité une preuve trop évidente de son ascendance animale, l'homme crut devoir préserver son originalité en cachant cette part de son être. C'est encore cette même sphère de la sexualité qui échappe le plus à l'emprise de la raison par laquelle, grâce à son cerveau cortical, l'homme se singularise du monde animal. Or l'expérience courante montre assez que la raison n'a guère de prise sur le sentiment, les affections et les pulsions : quelles que soient les facultés intellectuelles, on ne tombe pas amoureux quand on veut de n'importe qui! Et à l'inverse on est souvent l'objet de pulsions que les conditions sociales ne permettent pas de satisfaire. Bref, la sexualité ne suit pas les ordres de la volonté et l'instinct, cette part animale de nous-mêmes s'y exprime avec une particulière vigueur.

Mais les mousses ont fait mousser notre imagination. Nous voici loin de cet œuf qu'elles forment par fusion de leurs cellules sexuelles. Aussitôt formé, l'œuf donne un filament mince qui s'allonge au-dessus de la tige feuillée et se termine en s'épaississant par une sorte de capsule, coiffée elle-même d'un bonnet évoquant les éteignoirs de cierge jadis utilisés dans les églises. Cet organe filamenteux, porteur de l'urne à spores, ne produit pas de chlorophylle et ne forme pas de feuilles. L'adduction d'eau, en effet, y est particulièrement laborieuse, puisqu'il vit fiché sur la petite mousse, elle-même déjà très péniblement alimentée en eau comme on l'a dit. Aussi, pour économiser l'eau au maximum, le meilleur moyen est-il de supprimer purement et simplement les organes qui transpirent, c'est-à-dire les feuilles. Ce que font d'ailleurs les arbres en hiver, quand le sol est gelé et que l'eau disponible est rare.

L'œuf résulte de l'addition du contenu cellulaire de deux cellules sexuelles; il possède donc un nombre de chromosomes deux fois plus élevé que ces dernières. Toutes les cellules qui en dérivent, celles du filament et celles de la capsule, ont les mêmes propriétés Mais au sein de la capsule, dans ces sortes de boîtes aux formes variables selon les espèces, certaines cellules subissent une division particulière, qui conduit à une réduction de moitié du nombre de leurs chromosomes. Les nouvelles cellules ainsi obtenues sont appelées « spores ». Elles vont être disséminées dans le milieu extérieur, ce qui suppose de la part de la capsule un grand effort d'imagination : comment réussir à faire tomber successivement, la coiffe d'abord, puis l'opercule qu'elle recouvre et qui ferme la boîte? Comment ensuite faire craquer la mince pellicule qui forme la troisième et dernière enceinte de ce couvercle sophistiqué des capsules de mousse? La funaire hygrométrique résout le problème, en faisant gigoter son filament selon le degré d'humidité de l'air, de sorte que la capsule finit par se renverser; quant à la mince membrane qui recouvre les spores, elle est directement fixée sur des dents ligneuses qui se rétractent aussi en fonction du degré d'humidité de l'air et finissent par la faire craquer, mettant alors à jour le stock des spores à disperser. La capsule décoiffée, les spores arrivent sur le sol, germent si les conditions sont favorables et donnent de nouveaux pieds de mousse, bouclant ainsi le cycle de leur reproduction. Ce cycle, on le voit, présente deux phases nettement tranchées : l'une constituant le tapis feuillé commence avec la germination des spores, l'autre formant les soies et les capsules commence à la division de l'œuf. Tandis que les cellules sexuelles sont émises dans l'eau, les spores sont, au contraire, projetées dans l'air, même s'il s'agit d'une mousse aquatique; ce qui montre bien l'ambiguïté de ces végétaux, condamnés à vivre sur terre, bien qu'encore profondément tributaires de la présence de l'eau.

L'habitat des mousses découle tout naturellement de cet état : elles sont contraintes de vivre dans les lieux ombragés où l'eau de pluie ne s'évapore que lentement, en l'absence de vive lumière. Elles ont également une prédilection pour les lieux humides, et vivent volontiers dans les rivières où certaines présentent d'ailleurs la singulière particularité d'accumuler, de façon considérable, certains éléments chimiques du milieu : des déchets radioactifs provenant du fonctionnement des centrales nucléaires ont été concentrés près de 100 000 fois par une mousse [1] vivant dans la Meuse!

1. *Cinclidotus danubicus.*

Des forêts en miniature

Les mousses jouent enfin un rôle prépondérant dans la formation de ces milieux très particuliers que sont les tourbières. Les tourbières sont des forêts miniatures dont les mousses seraient les arbres. La tourbe se forme dans des lieux humides et froids, où l'eau stagnante favorise le développement d'une catégorie de mousse : les sphaignes. Les tiges feuillées de celles-ci ont une croissance continue en hauteur, tandis que leur base peu à peu se décompose et forme la tourbe; l'épaisseur peut aller de quarante centimètres jusqu'à plus de dix mètres, selon l'ancienneté de la tourbière qui peut atteindre plusieurs millénaires. Jadis exploitées pour l'extraction de la tourbe, les tourbières sont aujourd'hui menacées d'irrigation ou d'assèchement, en raison de la faible valeur économique qu'on leur attribue. En réalité, les tourbières abritent toute une flore spécialisée, remontant à l'époque des glaciations et qui ne survivrait dans aucun autre milieu; d'où la prenante beauté de ces sites sauvages et marécageux, avec leurs jolies linaigrettes à toupets de poils blancs, leurs andromèdes et, surtout, leurs droséras carnivores. Ces petites plantes voraces trouvent dans les insectes qu'elles piègent et que lentement elles digèrent, grâce aux ferments que portent les poils qui hérissent leurs feuilles, l'alimentation azotée qui fait défaut dans ces milieux très pauvres en azote que sont les tourbières. C'est le monde vert... à l'envers; les plantes dévoreuses d'animaux... Mais c'est aussi un exemple remarquable d'adaptation pour une plante qui, incapable de trouver sa nourriture dans ces sols pauvres, se met à capter des proies animales, comme le feraient d'autres animaux. Curieuse inversion des rôles! Curieux rapport de la plante et de l'insecte, organisé par des plantes très évoluées, apparues des centaines de millions d'années après l'apparition des mousses; car celles-ci étant dépourvues de fleurs, de fruits et de graines n'exercent absolument aucune attraction sur eux. Le monde des mousses est un univers végétal autonome et indépendant, totalement étranger au monde animal avec lequel il n'entretient aucun rapport; pas plus d'ailleurs qu'il ne fournit de plantes utiles à l'homme, si ce n'est la mousse utilisée par les jardiniers.

La tourbe fossilise parfaitement toutes les structures organiques qui viennent s'y piéger : elle est donc riche en fossiles de toutes sortes, notamment en grains de pollen. Comme il est facile de dater les différents étages d'une tourbière grâce au carbone 14, il est aisé également de repérer l'âge des fossiles de chacune des strates. C'est par ce procédé qu'on a pu reconstituer d'une manière fine la progression des grands défrichements du néolithique, qui se traduisent dans les tourbières par la diminution des pollens d'arbres, et l'augmentation simultanée des pollens venant des céréales, qui remplacèrent les forêts. A l'inverse, une régression de l'activié humaine se traduit par une remontée des pollens d'arbres au détriment des autres.

On conçoit que les tourbières marécageuses peuplées de sphaignes, qui se gorgent d'eau comme une éponge, soient particulièrement favorables à la vie de ces mousses. D'ailleurs, l'embrun des cascades, les sols ou les rochers suintants, les escarpements des hautes montagnes tropicales, où les pluies et les brouillards sont constants, favorisent le développement des mousses, dont certaines peuvent atteindre un mètre de longueur.

Plus énigmatiques sont les mousses que l'on observe sur les toits, les branches de bois mort ou les vieux murs, c'est-à-dire sur des milieux manifestement très secs. Leur possibilité de survie est alors liée au caractère éphémère de leur cycle de reproduction qui s'effectue entièrement durant la saison chaude et pluvieuse, comme les herbes annuelles. En hiver ces mousses survivent à l'état de spores. Certaines disposent toutefois de moyens plus originaux pour résister à la sécheresse : elles se déshydratent presque totalement, ce qu'aucune plante supérieure n'est capable de faire; car lorsque l'eau vient à manquer et qu'une plante commence à flétrir, elle atteint vite un seuil au-delà duquel tout arrosage devient inutile : la mort par dessication est irréversible. Pour certaines mousses au contraire, comme les *Tortula* [1], qui ponctuent de petits tapis brunâtres les dunes du littoral, des pertes d'eau considérables peuvent être enregistrées; la plante se met littéralement en état de vie ralentie ou d'hibernation sous forme sèche, un peu comme le ferait une graine. Puis, avec le retour des pluies, elle se réhydrate et reprend sa consistance naturelle. Ce phénomène de reviviscence est un atout majeur des êtres primitifs, leur permettant de s'adapter à de grandes variations du milieu. Aussi arrive-t-il même que des mousses reviviscentes servent d'abris à de petits animaux eux-mêmes reviviscents, comme des rotifères par exemple. La reviviscence, privilège des espèces primitives, est l'un des atouts qui permet à certaines mousses de jouer le rôle de pionnier lorsqu'avec des lichens elles partent à la reconquête du milieu minéral; ce que l'on observe sur la taille d'une carrière, les rochers nus d'une montagne ou les pentes fraîchement formées d'un volcan.

L'aptitude à la reviviscence compense alors le handicap du manque de bois et donc de système circulatoire : car, si les mousses ont inventé le bois que l'on détecte aussi bien dans les tissus que dans les dents des capsules, elles n'ont manifestement pas su le « reconnaître », ni s'en servir. Faute de bois, elles ne pouvaient aller plus loin sur la voie du progrès. Elles restent donc condamnées à l'immobilité, et comme tant de vieux pays contemplent plus leur passé qu'elles ne préparent leur avenir. Les premières plantes passées maître dans l'art de travailler le bois furent les fougères, qui, après les mousses, constituèrent la deuxième grande vague civilisatrice de plantes vertes parties de la mer à la conquête des terres émergées.

1. *Tortula ruraliformis.*

CHAPITRE 4

L'invention du bois et le règne des fougères

L'éphèbe et la femme enfant

Monde étrange et fascinant que celui des fougères. Monde sans fleurs, sans fruits et sans graines. Monde vert, dont les immenses feuilles finement ciselées en dentelle tamisent la lumière des sous-bois. Dans le vaste univers des plantes terrestres, les mousses représentent un essai miniaturisé, tandis que les fougères offrent au contraire des dimensions plus conformes à l'idée que l'on se fait d'une plante.

La grande fougère aigle est le prototype des fougères : elle est une des très rares espèces végétales que l'on trouve aussi bien dans les régions tempérées que sous les tropiques. Exemple remarquable d'une exceptionnelle capacité d'adaptation. Elle marque de ses frondes délicates, le paysage des massifs érodés du plissement hercynien (Vosges, Massif central, Bretagne) en raison de sa prédilection pour les sols cristallins sur lesquels elle fait bon ménage avec les genêts, la digitale, les myrtilles, les bruyères. Mais tandis que toutes ses compagnes fleurissent abondamment et ponctuent le paysage de leurs fleurs éclatantes, la fougère conserve imperturbablement sa verte parure. A moins qu'à proximité du littoral les embruns la fasse roussir, ce qui rendait au Moyen Age la fougère suspecte de commercer avec le diable! D'autant que les squames brunes qui recouvrent les jeunes pieds ont cette même couleur. Et l'on savait bien à cette époque que Satan roussit tout ce qu'il touche!

Où apparaissent les racines et le bois

Comme toute plante bien née, la fougère se fixe dans le sol par un solide appareil souterrain, muni de nombreuses racines. Celles-ci sont parcourues par un dense réseau de cellules allongées aux parois ligneuses, formant un appareil circulatoire qui se prolonge dans les tiges et dans les feuilles. Colorée en vert par un colorant adéquat, la lignine, constituant chimique du bois, apparaît nettement sur une section de tige ou de racine : elle forme la paroi de ces vaisseaux où montent l'eau et les matières minérales nécessaires à la synthèse des sucres effectuée grâce à la chlorophylle dans les feuilles. Les sucres ainsi élaborés sont à leur tour répartis dans toute la plante, afin d'alimenter l'ensemble des tissus. Des vaisseaux particuliers sont affectés à cette tâche dont les parois accumulent, non plus de la lignine, mais de la cellulose. Traités par le carmin, ces vaisseaux apparaissent colorés en rouge dans les coupes effectuées à travers les tissus végétaux. C'est donc un double système circulatoire différencié, ascendant et descendant, qui permet à la fougère de puiser dans le sol et de répartir dans l'ensemble de ses tissus l'eau nécessaire à la vie végétale, ainsi que les aliments sucrés élaborés dans les feuilles. Racines et système conducteur permettent d'élever l'eau dans les organes aériens jusqu'à plusieurs dizaines de mètres : ceux-ci étant constamment ravitaillés, leur teneur élevée en eau – nécessaire à la vie – reste constante, malgré les pertes dues à la transpiration dans l'atmosphère.

L'association, en parallèle, d'une série de vaisseaux ligneux à parois rigides résout un double problème : celui de l'irrigation interne, qui permet à la plante d'atteindre une taille respectable, ce que les mousses ne peuvent faire faute de tels vaisseaux, d'où leur taille insignifiante. Mais aussi celui du squelette, grâce auquel la plante peut se tenir debout; ce que les algues qui furent les ancêtres des fougères ne réussirent pas davantage à faire faute d'avoir inventé le bois. Ce squelette est d'ailleurs renforcé par des cellules ligneuses particulières, sans rôle conducteur, noyant les vaisseaux dans un tissu rigide.

Les feuilles présentent une singulière particularité : elles sont généralement de très grande taille et très finement divisées, très élégantes, distinguées. L'étude des fossiles nous révèle que ces grandes frondes de fougères seraient en quelque sorte des feuilles en formation, le tissu foliaire recouvrant peu à peu un réseau dense de ramifications qui équivalent en fait à des nervures; mais l'ensemble n'est pas encore entièrement soudé, et le tissu foliaire n'a pas conflué; d'où les fines dentelures, les ciselures et les divisions des frondes de fougères. Lorsque cette évolution atteint son terme on tombe sur le scolopendre, avec ses belles feuilles, entières, compactes, luisantes, merveilleusement douces au regard.

Étrange aussi est la particularité des jeunes feuilles de prendre la forme de crosses qui se déroulent au fur et à mesure de leur croissance. Celle-ci s'effectue exclusivement par le fragile bourgeon terminal qui mérite par conséquent une protection particulière. Qu'un animal vienne à dévorer ce bourgeon, et la croissance de la feuille est définitivement stoppée. On conçoit, dans ces conditions, que la plante ait soin de protéger les bourgeons terminaux de ses feuilles; et la meilleure manière de les protéger, c'est de les cacher soigneusement en se recroquevillant en crosse sur elle-même; les parties les plus fragiles restent ainsi hors d'atteinte de l'appétit dévorant des animaux. Car les fougères diffèrent de l'herbe, dont la croissance s'effectue à partir de jeunes bourgeons situés à la base des tiges et souvent au ras du sol. Les animaux peuvent donc brouter la prairie, et la tondeuse tondre le gazon, l'herbe repousse obstinément. Mais pas la fougère : une feuille sectionnée à son extrémité est condamnée. Observé au ralenti, le lent déroulement d'une fronde de fougère est un spectacle délicat et somptueux, aboutissant au plein épanouissement de la fronde adulte.

Munies d'un puissant appareil circulatoire, d'un squelette rigide et de feuilles de belle taille, le tout rendu possible par la capacité de synthétiser la lignine, élément constitutif du bois, les fougères lointaines descendantes des algues marines représentent la première grande civilisation végétale réellement adaptée à la vie terrestre. Dans les forêts tropicales humides, les fougères arborescentes forment un tronc, qui peut atteindre quinze à vingt mètres de hauteur, à l'extrémité duquel s'épanouit une rosette de grandes frondes découpées. Ces belles et grandes fougères arborescentes, fréquentes notamment dans l'hémisphère Sud, montrent, par comparaison à l'insignifiance des mousses, l'importance que revêt la synthèse du bois dans le monde végétal. L'incapacité de faire du bois a condamné les mousses à rester tristement naines. Pourtant, dans certaines de leurs cellules, le bois déjà apparaissait. Mais elles n'ont su ni le reconnaître, ni s'en servir. Les fougères, pourrait-on dire en langage de rugby, transforment l'essai marqué par les mousses. Elles « reconnaissent » la lignine, l'utilisent à leur profit, construisant l'appareil circulatoire et le squelette nécessaires aux végétaux terrestres, présents déjà potentiellement, sinon réellement, dans les grandes algues marines dont dérivent tous les végétaux terrestres.

Comme nous l'avons dit, c'est donc dans la mer que se sont élaborées les premières formes végétales. L'immense monde des algues, dans son infinie diversité, a réussi la mise au point de multiples prototypes, parmi lesquels la terre a « choisi » les mieux équipés et les mieux adaptés aux nouvelles conditions de vie qu'elle imposait. L'océan, c'est le grand réservoir de formes et de structures vivantes, qui alimente la terre par vagues successives de peuplement. Ainsi, ce que la mer fit de mieux, finit par devenir terrestre. Les algues et les mousses ébauchèrent le bois. Les fougères le réussirent !

A la recherche du temps passé

Où, quand, et par quelle plante fut inventé le premier vaisseau de bois? Voilà typiquement la question à laquelle on ne peut jamais répondre. D'autant que cette invention est ancienne, puisque selon les fossiles elle remonte à plus de quatre cents millions d'années. Et lorsque le vaisseau de bois apparaît sans équivoque chez les *Rhinia* par exemple, sorte de joncs fossilisés dans les grès rouge d'Écosse et disparus de la surface de la terre depuis l'ère primaire, il est déjà parfaitement formé. En fait, les origines des grands événements sont toujours insaisissables. Les périodes de grande invention, où, sous la pression de la nécessité, la nature imagine des dispositifs ingénieux pour résoudre une crise, ne laissent généralement pas de fossiles. Aussi les botanistes, qui arrivent longtemps après la bataille, doivent-ils faire travailler leur imagination pour tenter de reconstituer, à partir des fossiles disponibles, les grands événements du passé.

La crise en l'occurence, ce fut sans doute la terrible sécheresse qui sévit sur la terre, il y a quatre millions de siècles. Dans les zones marécageuses, les plus malines des algues inventent alors les vaisseaux de bois et aboutissent à ces premières plantes dressées que sont, par exemple, les *Rhinia.* Une fois le nouveau prototype réussi, la nature le multiplie à l'infini en l'améliorant sans cesse. Le nombre énorme d'individus ainsi fabriqués laisse alors des fossiles que l'on peut étudier. Bref, ce sont toujours les prototypes, produits en faible quantité qui disparaissent sans laisser de traces. Les fabrications en grande série ont au contraire beaucoup plus de chances de laisser des témoins aux générations futures. Tel est bien le phénomène qui semble s'être produit à l'ère primaire lorsque les premières plantes à bois ont brusquement proliféré, d'abord sous forme d'herbes, puis sous forme d'arbres de plus en plus grands, formant les immenses forêts du carbonifère aujourd'hui englouties, dont les houilles nous offrent une extraordinaire richesse de fossiles. Les mines de charbon ont ainsi permis de reconstituer de nombreux prototypes végétaux de ces époques anciennes, formant d'immenses forêts marécageuses dont la plupart des éléments ont à jamais disparu; on les retrouve aujourd'hui englouties dans le ventre de la terre où les mineurs vont en extraire les résidus; ou reconstituées dans des musées ou sur des reproductions représentant ces ensembles insolites, formés de prêles géantes, de fougères à graines, d'arbres à ovules primitifs surgissant des marécages et formant un paysage végétal totalement étranger au monde d'aujourd'hui, et comme issu d'une œuvre de science-fiction.

Qu'elles soient arborescentes ou herbacées, les quelques milliers de fougères rescapées des temps géologiques présentent les aspects les plus divers. Des fins capillaires, aux feuilles en écusson, jusqu'aux grands *Dicksonia,* que d'imagination pour soigner l'élégance du maintien et la fine dentelure de l'habit. Les fougères les plus curieuses sont sans doute celles qui, dans les forêts tropicales, se fixent sur les fourches ou les troncs des arbres où elles vivent suspendues en l'air : telles sont les étranges *Platycerium* aux formes de bois de cerf, aujourd'hui couramment présentées sur les étals des fleuristes, et qui semblent issus directement d'un autre monde. Mais malgré la diversité de leur forme et de leur taille, de leurs feuilles et de leurs frondes, toutes les fougères ont adopté le même mode de reproduction.

Des tâches brunes apparaissent, généralement sous les frondes. Elles affectent des allures variables et l'on utilise ce caractère pour distinguer et baptiser les différentes espèces de fougères. Ces taches sont tantôt nues, tantôt plus ou moins recouvertes par de minces lames vertes. Observées à la loupe, on s'aperçoit qu'elles sont constituées d'une foule de minuscules points brunâtres. Chaque point est un sporange. Et au microscope, chaque sporange apparaît comme une petite boîte plus ou moins sphérique dont une rangée de cellules est épaissie par de la lignine, ce qui leur donne à chacune une allure boursouflée très originale. Lorsque l'air se déssèche, la lignine se contracte et la paroi du sporange se rompt suivant cette ligne de moindre résistance. La boîte s'ouvre alors et répand sur le sol des quantités de cellules microscopiques : ces spores sont entourées d'une membrane très épaisse, imprégnée d'une substance imputrescible qui constitue l'un des matériaux les plus résistants du monde vivant. Au microscope électronique, elles révèlent l'ingénieuse architecture de leurs parois ornementées de ponctuations ou de protubérances aux formes les plus inattendues. Les spores constituent le véritable organe de diffusion des fougères, qui ne forment jamais de graines comme le font les plantes à fleurs. Si les conditions de température et d'humidité sont favorables, la spore germe et donne une petite lame verte qui, même pour les grandes fougères arborescentes, ne dépasse jamais trois à quatre centimètres de diamètre. Cette lame minuscule n'a ni tige, ni feuille, ni racine, ni vaisseaux. Elle évoque absolument la forme indifférenciée du thalle des algues, d'où son nom de prothalle. Et c'est sur cet organe archaïque, régressif, primitif où la fougère semble s'être oubliée elle-même pour retrouver dans sa mémoire, la structure des algues dont elle descend depuis la nuit des temps, que vont se former les organes sexuels mâles et femelles.

Lorsque le sol est humide, les spermatozoïdes mâles s'échappent, nagent vers les cellules femelles, et les fécondent. Comme chez toutes les plantes terrestres, c'est le spermatozoïde qui fait mouvement; la cellule femelle attend immobile, enfermée au fond d'un organe protecteur en forme de bouteille. La nature pratique, on le voit, l'antique méthode du rendez-vous d'autrefois : la jeune fille attend sagement à domicile que son fiancé vienne la chercher; à moins que, comme au bal, elle n'attende poliment l'invitation d'un danseur. La fusion des cellules mâles et femelles donne un œuf, véritable point de départ de la future fougère. Il devient un petit embryon qui s'enracine dans le sol, tandis qu'une jeune tige s'élève où vont se former les premières frondes. La mince lame verte qui portait les organes sexuels, le prothalle, n'a plus alors aucun rôle à jouer et disparaît. Cet organe fragile reste cependant le véritable talon d'Achille des fougères. Disposé à même le sol, sans aucune protection, il porte des organes sexuels entièrement nus. Il exige en outre d'être mouillé pour que les spermatozoïdes nageurs puissent rejoindre les cellules femelles. Comme les mousses, les fougères ont donc besoin d'eau pour se reproduire; elles n'ont pas su encore arracher leur appareil de reproduction sexuée à l'influence marine, dont elles gardent la mémoire héritée des algues leurs ancêtres. Pas d'eau, pas de reproduction : les fougères se méfient de la sécheresse et fuient les points arides du globe, leur préférant les régions tempérées ou les tropiques humides.

Vers une plus grande différenciation des sexes

Appartenant à un groupe proche des fougères, les prêles sont les dernières survivantes d'un immense ensemble de plantes ayant subi depuis l'ère primaire une effroyable hécatombe. Il n'en reste plus que quelques espèces. L'insertion très particulière des feuilles et des rameaux sur les tiges leur a valu le nom de « queue de cheval » ou de « queue de chat ». Curieusement, certaines prêles [1] émettent deux sortes de tiges : au printemps des tiges brunâtres, sans chlorophylle, et se terminant par un épi porteur de spores, donc exclusivement vouées à la reproduction; en été, des tiges vertes, sans épi, à surface cannelée, porteuses de nombreux rameaux, ce qui leur confère un aspect si particulier. Ces tiges ont exclusivement un rôle chlorophyllien et s'activent à la synthèse des sucres; exemple

1. *Equisetum arvense, E. maximum.*

rarissime dans le règne végétal d'une séparation, sur deux tiges différentes, de la fonction chlorophyllienne et de la fonction reproductrice. Imaginerait-on, par exemple, une tige de muguet à feuilles mais sans fleurs et une autre à fleurs mais sans feuilles? Certes les prêles n'ont pas toutes adoptées ce bizarre mode d'organisation, que l'on ne retrouve dans une variante rapprochée, que tout au sommet du règne végétal, dans la grande famille des composées. Chez celles-ci, certaines espèces comme le tussilage où les petasites émettent précocement des tiges fleuries dressées, brunâtres et démunies de chlorophylle. Mais la plante se rattrape ensuite en donnant un abondant feuillage : chez les petasites ces feuilles sont de très grandes tailles et bordent les étangs ou les zones humides d'une végétation généreuse et envahissante qui évoque la rhubarbe.

Certaines fougères, telle l'osmonde royale, semblaient déjà évoluer un peu dans ce sens en modifiant tout ou partie de leurs feuilles en organes reproducteurs, et en laissant au contraire d'autres feuilles vierges de tout élément reproducteur. Il en résulte une dissymétrie curieuse, qui fait la singularité de l'osmonde. Mais la division du travail est nettement plus accusée chez les prêles qui fabriquent vraiment deux types de tige absolument différentes, l'une brune et fertile, l'autre verte et stérile. L'une et l'autre ont un toucher rugueux, car elles sont fortement imprégnées de minéraux : ici la plante intègre la pierre et l'épouse, ce qui fait d'elle un médicament essentiel de la médecine verte. On l'emploie comme reconstituant, reminéralisant dans le cas de grande fatigue physique ou nerveuse.

A la différence de la fougère, les spores de prêle donnent deux sortes de prothalles dont les uns ne fournissent que des spermatozoïdes et, les autres, ne contiennent que des cellules femelles. La tendance à la séparation des sexes s'accuse donc dans cette espèce, bien que le sexe des spores ne soit pas déterminé au départ. Selon qu'on les place dans les milieux plus ou moins riches, elles donneront des prothalles mâles ou des prothalles femelles, ces derniers se formant surtout dans des milieux riches en substances nutritives. Comme toujours, la nature a soin de favoriser le sexe qui a pour mission la gestation de la descendance. La séparation des sexes est donc moins tranchée qu'il n'y paraît, chaque sexe conservant, d'un bout à l'autre du monde vivant, les potentialités latente du sexe opposé.

La séparation des sexes s'accuse davantage encore dans un groupe de plantes apparentées aux fougères et parmi lesquelles la sélaginelle constitue l'exemple type. Originaire des tropiques, son feuillage tendre est formé de feuilles minuscules lui donnant un aspect très ornemental, très gracieux. Comme dans la prêle, les sporanges sont groupés en épis. Mais ils sont de deux sortes. Les uns, petits, donnent des spores minuscules, nombreuses, et qui chacune en germant forme un prothalle mâle microscopique porteur de spermatozoïdes. D'autres, plus gros, ne contiennent que quatre spores, de forte taille cette fois, gonflant la paroi du sporange comme le feraient quatre balles de tennis dans leur filet. Chacune d'elle, en germant sur le sol, donne cette fois un gros prothalle femelle riche en réserves nutritives destinées à permettre la croissance du futur embryon, qui se formera sur ce prothalle par fécondation de l'œuf.

Par la différenciation accrue des sexes, et par la capacité de mettre en réserve dans le prothalle des aliments destinés à la croissance du jeune embryon, la sélaginelle paraît une plante beaucoup plus évoluée que la fougère. Pourtant, lorsqu'on observe la plante elle-même, on est frappé par sa petite taille et par ses feuilles minuscules à une seule nervure. La division en « Y » des tiges évoque en outre les algues, autre signe d'archaïsme. Les fougères ont au contraire perfectionné avec beaucoup de succès leur appareil végétatif en formant de grandes frondes munies d'un puissant système de nervures ce qui permet à l'eau de les irriguer en tout sens. Bref, tout se passe comme si les fougères avaient surtout travaillé à améliorer leur corps végétatif, négligeant le perfectionnement de leur appareil sexuel. Tandis que les sélaginelles auraient travaillé en sens inverse, en perfectionnant ce dernier mais en négligeant l'appareil chlorophyllien. Bref, les fougères seraient des éphèbes de forte taille, mais sexuellement retardés, et les sélaginelles des femmes-enfants exceptionnellement précoces. La mise à jour des fossiles permet aujourd'hui de mieux comprendre ce paradoxe.

Fougères, prêles et sélaginelles appartiennent en réalité à trois grandes lignées historiques ayant évolué de manière parallèle depuis les débuts de l'ère primaire. Dans chaque lignée la différenciation des sexes s'est accentuée, atteignant les prothalles d'abord, les spores ensuite. On connaît d'ailleurs des fougères qui possèdent comme les sélaginelles deux sortes de spores et deux sortes de prothalles : c'est le cas notamment des fougères aquatiques, comme les *Marsiléa* en forme de trèfle à quatre feuilles, ou les *Salvinia,* a deux feuilles flottantes. Dans les deux cas, l'adaptation à la vie aquatique semble avoir donné un coup de fouet à l'évolution de la sexualité, au détriment de l'appareil végétatif, très réduit. A l'inverse, on trouve dans un groupe proche des sélaginelles des plantes à une seule sorte de spore, comme les lycopodes, dont les spores très fines forment une poudre utilisée en pharmacie pour enrober les pilules.

Curieusement, la vie ne conserve pas forcément les prototypes les plus évolués. D'innombrables espèces apparentées aux sélaginelles, aux lycopodes ou aux prêles, ont disparu et notamment tous les grands arbres des forêts primaires. Seules, dans ces groupes, quelques herbes rescapées ont atteint notre époque. Les fougères elles-mêmes ont fortement régressé et n'occupent plus, par rapport aux plantes à fleurs, qu'une place secondaire dans la végétation, alors même qu'elles avaient, il y a trois cent millions d'années, l'exclusivité de la végétation terrestre. Pourquoi ce recul? Ces plantes auraient-elles quelque tare, quelque vice de fabrication qui les condamneraient à disparaître à terme devant la compétition des plantes à fleurs. Ont-elles démérité? D'où vient leur fragilité? Sans doute du prothalle, cette mince lame étalée sans protection sur le sol et qui exige d'être mouillée pour être fécondée. Aussi observe-t-on à travers tous les groupes de fougères ou de plantes apparentées, la tendance à protéger ce prothalle; d'abord en le maintenant enfermé dans la membrane épaisse de la spore qui lui a donné naissance, puis en maintenant cette spore elle-même à l'intérieur du sporange dans lequel elle s'est formée. Deux tuniques protectrices se forment ainsi, comme les poupées russes, qui s'emboîtent les unes dans les autres. C'est au niveau des grands arbres fossiles apparentés aux sélaginelles, et qui forment les charbons, que l'on voit cette évolution aboutir finalement au maintien du prothalle femelle sur l'arbre lui-même. Il bénéficie alors d'une triple protection : membrane de la spore qui lui a donné naissance en germant, paroi du sporange où cette spore s'est formée, et enfin protection de l'ensemble par une feuille qui enveloppe le tout : trois tuniques de protection, trois poupées russes emboîtées! Un nouvel organe naquit ainsi il y a environ trois cent millions d'années : l'ovule. Il permit la montée décisive des grandes civilisations de plantes modernes : les plantes à graines. Car, à partir de ce stade, la fécondation s'arrache à l'influence aquatique; le spermatozoïde est emporté par le vent, avec le prothalle qui lui a donné naissance, directement sur l'organe femelle fixé sur l'arbre.

Et cet organe protège soigneusement la cellule sexuelle qui par fécondation donnera l'œuf et la future plante. A partir de cette étape décisive de l'histoire des plantes, le futur œuf résultant de l'accouplement des cellules sexuelles, bénéficie d'une protection efficace, qu'il n'avait jamais connu auparavant. Et cet événement décisif intervient au moment même où les animaux en font autant; c'est-à-dire lorsqu'ils cessent, eux aussi, d'émettre des œufs non protégés dans l'eau, comme le font les poissons ou les amphibiens pour pondre désormais des œufs beaucoup plus complexes, où la cellule femelle est protégée dans un liquide nourricier, lui-même enfermé dans une coquille protectrice destinée à être posée sur terre. Tout se passe au fond comme si, à cette période décisive du carbonifère, au moment où s'élaborent les grands gisements charbonniers, la plante et l'animal, simultanément, s'arrachaient à l'influence de l'océan, en formant autour de leur cellule sexuelle femelle, un organe protecteur et nourricier, sorte de petit océan en miniature qu'ils emportent en quelque sorte avec eux, souvenir de leur passé marin, pour se reproduire et vivre désormais sur terre.

Le sort tragique des pionniers

Malheureusement les plantes qui, dans plusieurs groupes, ont inventé ce dispositif astucieux, brûlant l'étape délicate du prothalle nu posé sans protection à même le sol, ont aujourd'hui toutes disparu éliminées par leurs propres descendants qui ont su mieux qu'elles perfectionner et sophistiquer leur géniale invention. Elles sont au règne végétal ce que sont les premières automobiles des temps héroïques à l'histoire de la locomotion mécanisée : fossiles ou objets de musée témoignant des époques décisives d'innovation et d'invention où une évolution rapide permet, après des tâtonnements plus ou moins heureux, la réussite d'un prototype, qui, une fois au point, est reproduit à des millions et des millions d'exemplaires... Étrange mouvement de la vie, ne gardant aucun souvenir de ses grandes périodes de crise et de créativité. Car la vie est sévère pour les pionniers, promptement supplantés par ceux qui, progressant dans leur sillage, savent détourner à leur profit les fruits de leurs conquêtes et de leurs inventions. Che Guevara est mort, mais Fidel

Castro, bien vivant, a su donner un tour très « classique » à la révolution cubaine...

Les pionniers qui, dans le monde des fougères, ont inventé l'ovule, ont tous disparu remplacés par les plantes modernes. Quant aux fougères, seules demeurent dans les flores actuelles les moins imaginatives, qui se sont contentées de reproduire, sans grande imagination, les modes de reproduction sexuée déjà en vigueur à l'ère primaire. Elles se sont, pour la plupart, cantonnées dans la conquête et la colonisation des milieux humides et même franchement aquatiques. Ceci est bien compréhensible lorsqu'on connaît la fragilité du prothalle et sa dépendance à l'eau au moment de la reproduction. Mais les fougères et leurs parentes n'ont pas su développer des structures adaptées à la vie dans les milieux arides, ce que font admirablement un grand nombre de plantes à fleurs; si certaines fougères réussissent parfois à survivre en des lieux relativement secs, c'est parce qu'elles disposent de l'arme de la reviviscence, c'est-à-dire de la capacité de se déshydrater et de se rehydrater d'une manière tout à fait passive, comme d'autres plantes primitives, mousses ou lichens par exemple. Pendant les périodes de sécheresse, l'organisme se déshydrate totalement et survit au ralenti, flétri et décoloré jusqu'au retour de la pluie. Les *Ceterach,* en été, vont jusqu'à se refermer en boule sur elles-mêmes pour éviter la transpiration. Mais, ce sont là des exceptions. La plupart des fougères préfèrent l'ombre humide des sous-bois, la pénombre des grandes forêts tropicales ou l'obscurité des vieux murs où se blotissent souvent dans les infractuosités de la pierre et de la roche une multitude de petites espèces délicates, tels le capillaire, l'*Asplenium.*

Comme les mousses, les fougères n'ont que très peu d'utilité pour l'homme ou le bétail. Car c'est dans les plantes à graines que l'homme puise pour l'essentiel ses aliments et ses médicaments. Mais depuis quelques années les fougères font une entrée remarquée en floriculture et en horticulture où la délicatesse de leur feuillage, l'élégance de leur port et la verdure éclatante de leurs frondes, les désignent tout naturellement comme plantes d'ornement. Monde silencieux, sans fleur, sans couleur, sans insecte, sans oiseau; monde simple et modeste à l'imagination limitée, comparée par exemple au luxuriant délire des orchidées, les fougères viennent de la nuit des temps. Elles perpétuent sous nos yeux les premières formes de la vie végétale venues de la mer à la terre.

CHAPITRE 5

L'ère des grandes découvertes : l'ovule et la graine

Ces bébés qui dorment durant des siècles

L'histoire des plantes est une fantastique épopée. A l'origine, dans la nuit des temps, une cellule primitive invente la chlorophylle au sein des océans : la première plante est née. Puis une cellule s'accroche au rocher et développe une forme plus perfectionnée : commence alors le monde des algues littorales. La conquête des continents se poursuit avec l'apparition des premiers végétaux terrestres. Pour cela, la plante invente le bois. Des dizaines de millions d'années s'écoulent encore avant que les plantes s'arrachent, définitivement, à leur origine marine à laquelle leur mémoire obstinément les amène à l'heure de la reproduction; un peu comme ces grenouilles qui retournent à l'eau pondre leurs œufs d'où naîtront les têtards; ceux-ci s'arracheront au bout de quelque temps à la mare où ils sont nés pour devenir grenouilles et s'installer sur la terre ferme. Il fallut attendre la naissance de l'ovule pour que la sexualité se libère enfin de toute influence aquatique.

Histoire d'un fossile vivant

Les premières plantes à ovules sont mortes sans laisser de traces, sinon dans les fossiles. Seul un arbre vénérable, véritable fossile vivant littéralement sorti de la nuit des temps, le gingko, peut nous donner une idée de ce que furent les premiers ovules. Le gingko est le plus ancien de tous les arbres. Il en existe deux sortes : des mâles et des femelles, comme chez l'homme ou l'animal; un œil exercé peut même les reconnaître en dehors de toute production d'organes sexuels, car l'arbre femelle est plus trapu, plus ramassé, moins élancé que le mâle. Ce phénomène est très rare dans le règne végétal, où la séparation des sexes est beaucoup moins affirmée que chez les animaux supérieurs : le gingko est le seul exemple de plante où l'on reconnaît monsieur et madame à leur allure, à leur port, sans référence directe à leurs organes sexuels.

Si le gingko semble pousser à l'état spontané dans quelques stations en Chine [1], il est surtout un arbre cultivé, qui ne se maintient plus que par la bienveillance que les hommes lui portent. En effet, l'espèce aurait probablement déjà disparue si, mû par un instinct obscur et comme s'il en pressentait la vénérable ancienneté, l'homme ne l'avait dès l'origine pris sous sa protection. Mais c'était pour en être protégé à son tour! Car en Orient, le gingko était censé conjurer le feu et écarter l'incendie. Cette ancienne croyance trouva un regain de vigueur lors du tremblement de terre qui dévasta Tokyo en 1923. Le gigantesque incendie qui suivit épargna un temple important, entouré de nombreux gingko. On trouve la trace de cet arbre dans la littérature et la peinture chinoise à partir du XIe siècle. Il est présent dans tout l'Extrême-Orient autour des temples bouddhiques et des pagodes car on le vénérait comme arbre sacré, peut-être en raison de sa haute taille ou de sa longévité. Une pratique constante des prêtres bouddhiques consistait d'ailleurs à préserver, autour des temples, des enclaves de la forêt avoisinante. Ainsi se constituèrent de véritables réserves

1. Ce fait est encore discuté et il n'est pas impossible que ces stations soient en fait des reliques de plantations plus vastes, mais d'origine humaine.

naturelles, grâce auxquelles de très vieux arbres ont été conservés.

Le gingko est reconnaissable au premier coup d'œil par l'étrangeté de ses feuilles en éventail qui, en automne, prennent une couleur jaune d'or, d'où son nom d'arbre aux quarante écus. L'observateur attentif observera les nervures à ramifications dichotomiques, qui signifient l'archaïsme de cet arbre, évoquant certaines fougères comme les capillaires qui ont des feuilles semblables. Planté dans les jardins botaniques, il peut l'être aussi le long des rues, car il résiste bien à la pollution, aux gaz des voitures, à la sécheresse du climat urbain; encore faut-il prendre soin de planter des arbres mâles, car les femelles, à la manière des oiseaux, pondent des œufs qui, en s'écrasant sur le sol, pourrissent avec une odeur très désagréable de beurre rance et rendent la chaussée glissante.

C'est qu'en effet le gingko pond des œufs! Un zoologiste dirait que c'est un arbre ovipare. Car l'ovule, bien avant d'être fécondé, ressemble à une grosse prune jaune... à un jaune d'œuf! Cet organe est bourré de réserves alimentaires en prévision de l'embryon qu'il conviendra de nourrir et de développer comme un jeune poussin dans son œuf, si un heureux hasard amène à proximité un spermatozoïde et permet ainsi la fécondation. Comme cet heureux hasard ne se produit pas toujours, c'est bien souvent en pure perte que l'arbre élabore ce gros et lourd ovule, et met en réserve ce stock important de provisions en son sein.

On comprend les arbres plus perfectionnés et plus modernes qui ne mettent en réserve des substances alimentaires qu'après la fécondation, c'est-à-dire seulement quand elles sont nécessaires pour former les fruits et les graines. Le gingko n'a pas encore pensé à cela : il fabrique à grand frais d'innombrables ovules énormes dont la plupart ne serviront jamais à rien. L'économie n'est pas son fort, et on verra les plantes plus évoluées être moins dispendieuses et plus économes. Elles ne forment fruits et graines que si la fécondation a lieu; sinon l'ovule stérile, minuscule, non fécondé, disparaît sans même laisser de trace. Le gingko, au contraire, prend ses précautions et forme d'emblée un énorme organe, sorte de garde-manger, dont il n'est pourtant pas sûr qu'il n'aura jamais un bébé à nourrir; car si aucun spermatozoïde ne se présente il n'y aura évidemment aucune fécondation, donc aucune descendance; un peu comme ces œufs de poules qui restent stériles parce qu'il n'y a pas de coq dans la basse-cour.

Si en revanche ce gros ovule vierge capte un grain de pollen venant d'un arbre mâle poussant à proximité et diffusé par le vent, la fécondation peut se faire et un jeune embryon se développera grâce à ces réserves qu'il consommera peu à peu pour grandir, faire une racine et redonner un nouvel arbre.

Mais la grosse prune de gingko n'est ni un fruit, ni une graine; car l'embryon ne connaît aucun stade de repos, et ne pourrait, en aucune manière, être conservé des mois ou des années en attendant des conditions favorables pour germer, comme le font les graines de toutes les plantes évoluées. On ne vend jamais de graines de gingko en sachet, car elles germeraient aussitôt et perceraient promptement le sac, avant même qu'on ait eu le temps de les mettre en terre; la croissance du jeune embryon commence en effet dès le moment de la fécondation et se poursuit régulièrement jusqu'à l'âge adulte, exactement comme chez l'homme où l'animal. A ce stade de l'histoire des plantes, la notion de graine n'existe pas encore; l'art de mettre la vie en conserve sous forme de graine, si spécifique du monde végétal, ne fut inventé que bien plus tard!

La fécondation de l'ovule obèse du gingko par le pollen des gingko mâles peut se faire sur l'arbre, mais aussi sur le sol après que le gros œuf se soit détaché de la plante mère. Et pour que cela se produise, il faut que le gingko ait atteint sa puberté, c'est-à-dire qu'il soit en âge de fabriquer des organes sexuels fonctionnels : or pour cela aussi, l'arbre prend tout son temps, puisque les premiers ovules n'apparaissent jamais avant trente ans.

Plantes ovipares et vivipares

Les cycas, autre groupe d'arbres fossiles, à port de palmier, ont un comportement sexuel à peu près identique et forment le même type d'organes de reproduction. Dans ce groupe de plantes antiques, ressemblant étonnamment à des fougères arborescentes et dont les feuilles ont une étrange consistance de matière plastique qui les destine tout naturellement à des décorations mortuaires, les sexes mâles et femelles sont comme chez le gingko portés par des individus séparés. Car, curieusement, les plantes primitives séparent les sexes à l'inverse des animaux archaïques qui souvent les mélangent; ces animaux, vers ou escargots, produisent des individus bisexués, étrangement préservés de la coupure qui plus tard sépara les mâles et les femelles, condamnant chaque sexe à s'épuiser dans un effort interminable, jamais achevé, et jamais totalement satisfaisant, pour retrouver son autre moitié! Puis, les choses s'inversent, et tandis que tous les animaux supérieurs se distinguent en mâles et femelles, les plantes supérieures au contraire mélangent les sexes, non seulement sur le même individu, mais même sur la même fleur : l'hermaphrodisme devient la règle et, faute de prétendant, chaque fleur peut se féconder elle-même et se passer de partenaire; indépendance et autonomie à faire rêver la pauvre humanité dont les déceptions et les chagrins sont le dur tribut à payer aux joies ineffables de l'amour.

La croissance de ces sortes de petits palmiers tropicaux que sont les cycas est extrêmement lente, car leur bois est très dur et leur tronc ne progresse en moyenne que d'un mètre par siècle; leur longévité considérable peut dépasser, pour certaines espèces, deux mille ans.

Les pieds mâles portent à leur extrémité, au centre

de la belle rosette de feuilles épanouies, un énorme cône dressé produisant un nombre invraisemblable de grains de pollen. Le vent disperse celui-ci sur les pieds femelles où les gros ovules sont portés par des feuilles duveteuses et brunâtres formant une sorte de nid dans lesquelles auraient été déposés des sortes d'œufs de pigeon. Chez certains cycas d'Afrique du Sud, comme les *Encephalartos*, ce sont des insectes qui se chargent du transport du pollen, insectes franchement masochistes, puisqu'ils sont attirés par l'odeur épouvantable des cônes mâles. De plus ils se font chèrement payer le transport du pollen, car ils se remboursent généreusement en mangeant au moins autant d'ovules qu'ils en fécondent. Lorsqu'un grain de pollen atterrit sur le gros ovule jaunâtre, il émet deux énormes spermatozoïdes qui, par leur taille qui peut atteindre un tiers de millimètre, sont les plus gros du monde vivant, au point qu'on peut les voir à l'œil nu. Ceux-ci nagent alors avec une infinie lenteur dans les tissus visqueux de l'ovule jusqu'à la cellule femelle qu'ils atteignent au bout d'un temps étonnamment long, pouvant atteindre six mois. Entre-temps, le gros ovule a pu tomber sur le sol où s'enracinera le jeune embryon résultant de cette fécondation.

Les cycas et autres espèces apparentées forment donc un groupe de végétaux fossiles à mode de reproduction encore très archaïque comme le gingko, mais qui nous permet de saisir l'étape la plus décisive de l'histoire des plantes : celle où la vie végétale réussit la fécondation, non plus par fusion de cellules sexuelles sur le sol mouillé avec tous les aléas que cela comporte pour la cellule femelle exposée sans protection à tous les dangers, mais en inventant un organe spécialisé porté par la plante mère, bourré d'aliments de réserves, et où la cellule femelle ainsi que le jeune embryon seront à la fois protégés et nourris. C'est ce que la vie animale réussit, à peu près, à la même époque, lorsque les reptiles inventèrent l'œuf.

La catastrophe de l'assèchement des climats à l'ère

primaire a, semble-t-il, obligé les poissons comme les plantes à développer pour leur survie des organes sexuels permettant d'organiser, en quelque sorte, une « fécondité interne »; le développement de l'embryon se fait, dans un premier temps, à l'intérieur d'un océan en miniature que la mère pond : c'est le cas des animaux ovipares, reptiles, oiseaux, insectes ou des plantes archaïques comme le gingko et les cycas. Puis dans un deuxième temps, le phénomène s'intériorise davantage : chez les animaux vivipares comme les mammifères, l'embryon se développe à l'intérieur du corps de la mère; et chez les plantes à graines, sur le corps de la plante mère, c'est-à-dire sur l'arbre ou sur l'herbe. Car la femelle, arrivée à ce stade de l'évolution, a intégré en elle une petite fraction de l'océan primitif de ce milieu aqueux où s'élabora la vie : la mère, c'est la mer dans laquelle sont émis les spermatozoïdes, et où se développe l'embryon. C'est le mode de reproduction qu'inaugurent les conifères à l'ère secondaire, lorsque ces grands arbres envahirent la terre, formant de nouveaux paysages et inaugurant une nouvelle grande civilisation dans l'histoire des plantes.

La civilisation des conifères

La cellule femelle est toujours protégée dans un organe ad hoc porté par la plante mère, l'ovule, mais au sein duquel cette fois les matières alimentaires qui serviront au développement de l'embryon ne s'acccumulent qu'après la fécondation. La nature devient économe de ses efforts et ne remplit pas ses garde-manger s'il n'y a pas de bébés à nourrir. Les ovules sont donc beaucoup plus petits, et cette tendance s'accentuera encore chez les plantes à fleurs, où les ovules deviennent minuscules : on retrouve ici la loi de miniaturisation des organes, qui reste un des grands secrets de la vie.

Le prototype d'un conifère à graines, encore archaïque mais déjà typique, est l'if. L'if est ce beau conifère à feuillage vert sombre que les jardiniers adorent planter, car il se laisse tailler avec une docilité extraordinaire : d'où les formes les plus invraisemblables que l'on peut lui faire prendre : parure des classiques jardins à la française, les ifs, comme les buis, font des haies ou des massifs très ornementaux et simulent par la taille qu'on leur impose les formes, les objets où les scènes les plus inattendues... Musset admirait la belle docilité des ifs en écrivant, dans ses poésies nouvelles : « Vieux satyres, termes grognons; vieux petits ifs en rang d'oignons; ô bassins, quinconces, charmilles... ».

Comme chez les gingkos ou les cycas, les sexes de ce conifère antique sont portés par des individus séparés. Il y a monsieur et madame. Monsieur se contente de produire du pollen au printemps et n'a aucun sens de l'économie : il émet au moindre choc un nuage de poussière jaune, formé de millions de grains de pollen dispersés par le vent. Le pollen est reçu par les arbres femelles et tombe avec un peu de chance sur les jeunes ovules porteurs de la cellule femelle. Après cette fécondation, la paroi de l'ovule durcit et protège le jeune embryon qui, à peine formé, cesse de croître et reste ainsi à l'état de repos pendant des mois et parfois des années. La graine est inventée.

Celle-ci s'enveloppe rapidement d'une espèce de sac d'abord vert, puis rouge vif, qui n'est qu'une simple expansion charnue de sa paroi protectrice rigide et coriace. Cette belle tunique rouge et sucrée tente les animaux et parfois les enfants qui, en la dévorant, disséminent les graines à distance, après qu'elles aient transité durant un temps plus ou moins long à travers leur tube digestif. Mais la nature ici est bonne mère. Car si l'if tout entier est un arbre extrêmement toxique, seule cette pulpe ne l'est pas, de sorte qu'il n'y a pas empoisonnement si la graine n'est pas croquée; dans le cas contraire, l'if peut être mortel et a d'ailleurs provoqué de graves accidents. La toxicité de l'if était particulièrement redoutée des anciens, au point que les légendes les plus fantaisistes couraient à son sujet. Les Gaulois le vénéraient au même titre que le gui, connaissaient sa toxicité et utilisaient son bois très dur pour fabriquer des arcs. Ils en faisaient aussi semble-t-il un poison de flèche, d'où son nom latin *Taxus* dérivant du grec *toxon* qui signifie flèche empoisonnée; car les notions de flèche et de poison étaient si intimement mêlées qu'un seul nom servait à désigner l'une et l'autre.

Est-ce en raison de leur toxicité que les ifs peuplent généralement les cimetières? Non sans doute, mais plutôt parce que leur feuillage toujours vert et leur très grande longévité – un if peut dépasser deux mille ans – sont le symbole de la victoire et de la perennité de la vie. Les ifs de cimetière ont d'ailleurs aussi une histoire : on les accuse d'avoir contribué à décimer jadis le parc hippomobile des entreprises de pompes funèbres, lorsque les chevaux de corbillard broutaient imprudemment cette plante dangereuse et allaient promptement rejoindre après avoir été saisis de soubresauts à fendre l'âme le mort qu'ils avaient contribué à enterrer.

L'if par son port et son allure, est le prototype des conifères. Ses feuilles très allongées, plus claires à la face inférieure, mais pas encore entièrement en aiguilles, ressemblent à celles du sapin. Mais celui-ci, spontané dans les forêts des montagnes européennes, dispose ses ovules d'une manière toute différente en les regroupant nombreux au sein de cônes dressés. Les cônes sont d'abord verts, puis brûnissent en protégeant entièrement les ovules mûrissants par la soudure des pièces qui les constituent. Ça n'est que lorsque les graines sont mûres que ces pièces se détachent et se séparent les unes des autres, permettant alors aux graines de se répandre sur le sol.

Chez les conifères, le temps de maturation des graines peut être long : il peut se passer deux ans entre le moment de la fécondation et le moment de la maturité et de l'ouverture des cônes, ce qui est tout à fait exceptionnel dans la nature : même l'éléphant met moins de temps à mûrir ses petits avant de les accoucher ! Sapins et épicéas forment les sombres forêts de conifères à l'alignement régulier quasi militaire dont la forte productivité en bois d'œuvre a encouragé la culture au cours des dernières décennies. Le sapin y est d'ailleurs aujourd'hui remplacé par le Douglas, le conifère le plus typique de l'ouest de l'Amérique du Nord au développement très rapide, donc parfaitement avantageux sur le plan économique. Le sapin est typiquement une essence d'ombre, car le jeune sapin ne peut se développer que sous le couvert, ce qui le rend complètement inapte à conquérir des espaces déboisés. Ainsi les champs de batailles des Vosges, peuplés de sapins avant la guerre de 14, se sont repeuplés en épicéas, cet arbre voisin du sapin que l'on distingue par ses cônes pendants et ses aiguilles plus pointues. C'est d'ailleurs les épicéas que l'on utilise comme « sapins » de Noël.

Les risques de l'enrésinement.

La forêt de conifères, si répandue en altitude et aux hautes latitudes puisqu'elle forme, avec le bouleau, l'immense forêt scandinave et sibérienne, constitue un milieu biologique assez pauvre ; aucune herbe ne résiste dans ces sous-bois obscurs, qui sont de véritables déserts végétaux, non seulement parce que la lumière nécessaire à la vie végétale fait défaut, mais surtout parce que la litière d'aiguilles mortes répand insidieusement dans le sol des substances toxiques qui inhibent la germination de toutes les graines. Ces substances sont d'ailleurs véhiculées par l'eau dans les ruisseaux et les rivières qui, lorsqu'elles traversent les forêts, finissent par s'intoxiquer également ; d'où la pauvreté en poissons des cours d'eaux qui ont traversé de vastes étendues de conifères. On comprend l'ardeur des écologistes à remettre en cause les reboisements intempestifs en épicéas effectués au détriment des feuillus qui ont reculé d'une manière inquiétante en de nombreuses régions, rompant à la fois l'harmonie naturelle du paysage, surtout en plaine, et l'équilibre de la nature.

Mais si les conifères produisent en des temps records des cubages de bois impressionnants, ils ont sur les feuillus le grave inconvénient d'être particulièrement sensibles à la pollution. Leurs feuilles, en effet, sauf en Europe pour le mélèze, ne tombent pas l'hiver, mais persistent plusieurs années consécutives; elles sont donc continuellement exposées, pendant des périodes de plusieurs années, aux effets nocifs de la pollution atmosphérique; d'où les impressionnants dénuements et la forte mortalité forestière dans de nombreuses régions industrielles et à proximité des grandes agglomérations où les conifères ont le plus grand mal à se maintenir. La pollution de l'air de l'agglomération londonienne a rendu longtemps impossible la culture du sapin dans le très célèbre jardin botanique de *Kew*, et l'état de santé des conifères du bois de Vincennes, atteint par les vents dominants d'Ouest qui traversent l'agglomération parisienne, est plus que médiocre. Les feuillus, en renouvelant chaque année leur robe végétale, éliminent leurs feuilles avant que celles-ci ne meurent intoxiquées et sont donc beaucoup mieux adaptés à la vie en climat urbain ou suburbain.

Parmi les conifères, les pins sont le type le plus répandu. Ils en existent de nombreuses espèces, reconnaissables en particulier à la forme et à la disposition de leurs aiguilles. Les jeunes pins présentent une particularité tout à fait originale dans le règne végétal : ils développent systématiquement chaque année tous leurs bourgeons en même temps, ce qui leur confère un port pyramidal très régulier, au moins pendant leur jeune âge.

Comme chez les sapins et les épicéas, mais à la différence des gingkos et des cycas, les organes mâles et femelles sont portés cette fois par les mêmes individus. On se rapproche, par étape, des plantes supérieures où la bisexualité devient la règle. Les cônes mâles, minuscules et innombrables, disséminent des quantités impressionnantes de grains de pollen : plus d'un million et demi de grains par cône pour le pin noir par exemple. Ce pollen est emporté par le vent qui peut l'entraîner sur de très longues distances, au-delà de la Méditerranée par exemple, qu'il survole à des altitudes pouvant dépasser trois à quatre mille mètres. La nature a d'ailleurs équipé le grain de pollen porteur de spermatozoïdes de deux petits ballonnets formant des ailes particulièrement bien adaptées au cheminement aérien; encore que s'aventurer à de grandes altitudes est un risque grave, car les rayons ultraviolets de l'air sont nocifs et tuent le plus souvent le pouvoir germinatif du pollen.

Les cônes femelles, vulgairement dénommés « pomme de pin », mûrissent généralement en deux ans et disséminent leurs graines dont certaines, comme celles du pin pignon, sont comestibles. Le gaspillage de graines est presque aussi grand que celui du pollen : un grand pin sylvestre produit chaque année neuf kilos de cônes et vingt mille graines, dont une ou deux seulement ont quelque chance de germer!

Chaque espèce de pin possède une forme et une allure qui lui est propre. On en finirait plus de réciter la litanie des pins, presque aussi fournie en espèces que la litanie des saints : pin parasol, indissociable des paysages méditerranéens, qui évoque si fortement la Rome antique, ses paysages, ses jardins et ses forums; pin d'Alep à l'allure maigrichonne et déguingandée, se satisfaisant des sols misérables et dégradés, si fréquents dans l'ensemble du bassin méditerranéen, et dont le sous-bois bruissant du chant des cigales se peuple de cystes à la robe éclatante...; pin sylvestre, sans doute le plus répandu puisqu'il domine la végétation sur des millions et des millions d'hectares dans les grandes forêts boréales formant une immense ceinture boisée autour de la planète, montant jusqu'aux confins du cercle polaire; pin cembro poussant dans les montagnes en haute altitude, avec ses aiguilles soudées à la base par groupes de cinq, ce qui permet de l'identifier immédiatement; pin maritime de la forêt landaise, dont les blessures exudent une résine abondante, source de l'essence de térébenthine; pin canarien, très ornemental par ses très longues et fines aiguilles qui lui donnent une tête ébouriffée et confère aux forêts claires de l'étage sub-montagnard de ces îles leur aspect si particulier, etc.

Les grands géants du règne

C'est aussi aux conifères qu'appartiennent les grands géants du règne végétal que sont les séquoias spontanés de l'Ouest américain. Les séquoias existaient jadis en Europe, mais furent entièrement décimés par les glaciations, au cours de ce dernier million d'années particulièrement fertile en calamités naturelles. Ils sont aujourd'hui conservés dans les parcs nationaux de Californie comme de précieuses reliques. Avec une circonférence à la base de l'ordre de dix à douze mètres et une hauteur qui, avec plus de cent vingt mètres, dépasse la hauteur des flèches des grandes cathédrales gothiques, les séquoias sont les plus grands des êtres vivants. Des photographies datant du siècle dernier, lorsque ces arbres étaient abattus, donnent une idée de ces dimensions impressionnantes : ainsi ce train de trente wagons plates-formes chargés chacun d'une bille énorme, toutes les billes du convoi appartenant au même arbre! Ou encore ces bûcherons faisant la ronde pour encercler un arbre à la base. Les Américains ont donné aux plus beaux exemplaires de ces « big trees » des noms particuliers : « général Grant », « les trois sœurs », « les sentinelles ». Sur un arbre sectionné par la foudre à dix mètres du sol, on a aménagé une salle de danse; sous un autre s'engage une route, et les voitures passent sous le tunnel aménagé dans son tronc.

Mais en Europe, les séquoias importés d'Amérique et cultivés dans les parcs ne dépassent pas encore cinquante mètres de hauteur.

La longévité des séquoias n'a rien à envier à leur dimension où les plus vieux d'entre eux peuvent atteindre 3 000 ou 4 000 ans, si l'on en juge par le nombre d'anneaux de bois que l'on a pu dénombrer sur certains exemplaires. Plus vieux que Rome, Athènes ou Persépolis, ces arbres, contemporains de Salomon, ne détiennent cependant pas le record absolu de longévité du monde vivant. Celui-ci appartient à un autre conifère californien, une espèce de pin [1] dont la croissance extrêmement lente est sans doute liée à son habitat en très haute altitude dans la Sierra Nevada. L'un d'eux, toujours selon le nombre de ses anneaux, aurait vécu 4 600 ans et détiendrait ainsi le record absolu de longévité pour un être vivant. Il avait près de 1 000 ans, lorsque naquit Abraham, et la vieillesse l'accablait déjà lorsque vivait Jésus-Christ!

En Europe le plus majestueux des conifères est le cèdre, arbre surexploité devenu rare aujourd'hui. Le cèdre du Liban, dont fut construit le temple de Salomon, a presque totalement disparu de ce pays, qui n'en garde le souvenir symbolique que sur ses drapeaux; mais les cèdres sont encore abondants dans l'Atlas et l'Himalaya.

La plupart des conifères sont des espèces croissant en haute altitude ou en haute latitude, sur les montagnes ou dans les régions froides; c'est qu'ils possèdent, en effet, souvent, une remarquable capacité à résister aux basses températures en adoptant un mode de vie ralenti, sans pour autant modifier en quoi que ce soit leur aspect extérieur. En hiver, lorsque le sol est gelé, pins, sapins et épicéas bloquent entièrement leur transpiration et évitent ainsi de se déshydrater, de faner et de mourir; ce que les arbres à feuilles ne savent pas faire; c'est pourquoi, comme nous l'avons vu, ils se protègent du froid autrement, en perdant purement et simplement leurs feuilles qui, en transpirant, les videraient de leur eau et les tueraient par flétrissement : seuls

1. *Pinus aristata*

parmi les conifères, le mélèze et le cyprès chauve ont adopté le système de franchissement de l'hiver traditionnel chez les feuillus : ils perdent leurs aiguilles en automne et simulent la mort, puis se regarnissent au printemps d'une robe délicate d'aiguilles vert tendre.

Certains conifères toutefois poussent dans les régions chaudes ou tempérées. C'est le cas des cyprès, dont les fruits forment des cônes globuleux aux écailles régulières, et à l'aspect souvent si remarquablement polyédrique que les anciens y voyaient un modèle parfait de cette structure géométrique. C'est le cas aussi des thuyas qui forment eux des cônes en forme d'urne. Cyprès et thuyas, ainsi que divers genévriers, sont caractéristiques du monde méditerranéen et ne portent point d'aiguilles, mais de minuscules feuilles fortement imbriquées le long des rameaux. Plantés en haies denses, cyprès et thuyas forment d'excellents coupe-vent; ils permettent aussi de masquer les erreurs d'aménagement ou d'urbanisme, en les neutralisant dans le paysage. Enfin, ils apportent une marque végétale spécifique à proximité des églises, des chapelles, dans les cimetières et les jardins de l'Europe du Sud où ils sont abondamment plantés.

D'autres espèces sont caractéristiques de l'hémisphère Sud comme les araucarias ornementaux, aujourd'hui plantés dans la plupart des parcs et jardins. Le plus célèbre de ces araucarias, l'*Araucaria imbricata,* présente des rameaux curieux, par l'imbrication étroite de ses feuilles trapues, raides et piquantes, formant un dispositif agressif au toucher, mais très ornemental et à l'allure tout à fait artificielle.

Les conifères, on le voit, ont su coloniser les milieux et s'adapter aux conditions de vie les plus diverses; certains réussissent même à vivre dans des zones marécageuses comme le pin à crochet des tourbières. D'autres colonisent des milieux franchement aquatiques, en développant, comme le cyprès des marais *(Taxodium),* des racines qui émettent à la surface de l'eau des expansions caractéristiques permettant l'oxygénation de l'arbre : on voit alors émerger de multiples pics ligneux qui, vus de près, présentent l'allure de moignons.

Un monde en déclin

Malgré leur relative abondance dans la végétation, les conifères, qui ont connu une immense expansion à l'ère secondaire, constituent un groupe en complète décadence. On n'en dénombre que 600 à 700 espèces, contre 250 000 espèces de plantes à fleurs. Mais certaines espèces comme les pins ou les épicéas sont représentées par des populations d'individus extrêmement nombreuses, d'où l'illusion d'une omniprésence prolifique. En réalité les conifères reculent. Sous la pression de la dernière grande civilisation végétale, celle des plantes à fleurs, la plupart d'entre eux ont dû se réfugier dans les climats sévères, soit en haute montagne, soit sous les climats froids, ce qui revient au même. Cette régression généralisée est sans doute due à leur médiocre aptitude à protéger convenablement leurs ovules, toujours atteints directement par le pollen sans qu'aucun organe spécifique ne les enveloppe entièrement. Le mérite des plantes à fleurs réside dans l'aptitude à enfermer hermétiquement les ovules dans des enceintes protectrices parfois nombreuses, ce qui leur confère un atout essentiel, dans la compétition à laquelle se livrent toutes les plantes, et plus généralement tous les êtres vivants. En enfermant ainsi leurs ovules, et leurs graines dans des ovaires clos qui, après fécondation, se transforment en fruits, les plantes à fleurs assurent, en outre, une parfaite dissémination de celles-ci, soit que les fruits sont consommés par les oiseaux ou les animaux et les graines rejetées à distance, soit que ces fruits sont disséminés par le vent et s'accrochent à la toison des bêtes. Rien de tel chez les conifères qui ne forment jamais de fruits à proprement parler, et disséminent plutôt maladroitement leurs graines en laissant tomber par simple gravité leurs « pommes » sur le sol.

Mais les conifères possèdent un autre désavantage : c'est la structure de leur système circulatoire. La sève, en effet, n'est pas véhiculée par des vaisseaux formés de cellules parfaitement emboîtées les unes aux autres, mais dans ce qu'on appelle des trachéides, conduits beaucoup plus étroits où l'eau doit traverser des parois transversales séparant chaque cellule de sa voisine. Dans ces canalisations imparfaites, l'eau ne peut voyager qu'à des vitesses de 0,5 à 2 centimètres par minute; alors que dans les vaisseaux parfaits des arbres à fleurs la circulation est bien plus rapide : 7 centimètres par minute chez le hêtre, 70 centimètres par minute chez le chêne et jusqu'à 2,50 mètres par minute chez les grands végétaux tropicaux grimpants.

Enfin, les conifères sont tous des arbres, autre inconvénient majeur. Car les herbes, qui se reproduisent en un an ou deux ans, sont beaucoup moins sensibles aux accidents de toute sorte que les arbres qui mettent parfois des dizaines d'années avant de faire des graines; ils courent donc le risque grave de mourir d'accident avant d'avoir donné la moindre descendance. D'où la relative fragilité de l'arbre comparée à l'herbe.

Monde d'hier, mais non de demain, les conifères témoignent, comme les fougères, de ces époques lointaines où la terre, sans fleurs, sans mammifères et sans hommes, était vêtue de denses forêts; où les continents n'avaient pas encore leur configuration actuelle, et où les plus belles et les plus riches inventions du monde vivant étaient encore à venir.

CHAPITRE 6

L'architecte et la fleur
Immeubles collectifs ou pavillons individuels

Des algues aux mousses et aux fougères, puis aux conifères, les civilisations végétales se sont succédé sur la planète, comme l'ont fait plus tard, et à un rythme plus rapide, les civilisations humaines. Chacune a laissé, enfouis dans le ventre de la terre, des témoignages du passé. Comme les archéologues, les botanistes et les géologues creusent le sol, isolent des fossiles et reconstituent les civilisations végétales d'autrefois qui connurent, chacune en leur temps, leur heure de gloire. La botanique écrit donc l'histoire des grandes civilisations végétales, comme le font les historiens des civilisations humaines. Pour cela, elle dispose de documents : non seulement les fossiles pétrifiés dans le roc ou le charbon, mais aussi les traces que chacune a laissées dans la végétation contemporaine sous forme de plantes reliques, véritables « fossiles vivants » miraculeusement parvenus jusqu'à nous. Dans le meilleur des cas, des groupes encore puissants comme les fougères par exemple, ont survécu aux cataclysmes qui emportèrent la plupart de leurs congénères : ils témoignent dans la végétation d'aujourd'hui de ce que pouvait être la végétation de l'ère primaire dont nous pouvons difficilement nous faire une idée.

De l'algue à la fleur

Pourtant aucune de ces civilisations anciennes ne domine plus la terre. Les plantes à fleur, par une poussée irrésistible qui a commencé il y a plus de 100 millions d'années et qui n'a cessé de s'amplifier, ont fini par tout submerger; elles s'imposent aujourd'hui en maître. De la forêt tropicale à la forêt tempérée, de la savane à la steppe et au désert, de la pelouse à la lande ou à la prairie, partout et toujours, les plantes à fleurs dominent les paysages.

Les flores d'aujourd'hui doivent donc s'interpréter dans une perspective historique, puisqu'elles font coexister sous nos yeux des échantillons d'âges très différents : toutes les plantes que nous voyons n'ont pas la même origine, la même histoire, et n'ont pas atteint le même palier d'évolution, même si elles vivent ensemble dans la même région à la même époque, et apparemment en bonne intelligence... Un peu comme les habitants du Brésil, venus par vagues successives dans ce pays, où leurs descendants coexistent en paix, dans la plus extraordinaire diversité de races, de cultures et de civilisations.

Car l'histoire humaine illustre parfaitement, mais en raccourci, celle des plantes : elle fait coexister sur notre terre des groupes humains d'âges et de culture très différents! N'est-il pas significatif que l'on ait découvert en Colombie une tribu d'âge néolithique le jour même où des Américains foulaient pour la première fois le sol lunaire? Ne suffit-il pas de franchir en quelques heures océans et continents pour découvrir des peuples d'un autre âge : trajectoire dans l'espace qui est aussi une remontée du temps. Tandis que les uns entreprennent déjà la conquête de l'espace, d'autres vivent dans leurs steppes ou leurs montagnes la vie pastorale et rurale d'autrefois; d'autres encore, dans leurs forêts, n'en sont qu'à l'âge de bronze, voire même à l'âge de pierre. Mais comme l'ont fait les plantes à fleurs par rapport aux civilisations précédentes, la civilisation industrielle et urbaine s'impose et s'étend à la planète entière, au détriment des sociétés primitives moins armées pour la compétition, et qui ne cessent de régresser sous cette pression.

C'est le progrès, dira-t-on. Certes. Mais est-ce bien un progrès? La réponse que nous donne la nature est sans équivoque : de l'ère primaire à l'époque contemporaine, de la bactérie ou du dinosaure à l'homme, et de la mousse à l'orchidée, le progrès est évident. Et l'homme est le progrès ultime de la nature. Avec lui surgit brusquement, et pour la première fois dans l'histoire, la capacité de transformer la terre, d'orienter l'évolution à sa guise, de maîtriser à son profit l'obscur et immémorial mouvement de la vie.

Mais l'homme a aussi la liberté de se détruire, de tout détruire : la plante non. C'est toute la différence... et l'on voit que le petit jeu des comparaisons de l'homme et de la plante a aussi ses limites...

Des limites sur lesquelles nous butons ici brusquement. Car s'il n'est pas douteux que le végétal, tout au long de son histoire, n'a cessé d'élaborer des systèmes de reproduction de plus en plus perfectionnés, il est difficile d'affirmer que l'homme en ait fait autant. Aux variantes culturelles près, il continue à se reproduire comme les mammifères auxquels il appartient. Ce qui a progressé chez lui, ce sont ses technologies, ses systèmes d'organisation sociale, sa capacité d'agir sur le milieu, de maîtriser l'environnement. Mais sa nature profonde, biologique, n'a guère changé! Son cerveau, où le jugement et la raison s'accordent si mal aux sentiments, aux pulsions et aux affects, reste celui de son ancêtre du néolithique – les pessimistes diront du paléolithique! –, mettant à la disposition de son instinct de puissance des armes redoutables, monstrueuses. Cela, aucune plante, aucun animal n'a pu le faire! Si les civilisations végétales fondent leur pouvoir de domination et de dissémination sur les perfectionnements apportés à leur mode de reproduction, les civilisations humaines sophistiquent leurs moyens techniques en vue de soumettre d'autres peuples, quand ce n'est pas la planète et la nature toute entière, à leur instinct de pouvoir. Dans les deux cas, l'homme et la plante sont conquérants; mais ils ne mettent pas en œuvre les mêmes moyens... Encore que le taux de fécondité d'une race, d'une civilisation soit un facteur décisif de son expansion. Car ni la plante, ni l'animal, ni l'homme ne peuvent faire fi de cet impératif catégorique de la vie : la nécessité de survivre.

D'où vient l'évident succès de la dernière née des grandes civilisations végétales, celle des plantes à fleurs? Sans doute de deux immenses avantages qu'elle marque par rapport à celles qui l'ont précédée. Le premier atout majeur, c'est d'avoir eu l'idée d'enfermer les ovules dans un organe clos : l'ovaire. Ainsi l'ovule, précieuse acquisition de la civilisation précédente, celle des conifères, est-il soustrait à l'appétit dévorant des animaux. Il bénéficie d'une protection accrue que ne peuvent qu'envier les plantes plus primitives, où les ovules nus sont exposés à toutes les convoitises. Le deuxième grand avantage des plantes à fleurs, c'est d'avoir réussi à organiser le transport du pollen par les insectes, ce qui accroît puissamment leurs chances de fécondation. Et la fleur est précisément l'instrument privilégié de cette nouvelle stratégie.

C'est donc par un progrès décisif du mode de reproduction, aussi bien en ce qui concerne le transport de l'agent mâle que la protection de l'agent femelle, que les plantes à fleurs ont réussi à s'imposer à toutes les autres. Les deux phénomènes peuvent d'ailleurs être considérés comme une adaptation mutuelle, car l'ovaire, nouvelle gaine de protection des ovules, devient d'autant plus nécessaire que la fleur, en attirant les insectes, expose du coup ses ovules à leur appétit dévastateur. Et ceci d'autant plus que les premiers insectes visiteurs de plantes furent des coléoptères brouteurs, particulièrement dangereux, et dont les fleurs apprirent vite à se méfier et à se défendre... puis à se servir. Commence alors la longue histoire de l'adaptation mutuelle des insectes et des fleurs, l'une des plus spectaculaires de l'histoire de la vie, conduisant aux adaptations ultrasophistiquées que l'on trouve tout au sommet de l'évolution, chez les orchidées. Mais dans un premier temps, il fallait d'abord défendre les précieux ovules.

Car si la nature n'économise pas le pollen, elle ménage les ovules. Un ovule dévoré, c'est une graine en moins; c'est donc une plante perdue. En enfermant les ovules dans une enveloppe protectrice hermétique, l'ovaire, les plantes à fleur conjurent cette menace; du coup l'insecte devient un allié dans la compétition qui les oppose aux plantes moins évoluées; c'est lui qui va transporter le pollen, le soustrayant aux aléas du transport par le vent, le plus incertain, le plus fantaisiste et le moins efficient des agents de transport. Car le vent souffle comme l'esprit : on ne sait jamais bien, ni d'où il vient, ni où il va. Lui confier son pollen, c'est donc prendre un bien grand risque.

La compétition des plantes à fleurs, nouvelles venues, avec leurs ancêtres moins évolués, s'exerça d'abord dans les régions tropicales où elles naquirent; puis elles migrèrent lentement vers les pôles et, en cinquante millions d'années environ, finirent par envahir la planète.

Les plantes à fleurs ne se sont pas contentées de mettre leurs ovules en cage dans des ovaires. Elles ont perfectionné tout l'appareil de reproduction de leurs ancêtres qui prend désormais le nom de fleur.

Le déflorage des fleurs

Les fleurs, organes sexuels des plantes! Cette constatation banale n'était guère évidente pour nos ancêtres, et la sexualité des plantes fut ignorée jusqu'aux tout derniers siècles. Cesalpin, médecin du pape Clément VIII et botaniste de talent, en eut, semble-t-il, la première intuition; il recherchait chez les végétaux des structures et des comportements analogues à ceux des animaux; d'où l'idée que les plantes pouvaient avoir, elles aussi, une vie sexuelle; idée étrangère aux anciens qui pratiquaient pourtant depuis toujours la pollinisation artificielle du figuier et du dattier, sans toutefois réaliser qu'il s'agissait là d'un acte proprement sexuel! Seul Théophaste, pourtant médiocre observateur, avait cru y déceler des phénomènes de sexualité.

Mais l'Antiquité et le Moyen Age auraient eu bien du mal à concevoir la sexualité végétale, puisque la sexualité humaine elle-même n'était comprise que comme un acte de style disons... agricole : l'homme ensemençait la femme, comme un paysan sa terre; mais on ignorait tout de l'existence de la cellule femelle, qui participe pour moitié à la formation de l'œuf! L'homme seul donnait la semence, dont la plus célèbre et la plus féconde avait été celle d'Abraham. La découverte de l'Amérique et avec elle l'irruption de la syphilis stimulèrent les recherches sur la sexualité. Dès 1676, le botaniste anglais Nehemiah Grew, inspiré par les remarques de son collègue Mellington, considérait les étamines comme les organes mâles de la fleur, et l'année suivante, Van Leeuwenhoek découvrit les spermatozoïdes. En 1694, l'Allemand Camerarius, par ses expériences célèbres sur le ricin et le maïs, apporta des preuves irréfutables de la sexualité des plantes. Mais les Français restèrent longtemps réfractaires puisqu'en 1700, Tournefort voyait encore dans le pollen l'excrément des plantes... Ainsi établissait-il étrangement chez les plantes une curieuse association entre les fonctions de reproduction et d'élimination, qui, de fait, sont assurées chez l'homme par les mêmes organes! D'où peut-être l'origine de certaines déviations sexuelles. Ce n'est qu'en 1716 que le Français Vaillant publiait ses observations sur la sexualité des pistachiers, vingt-deux ans après Camerarius et quarante ans après Grew...

En revanche, dans le langage symbolique, les plantes étaient déjà affectées d'un sexe, bien avant Camerarius!

Mais c'était en fonction du raisonnement analogique propre aux sociétés traditionnelles, et qu'exprime si bien la théorie des signatures.

Ainsi plusieurs ethnies africaines classent-elles des plantes voisines par couple : une graminée aux feuilles coupantes sera dite mâle par rapport à une espèce apparentée aux feuilles plus douces. En revanche, cette même graminée agressive deviendra à son tour femelle, lorsqu'elle est comparée à une autre plante lui ressemblant, mais aux feuilles encore plus tranchantes. Le sexe se définit donc ici en fonction du partenaire et, dans cet étrange ménage à trois, l'espèce moyenne est en somme bisexuelle! Par transfert de la culture à la nature, les plantes, comme les dieux de la mythologie grecque, se voient attribuer les mœurs et les comportements des humains. Mais la prime à la virilité n'est pas une règle générale. D'autres ethnies privilégient au contraire le sexe femelle, en hommage à la fécondité. Les Gbayas d'Afrique centrale classent leurs plantes médicinales en couple : il y a l'épouse et le mari. Ces couples sont tantôt morphologiques, tantôt écologiques, selon la théorie des signatures : deux espèces qui se ressemblent, ou qui croissent à la même saison, dans les mêmes stations, et les mêmes conditions (après un feu de savane sur le sol brûlé par exemple) formeront un couple. Or dans ces couples, le mari est toujours celui à qui il manque quelque chose; il est jugé, moins efficace, moins actif, ou parfois inactif. Remarquable intuition, transférée au monde végétal, de la plus faible résistance de l'homme; car le véritable sexe faible, naturellement, c'est l'homme; il vit moins longtemps, s'adapte moins bien, résiste moins à la douleur physique ou morale, mais compense la faiblesse innée de son état par la prééminence de sa position sociale et l'autopersuasion de sa supériorité. Avantage chèrement acquis et aujourd'hui douloureusement remis en cause.

Comme dans l'exemple des graminées coupantes, il arrive que la tradition populaire ait affecté d'un sexe mâle ou femelle des plantes en fonction de leur seule morphologie : ainsi la fougère mâle se différencie-t-elle de la fougère femelle par ses grandes frondes moins finement ciselées que celles de sa partenaire. Mais aucun phénomène de sexualité naturellement n'est engagé ici, puisque les fougères se reproduisent par spores, germant en un prothalle porteur de deux sexes. Il n'y a donc ni mâles, ni femelles chez les fougères, au sens propre du terme! Or on vient de découvrir très récemment qu'une goutte d'extrait de fougère mâle – médicament traditionnellement utilisé contre les vers – administré par voie orale, produit une augmentation spectaculaire du pénis des souris et des rats mâles! Les anciens connaissaient-ils cet étrange effet? On l'ignore. Toujours est-il que la fougère mâle améliore la virilité de ces rongeurs et sera peut-être demain un véritable aphrodisiaque.

D'acquisition récente, la sexualité végétale échappe aux tabous que les siècles ont créé autour « du sexe »; sexualité cachée, sexualité sereine, sexualité « propre »... bref, sexualité commode pour les ouvrages d'initiation destinés aux enfants! La fécondation des tulipes ou des jacinthes est si peu compromettante; et la tranquille émission des graines, un si bel exemple d'accouchement sans douleur! On conçoit que le XVIIIe siècle ait pudiquement qualifié la botanique de « science aimable ».

Il ne faisait d'ailleurs que reprendre une tradition constante de l'Antiquité où la fleur demeura un constant symbole de pureté et de virginité, ce qu'exprime encore le mot « défleurer » dans le langage courant, c'est-à-dire perdre sa virginité. D'ailleurs, les légendes antiques ne manquaient pas de transformer en fleur les êtres purs, soucieux de préserver leur virginité, que celle-ci soit menacée par eux-mêmes, comme dans le cas de Narcisse amoureux de sa propre image, ou par les avances pressantes de quelque céleste divinité. Et en cette matière, Apollon jouait naturellement les premiers rôles : la nymphe Daphné se fit métamorphoser en laurier pour se soustraire à ses avances et le bel adolescent Hyacynthe, avec la complicité d'un autre de ses amoureux, Zephir, en Jacynthe. Ainsi, les déboires d'Apollon, décidément bisexuel, peuplaient-ils de fleurs les jardins célestes...

Mais Marc Oraison [1] « met les pieds dans le plat » dans des propos qui ne manquent pas de sel :

> « Il n'y a pas de fête, de célébration, de circonstances solennelles, sans la présence de fleurs en quelque manière que ce soit. L'échange et le commerce des fleurs ont, dans les relations humaines, une importance considérable. Dire quelque chose « avec des fleurs », selon la publicité bien connue, est bien mieux que le dire tout court. Un merci, un hommage, un adieu, des excuses, une arrivée, tout est transformé par les orchidées des milliardaires ou les quelques violettes des pauvres gens.
>
> « Les fleurs ont un langage, fort nuancé pour les spécialistes. Chaque espèce a sa signification symbolique. Et l'on sait bien qu'un lys dans la main d'une statue signifie que le personnage représenté fut un exemple de « pureté ».
>
> « Or les fleurs sont les organes sexuels des végétaux.
>
> « Il ne viendrait à personne l'idée d'envoyer, afin de manifester sa gratitude pour un service rendu, le sexe d'un taureau ou la vulve d'une chatte.
>
> « Ce contraste est malgré tout frappant, bien qu'il soit tellement inscrit dans la nature des choses qu'on n'y prend même pas garde. Ce qui, au niveau du règne végétal, est ostensiblement montré, promu, cultivé, ce qui fait l'objet d'une véritable attitude d'exhibition (ainsi en est-il des floralies), ce qui représente l'expression même de la splendeur, dès que l'on atteint le règne animal passe au

1. ORAISON Marc, *Le Mystère de la Sexualité*, Paris, Seuil, 1968.

> second plan, sinon même sous silence. On admire un dahlia pour ses fleurs plus que pour sa forme générale : on admire un chien de race pour sa morphologie et son attitude, et non pour son sexe. Il arrive même qu'on « améliore » certains animaux en les châtrant... »

On aimerait ajouter à ces propos savoureux que si l'exhibitionnisme fleurit dans le monde végétal, il fleurit plus encore dans la société actuelle : l'américanisation intégrale et obstinée de la mode, du jean serré, au tee-shirt moulant ne semble pas avoir pour effet premier d'occulter le sexe, mais plutôt de le promouvoir... La mode n'est pas neutre. Elle sue le sexe jusqu'à l'obsession, et reflète ainsi très fidèlement les « valeurs » contemporaines... Sexe promu, sexe valorisé : autre rapprochement de l'homme et de la fleur !

Mais voilà la fleur dépoétisée, défleurée, prête à être dévêtue, afin de mieux livrer les détails de son anatomie. On comprendra mieux alors comment elle fonctionne.

Radioscopie de la fleur

La fleur apparaît le plus souvent à l'extrémité d'un rameau feuillé. Tout se passe comme si les feuilles vertes cessaient de se disposer régulièrement de part et d'autre de la tige pour brusquement se rapprocher, réduire leur taille, modifier leur couleur et s'organiser en un organe complexe : la fleur précisément. Car la fleur est une créature de rang supérieur aux feuilles : elle est une collectivité de feuilles réduites, modifiées et disposées en un organe unique, exclusivement destiné à la reproduction.

Certaines de ces feuilles, les plus extérieures, sont miniaturisées, mais conservent leur couleur verte. Elles constituent les sépales, dont l'ensemble forme le calice destiné à protéger la fleur en bouton. Le calice représente la dernière enceinte de l'imposant dispositif de protection que la nature, à l'image d'un château fort, a construit autour de la cellule femelle pour la protéger. Car la fleur ressemble à un système gigogne; pour aboutir à cette cellule, il faut ouvrir la collection complète des boîtes protectrices incluses les unes dans les autres, et que les civilisations végétales successives ont empilées, chacune à leur tour. Dans le bouton fermé il y a l'ovaire; et dans l'ovaire, l'ovule ou les ovules, héritage de la civilisation des conifères. L'ovule est lui-même une boîte à plusieurs revêtements, inventé par la civilisation des fougères; il abrite la précieuse cellule femelle, héritière de la civilisation des algues et seule capable de donner une nouvelle plante si elle est fécondée.

Curieusement, ici, une comparaison s'impose à l'esprit. Tous les botanistes s'accordent à voir dans l'évolution de l'appareil reproducteur des plantes l'axe fondamental de l'évolution du monde végétal; c'est d'ailleurs sur ce critère qu'est fondée la classification botanique. Parallèlement, les zoologistes voient dans l'organisation progressive du cerveau, la flèche de l'évolution du monde des vertébrés supérieurs. Or dans les deux cas, les mêmes processus de superposition et d'enveloppement successifs sont en jeu : le cerveau humain n'est-il pas le résultat du recouvrement du cerveau reptilien par le cerveau mammifère, puis du cerveau mammifère par le néocortex, cette part du cerveau propre à l'homme; le tout enfermé naturellement dans cette solide enceinte protectrice qu'est le crâne! Aussi le cerveau humain est-il aussi un système gigogne, formé des strates que les grandes civilisations animales ont accumulées au cours de leur histoire! La vie procède dans les deux cas par addition... Elle en rajoute si l'on peut dire, mais jamais au point de souffrir d'obésité!... Car elle sait aussi émonder quand il faut, comme nous le verrons plus loin!

Lorsque après fécondation la fleur fane, la mission

protectrice du calice est achevée; comme il ne sert plus à rien, il se détache et tombe. Car la nature élimine promptement ce qui ne lui est plus de quelque utilité. A moins de pratiquer, comme le font les régions industrielles en crise, l'art des reconversions. C'est ce qui se produit lorsque le rôle protecteur du calice est dévolu à un autre organe comme c'est parfois le cas. La fleur met alors le calice en demeure soit de se reconvertir, soit de disparaître. Chez les fleurs très évoluées, ce système de reconversion consiste à fabriquer un appareil de dissémination des fruits. Ainsi les pissenlits agrémentent-ils leurs innombrables petits fruits secs, d'un calice transformé en une magnifique houpe soyeuse, livrant leurs progénitures aux fantaisies du vent. La fleur, qui n'a plus besoin de parapluie protecteur autour du bouton qu'elle protège autrement, transforme son calice en parachute pour assurer la diffusion de ses fruits qu'elle sème littéralement à tout vent. Dans ce cas, une affection particulière lie le calice et le fruit, comme s'ils ne voulaient plus se quitter. L'alkekenge ou coqueret fait mieux encore : les sépales soudés gonflent et affectent l'allure romanesque et joyeuse d'un grand lampion orange entourant le fruit. La baie de belladone, la tomate, la pomme conservent aussi leur calice, mais sans lui faire subir des transformations aussi spectaculaires.

D'autres feuilles, les plus internes, se parent de vives couleurs et deviennent les pétales, dont le rôle est d'attirer l'insecte fécondateur. L'ensemble des pétales forme la corolle. La corolle est l'appareil publicitaire de la fleur; ses pétales l'habillent de couleur et de lumière, et lui confèrent ce charme irrésistible auquel l'homme lui-même s'est laissé prendre. Toujours content de lui, n'a-t-il pas cru pendant des siècles que ces clins d'œil de la nature lui étaient destinés? Mais les fleurs dorent leur corolle au soleil depuis un million de siècles, et l'homme n'a sans doute pas plus de trois à quatre millions d'années!

La fleur ne ménage aucun effort pour donner d'elle-même l'image la plus avantageuse : rien n'est trop beau pour séduire abeilles ou papillons; car c'est l'insecte qu'il faut séduire; c'est à lui qu'est confié le pollen, avec mission de l'amener à l'ovaire.

Chaque corolle a son architecture particulière. Tantôt les pétales sont libres entre eux et se détachent un à un comme chez les cerisiers ou les pommiers qui répandent sur le sol une abondante neige blanche à la fin du printemps. Tantôt ils sont soudés et forment des corolles mieux adaptées pour recueillir le nectar, ce précieux jus sucré sécrété par les fleurs pour attirer et nourrir les insectes. La forme des corolles varie à l'infini et se creuse au fur et à mesure de l'évolution : corolle bleu tendre, parfaitement plate, en étoile à cinq branches de la bourrache; corolle en coupe à peine creuse du bouton d'or; petits entonnoirs de l'humble liseron des champs, beaux entonnoirs colorés des ipomées, et grands entonnoirs profonds, plissés comme des filtres de papier des redoutables datura, aux vertus magiques et délétères; belles clochettes bleues ou violacées des campanules et petites clochettes blanches du muguet; corolle en doigt de gant de la digitale, la fleur de Notre-Dame, providence des cardiaques dont elle est le premier médicament; longs tubes des fleurs tropicales aux couleurs éclatantes comme les tabacs sauvages, urne presque entièrement close de la myrtille d'où n'émerge que le style pointu; tube en cylindre s'évasant en colerette de la gentiane bleue des montagnes, du géranium sauvage ou du joli bois, et colerette jaune porteuse d'un cylindre orange de la jonquille.

La corolle se complique encore dans l'ortie blanche dont les fleurs disposées en anneaux évoquent une couronne de mariée; la corolle y prend l'allure d'une gueule grande ouverte, tranchant avec le mutisme renfrogné du muflier qui, lui, trivialement, « ferme sa gueule ». Chez la linaire, la même architecture s'ornemente d'un long éperon où s'accumule le nectar. Les fleurs du pois de senteur se déploient comme un papillon et, celles de l'arbre de judée, poussant directement sur le tronc, prennent la forme d'une carène de bateau. Enfin, les cœurs de Marie, indissociables des traditionnels jardins de curé, laissent pendre leurs corolles roses et sophistiquées en forme de cœur, à l'intérieur desquelles se cachent tous les organes vitaux de la fleur.

Mais la beauté est éphémère, et les roses ne vivent qu'un matin... Après fécondation, les pétales fanent et tombent; leur tâche est accomplie. Dans quelques espèces, ils persistent obstinément comme chez la bruyère dont les landes ou les bouquets n'en finissent plus de fleurir.

La corolle entoure les organes sexuels proprement dits : étamines et pistils.

Les étamines jaillissent des fleurs, porteuses de sacs volumineux, bourrés de grains de pollen, source des spermatozoïdes.

Comme chez les animaux, les étamines, qui correspondent aux testicules, sont externes et saillantes. Elles ne bénéficient d'aucune protection particulière, car le pollen est destiné à être émis à l'extérieur, abondamment, généreusement et généralement sans souci d'économie. D'où ces sacs à pollen hissés comme des drapeaux, bien visibles au sommet de leur hampe, émergeant même souvent de la corolle, avec une parfaite impudeur.

Il arrive que l'impudeur des étamines tourne à l'exhibitionnisme : elles occupent alors le devant de la scène, et la fleur leur doit son pouvoir de séduction. Ainsi les *Callistemon* australiens offrent-ils l'admirable spectacle de leurs fleurs nombreuses et disposées en épi, le tout ressemblant étrangement à un rince-bouteille, dont les poils seraient de superbes étamines cramoisies. D'ailleurs toute la famille des myrtacées, à laquelle appartiennent aussi les eucalyptus, exhibe de superbes étamines colorées, la corolle devenant insignifiante.

Les mimosas ont évolué selon le même principe : leurs petites boules de fleurs jaunes doivent leur charme à leurs étamines, les pétales ayant quasiment disparu. Mimosa, eucalyptus et *Callistemon* font tous partie de la flore australienne, aujourd'hui acclimatée dans toutes les régions chaudes du globe. Et les étamines des *Sparmannia,* plantes africaines proches du tilleul, font mieux encore ; sous l'effet d'un choc, par un processus que nous décrirons ultérieurement, elles s'étalent somptueusement en une sorte de grande demi-sphère colorée, très ornementale.

Mais l'analogie avec le règne animal s'arrête là. Car la fécondation est indirecte : il n'y a pas d'accouplement de l'étamine et de l'ovaire; les spermatozoïdes ne sont pas conduits par l'organe mâle jusqu'à destination, et aucun organe particulier ne les introduit jusqu'à l'ovaire. A cet égard, les stratégies des animaux et des végétaux diffèrent profondément. Les animaux séparent les sexes sur des individus différents, mais profitent de leur mobilité pour les mettre en contact. Les végétaux, au contraire, organisent la promiscuité des sexes en les groupant sur la même fleur où ils demeurent pourtant immobiles et sans contact direct possible. L'insémination artificielle remplace la copulation. Et l'inséminateur est le vent ou l'insecte. Le rendement y perd, car le voyage à dos d'insecte ou en planeur favorise l'école buissonnière, et le pollen s'égaille dans la nature. Mais la quantité de pollen émise compense largement les aléas du transport. La méthode directe des animaux est certes plus efficace : postulant « qu'on n'est jamais si bien servi que par soi-même », ils se passent de vent, et d'insecte, et pratiquent la livraison à domicile.

Du pavillon individuel à l'immeuble collectif

L'ovaire, encore nommé pistil, est au centre de la fleur. Comme les sépales, il reste vert, car sa fonction photosynthétique n'est pas achevée; après fécondation il reprendra son développement et fabriquera de la matière vivante qui gonflera les graines et formera le fruit. La principale préoccupation des pistils est naturellement de recueillir le pollen : pour cela chaque pistil émet un mat plus ou moins haut, le style, qui s'épanouit à sa partie terminale, comme les râteaux des antennes de télévision, en un ou plusieurs éléments destinés à capter les grains de pollen véhiculés par le vent ou les insectes. Si le pistil se termine par une antenne, c'est le pollen qui amène le programme! Et il y a autant de programmes que de grains de pollen, chaque grain apportant son patrimoine héréditaire, son « programme génétique », que les spermatozoïdes qu'il contient communiqueront à la cellule femelle en cas de fécondation. Le pistil est donc un poste de télévision susceptible de recueillir de très nombreux programmes. La nature n'est pas avare de ses chaînes...

Bien que les pistils présentent des architectures extrêmement variables, ils contiennent toujours un ou plusieurs ovules au fond duquel se blottit la cellule sexuelle femelle. Le pistil est donc la maison des ovules. Et chaque famille botanique a choisi son architecte pour construire cette maison à son goût; et chaque architecte a imposé son style en tenant compte des surfaces disponibles. Or celles-ci varient beaucoup suivant les fleurs : les fleurs les plus anciennes disposent leurs ovaires, nombreux, sur une sorte de pic montagneux qui émerge en son centre, particulièrement spectaculaire chez les magnolias; les ovaires, abritant chacun un ovule, s'y disposent serrés les uns contre les autres, comme des pavillons individuels exagérément rapprochés.

Mais la plupart des fleurs ne présentent pas ce dispositif car en leur centre, l'espace disponible pour le pistil est très restreint. Tout se passe comme au cœur d'une ville : le terrain devient plus rare, donc plus cher. Pour loger les ovules, la construction de pavillons individuels c'est-à-dire d'ovaires indépendants, n'est plus rentable. La plante réagit alors en urbaniste : elle amortit le coût du terrain en construisant des collectifs; les ovaires se soudent entre eux, et forment un ovaire unique peuplé d'ovules. Au-dessus de l'édifice, les styles se soudent comme des cheminées et s'épanouissent en un stigmate commun : la fleur invente ici le principe de l'antenne collective, par où passeront tous les programmes, et qui alimentera plusieurs appartements. Mais une certaine nostalgie de l'indépendance se devine parfois dans la tendance du style et du stigmate à se séparer en plusieurs lobes comme dans la nigelle, les crocus ou les colchiques.

L'intérieur de l'ovaire forme tantôt une pièce unique, tantôt des loges séparées par des cloisons. La disposition en loges séparées est la plus fréquente. Elle s'ébauche dans la fleur d'hellébore : les trois ovaires sont indépendants mais très proches les uns des autres; ils forment encore chacun un ovaire libre, enfermant de nombreux ovules. Dans le lys ou la tulipe, les trois ovaires constitutifs ne sont pas individualisés : ils ont fusionné en un organe unique et homogène; c'est le collectif parfait, avec ses trois appartements isolés par des cloisons; celles-ci partent de l'axe central de l'édifice, et les ovules se fixent sur cet axe; un style et un stigmate surmontent le tout; ils constituent les services communs chargés d'accueillir et de transmettre le pollen à tous les habitants de l'immeuble.

Chez le pavot les services communs subsistent sous forme d'un gros plateau stigmatique récepteur de pollen : mais les pièces nombreuses ouvrent sur un patio central; les ovules minuscules se pressent sur les cloisons incomplètes, laissant libre le centre de l'ovaire. A maturité, cet ovaire forme une grosse capsule qui lâche ses petites graines par des pores, comme une salière.

Chez la violette, il n'y a plus de cloison : l'ovaire ne forme qu'une seule loge, une seule très grande pièce que les ovules tapissent en s'insérant en longues lignes sur les angles.

Enfin dans quelques cas, chez l'œillet par exemple, la loge unique porte les ovules sur une grosse expansion centrale, sorte de massue émergeant du fond de l'ovaire où les ovules se pressent innombrables, comme les grappes de ballons multicolores chez les marchands forains.

Les ovules, on le voit, ne sont jamais disposés au hasard dans le pistil. Il règne au contraire dans cette maison un ordre méticuleux : quel que soit le plan architectural adopté, la rigoureuse disposition des ovules donne toujours une impression d'ordre et d'organisation surprenante. Elle persiste dans le fruit, où les ovules devenus graines après fécondation conservent leur belle ordonnance.

A suivre l'évolution de l'architecture florale au cours des temps géologiques, on distingue quelques grands axes évolutifs obstinément poursuivis : adaptation à la pollinisation par le vent, mais surtout par les insectes, protection toujours meilleure des cellules femelles, tendance à la socialisation des fleurs. Ces thèmes seront développés dans les prochains chapitres.

Mais, il est une autre tendance qui s'affirme également : celle de la simplification et de la stabilisation du plan floral. Les fleurs anciennes, comme le Magnolia, sont généralement de forte taille, elles ont un nombre de pièces élevées, variable d'une fleur à l'autre. Au cours de l'évolution la fleur tend vers une architecture plus stricte, plus classique, plus « standard ». Dans la classe des dicobylédones (type de la renoncule), les pétales se soudent et tombent à 5 ; les étamines tendent également à se stabiliser à cinq, voire même à quatre, et les ovaires à deux. Tel semble bien être le prototype de la « fleur fonctionnelle », dont la nature a arrêté l'épure, reproduite généreusement dans l'immense groupe des gamopétales, c'est-à-dire des fleurs à corolles soudées, d'origine relativement récente. Dans la classe des Monocobylédones au contraire (type du lys), la tendance va vers une stabilisation sur le type 3 : 6 et plus rarement 3 pièces colorées, 6 ou 3 étamines, 3 ovaires. Autre grande lignée évolutive, autre prototype testé, autre architecture sélectionnée et « primée ».

Le rouge et le vert

La fleur ainsi construite représente l'organe le plus complexe du règne végétal. C'est par la fleur que les plantes se hissent le plus haut dans leur capacité d'organisation et d'imagination, allant même jusqu'à simuler des structures animales. C'est en effet par la fleur que s'instaure la relation privilégiée entre la plante et l'animal qui assure sa pollinisation. Il s'agit là d'un contact positif avec bénéfice mutuel, et non du contact ordinaire que les plantes ont avec les animaux et qui se résume pour elles au seul risque de se faire dévorer. Dans la fleur au contraire l'apparition de la couleur, du nectar sucré, du parfum, ainsi que l'évolution des formes évoquent étrangement l'animalité; au point que, dans certains cas, pour être plus séduisante encore à l'égard de l'oiseau ou de l'insecte qui lui apportera le pollen, la fleur va jusqu'à simuler la forme de ceux-ci : c'est le cas des fleurs du strelitzia qui ont la grâce légère de l'oiseau, et plus encore des orchidées mimétiques qui poussent on l'a vu la ressemblance à son terme.

Si les feuilles se disposent toujours selon un plan, pour occuper au maximum l'espace aérien où elles prélèvent le gaz carbonique et la lumière solaire, la fleur au contraire s'organise en espace courbe. Elle se creuse en un dedans, et c'est dans cette intériorité qu'est protégé le pistil porteur des cellules femelles. Dans cet espace interne, et après fécondation, le pistil, grâce à l'énergie fournie par la lumière du soleil d'été et aux sels minéraux captés dans l'obscurité du ventre de la terre, se remplit de substances nutritives, formant les graines et les fruits. La fleur est donc l'organe sexuel et l'abdomen de la plante. Contrairement aux animaux, celui-ci est situé au-dessus des branches feuillées, alors que chez les mammifères, ces appareils sont situés en dessous de cet autre arbre branchu qu'est l'arbre pulmonaire. Un arbre en quelque sorte intériorisé dans la cage thoracique et dont les branches sont les bronches. Un arbre qui en respirant puise, dans le sang où il baigne, du gaz carbonique et y rejette de l'oxygène, produisant énergie et chaleur animale par combustion des aliments : car le sang est aux bronches ce que l'air est aux branches. Un arbre donc qui est comme le reflet inversé, intériorisé, animal, de l'arbre végétal qui puise, lui, dans l'air où il baigne, du gaz carbonique et y rejette de l'oxygène; mais cette fois pour élaborer la nourriture que consommeront les animaux.

Etrange complémentarité du végétal vert qui synthétise la matière vivante grâce à la chlorophylle et de l'animal au sang rouge qui la consomme en respirant, grâce à l'hémoglobine, molécule à peine différente de la précédente! La plante crée la matière vivante, elle ne stoppe jamais sa croissance et synthétise sans cesse. Car il lui faut pourvoir à la nourriture de l'animal qui la consomme; et aussi à celle de l'homme qui, sa croissance stoppée, se contente d'entretenir sa structure et, dans les meilleurs cas, transforme alors son énergie en force spirituelle!

Il est en effet singulier de constater que les végétaux ne cessent d'élaborer de la matière vivante et de croître en taille et en volume. Les arbres ont la taille que l'âge leur confère; puis ils meurent. Rien de tel chez la plupart des animaux, sinon chez ces poissons dont les concours de pêche nous offrent régulièrement le spectacle des plus gros spécimens. Mais à part ces brochets dont la taille, comme celle des séquoias ou des grands chênes, permet d'évaluer l'âge, la plupart des animaux atteignent au bout de quelques années leur maturité physiologique, à partir de laquelle ils se contentent d'entretenir leur structure sans plus l'accroître. Ils sont devenus adultes. Mais pour quoi faire?

Pour l'homme au moins on pourrait risquer une réponse, ou plus modestement formuler une hypothèse : le développement corporel accompli, le surcroît d'énergie ainsi laissé disponible ne pourrait-il s'investir dans d'autres tâches et vers d'autres directions; et pourquoi pas justement vers celles qui font l'originalité et l'honneur de l'homme : celles de l'esprit. C'est ce qu'avaient compris, semble-t-il, d'autres civilisations, d'autres cultures, mais non la nôtre, toute occupée à produire toujours plus pour réjouir et ménager – sic – des corps déjà comblés, grâce au progrès du confort et aux mille satisfactions de ce qu'il est convenu d'appeler « la vie moderne ». Serait-ce là notre erreur? Sans doute. Car l'espèce n'a qu'un avenir : celui de son propre dépassement, au-delà des limites de l'univers matériel qui l'emprisonne et la réduit en esclavage; et l'individu n'a qu'un programme : celui de s'accomplir dans ce qui lui est unique, original et essentiel, à travers la qualité, l'authenticité et la vérité des relations d'amour qu'il lie avec autrui. Car il faut croire obstinément à l'amour, à toutes les formes d'amour, en ces temps tragiques de régression de l'amour! Utopie? Est-ce bien sûr? Car le « bonheur » par la richesse volée aux pauvres, par les rencontres d'occasion et ces amours furtifs ou successifs, éphémères comme le jour que suit la nuit, par le néant abyssal des conversations de vacances, par le mensonge et l'agressivité de tant de relations sociales, ce bonheur-là fait-il vraiment une civilisation? Et si oui, faut-il en voir le symbole dans l'assurance affichée par ces « jeunes cadres » proliférants et stéréotypés, naturellement « compétents » en informatique, télématique et autres automatismes technologiques, dont l'attaché-case – sinon toujours le bon goût des cravates – affiche l'exposant social et l'honorabilité du statut, ce qui semble les autoriser à infliger sans vergogne à leurs voisins dans les compartiments de première classe leurs bruyantes conversations sur des sujets de deuxième ordre, où la dernière marque d'automobile et les toutes dernières nouvelles du tiercé viennent souvent en bonne place! Nos vieux paysans étaient tellement plus dignes quand ils parlaient de la terre et du temps!

Ainsi, culminant en l'homme, le monde animal hésite sur son programme, sur son avenir. Son futur, c'est l'incertitude, peut-être le chaos, et même la nuit!

Le monde vert, lui, n'a point de tels problèmes, et l'on pourrait disserter à l'infini sur le rouge et le vert, symboles respectifs de l'animal et du végétal, du monde qui synthétise et de celui qui consomme, du monde qui nourrit et de celui qui tue. Rouge, couleur du sang versé; rouge couleur du feu qui symbolise la passion et la destruction; rouge, couleur aussi du feu de circulation qui arrête et interdit. Liseré rouge du médicament dangereux, insectes rouges, souvent toxiques, qui effrayent l'oiseau prédateur et le détournent de lui, insectes plus astucieux encore qui bien que sans danger, se dissimulent par mimétisme sous une tunique rouge pour détourner l'oiseau vorace, fleurs rouges invisibles des insectes insensibles à cette couleur, lumière rouge des night-clubs qui stimule la sexualité : le rouge est le symbole de ce qui arrête, de ce qui blesse, de ce qui tue. Le vert symbolise au contraire l'espérance, le libre passage, la voie ouverte; il repose et apaise.

Entièrement vouée à la fonction de reproduction, puis à l'élevage de l'embryon protégé au sein de la graine et du fruit, la fleur n'a d'autre souci que de s'adapter au mieux au mode de pollinisation, c'est-à-dire à la capacité de recueillir le plus efficacement possible le pollen des fleurs de son espèce en vue de la fécondation. On conçoit donc qu'elle reste indifférente aux autres « problèmes » qui peuvent se poser à la plante qui la porte. Que le milieu devienne sévère, que l'eau vienne à manquer; c'est aux racines, aux tiges et aux feuilles de se débrouiller pour s'adapter et survivre : soit en augmentant le volume des racines donc les capacités de prélever l'eau, soit en instaurant des réserves dans les tiges, soit en réduisant la surface des feuilles qui transpirent, donc les pertes d'eau comme le font par exemple les cactus et les euphorbes qui transforment leurs feuilles en épines. Mais les fleurs restent indifférentes à ces adaptations qui ne les concernent pas, car les quantités d'eau qu'elles transpirent sont insignifiantes! Pas plus que l'exercice de la sexualité humaine n'est modifié, en principe tout au moins, par quelque changement survenant dans l'exercice professionnel ou les conditions de vie : la famille déménage ou s'adapte et voilà tout.

Seule l'évolution des conditions de la pollinisation influe la vie florale, et contraint la fleur à s'adapter. Mais celles-ci évoluent très lentement, et l'on comprend pourquoi les botanistes ont préféré classer les plantes en fonction de la structure des fleurs, beaucoup plus stable que celle des feuilles, qui fluctuent puissamment selon les conditions de vie, allant même jusqu'à disparaître totalement dans les régions désertiques. A première vue une euphorbe canarienne et un cactus cierge se ressemblent étrangement. Un observateur non averti aurait naturellement tendance à les classer dans la même famille botanique. Ces plantes ont utilisé, en effet, les mêmes stratagèmes pour s'adapter à la sécheresse des milieux où elles vivent en réussissant à mettre en réserve dans leurs tiges, pendant la saison humide, des volumes d'eau impressionnants et en diminuant la quantité d'eau transpirée par pure et simple suppression des feuilles, ici remplacées par des épines. Mais, au moment de la floraison, l'euphorbe et le cactus produisent des fleurs tout à fait différentes qui conduisent à les classer dans leur famille respective sans la moindre hésitation. C'est que ces plantes ont gardé de leurs ancêtres, antérieurs à leur adaptation à la vie en milieu aride, l'architecture florale typique de leurs familles : grandes et belles fleurs colorées des cactus, structures florales miniaturisées et sophistiquées des euphorbes. Ces structures sont restées inchangées malgré les modifications des conditions de vie des plantes qui les produisent. De plus, les euphorbes produisent un latex blanc, ce que ne font jamais les cactus. Une simple incision dans le corps mou et rebondi de la plante permet donc aussi de les différencier sans ambiguïté : les euphorbes saignent abondamment un suc laiteux, les cactus jamais!

Avoir un air de famille...

On voit par cet exemple que des plantes d'allures très semblables, adaptées à des milieux et à des conditions de vie voisines, peuvent posséder des fleurs très différentes. On les classe alors dans des familles botaniques correspondant à l'architecture de leurs fleurs. L'inverse est vrai aussi : des plantes très différentes, ayant des conditions de vie également différentes, seront regroupées dans la même famille si elles produisent des fleurs voisines, caractéristiques précisément de cette famille. Quoi de plus dissemblable qu'un rosier, un fraisier ou un prunier : pourtant ces plantes possèdent des fleurs fort semblables qui conduisent à les classer toutes les trois dans la famille des rosacées.

La notion de famille est capitale; elle conduit à regrouper dans des ensembles naturels des plantes dont les fleurs se ressemblent. Les botanistes avaient en effet constaté depuis longtemps que certaines plantes avaient des fleurs presque identiques, ce qui les amena à créer les premières familles naturelles : crucifères à fleurs en forme de croix comme la moutarde ou le colza; papilionacées à fleurs en papillons comme le petit pois ou le haricot; labiées en forme de lèvre ouverte comme l'ortie blanche; orchidée enfin comme l'ophrys, à l'architecture florale originale et inimitable. Ces fleurs sont identifiables au premier coup d'œil. Elles sont en quelque sorte des prototypes, et permettent par leur allure d'identifier immédiatement les familles auxquelles elles appartiennent. Il arrive que les fleurs soient elles-mêmes disposées en formation originale, comme le classique parapluie des ombellifères dont le prototype est la carotte sauvage : chaque fleur est disposée à l'extrémité d'un rayon, le tout prenant la forme d'une ombrelle, ou comme le capitule de marguerite, prototype de la famille des composées, formant un savant assemblage de fleurs minuscules, les unes blanches en forme de pétales et qui s'effeuillent comme dans le dicton, les autres jaunes formant un dense tapis central. Toutes ces familles se reconnaissent pratiquement « à la gueule », à partir d'un modèle type : une fois au point, ce prototype a été reproduit à des centaines ou des milliers d'exemplaires par une nature adorant, comme le musicien, moduler sur un thème, avec d'infimes différences de détail. Dans la famille des orchidées, près de vingt mille espèces, toutes construites sur le même modèle de base, à de minimes variations près, sont sorties des ateliers du Créateur, ici particulièrement peu avare d'exubérance et d'imagination. Ces familles fondées sur un unique prototype floral évoquent ces architectes peu imaginatifs ou trop affairistes qui « refilent » à leurs clients le même pavillon toujours reproduit à l'identique aux seules petites variations près exigées par le futur habitant. Il ne reste plus à celui-ci qu'à manifester sa personnalité dans le paufinage du détail, faute de pouvoir concevoir entièrement le manoir de ses rêves. Il lui reste aussi, il est vrai, les petits agréments des menus bricolages, et naturellement la possibilité de créer son environnement et son jardin. Bricolage et jardinage ne sont-ils pas les ultimes exutoires de la créativité, dans nos sociétés industrielles qui savent si bien enrégimenter les hommes pour organiser leurs activités, jusque dans ses moindres détails comme dans le travail à la chaîne, et leur fournir des habitats standards aux normes une fois pour toutes préétablies. D'où la prolifération des grands ensembles ou des zones pavillonnaires aussi monotones que peut l'être une population d'ombellifères où le même type floral est reproduit infiniment et indéfiniment, sans la moindre originalité.

... ou n'en pas avoir

Toutes différentes sont les familles dites « par enchaînement » où les fleurs appartiennent à des types différents, mais reliés entre eux par l'histoire de l'évolution qui les a fait descendre les uns des autres. Ces familles expriment une lignée évolutive paraissant à première vue beaucoup moins homogène. Elles ne se réduisent pas à un seul prototype; des fleurs aussi différentes que les boutons d'or piquetant les prairies de leur jaune parure, l'aconit des montagnes avec ses fleurs en forme de casque romain, l'ancolie des jardins à l'architecture délicate, distinguée, un peu surannée mais pleine d'une grâce antique, la folle et envahissante clématite à fleurs blanches enlaçant haies et buissons et dont les fruits secs à aigrettes soyeuses forment en hiver de petites houppes douillettes sur les tristes squelettes dénudés appartiennent toutes cependant à la même famille : les renonculacées. Car toutes possèdent, malgré les apparences, un grand nombre de caractères communs qui justifient leur regroupement. La nature effectue ici un travail de haute créativité. L'architecte tâtonne et met au point plusieurs prototypes. Cent fois sur le métier, il remet son ouvrage. Il reproduit des formes florales, les essaye, les remanie, les perfectionne, et laisse en définitif subsister une riche variété de prototypes, étalant en quelque sorte ses initiatives et la généreuse palette de sa créativité. Ces édifices floraux, tous différents, conservent cependant certaines caractéristiques communes, selon le principe de l'unité dans la diversité.

Les familles à architecture florale unique représentent des « cul-de-sac » de l'évolution; on voit en effet la nature s'ingénier à parachever et à sophistiquer dans le détail un prototype mis au point une fois pour toutes et qui ne subira plus que des modifications infimes. Les types floraux et les espèces se multiplient alors, tout en restant très semblables entre eux, ce qui permet de les identifier au premier coup d'œil. En revanche, dans le deuxième cas, l'évolution fonctionne à plein et varie par tâtonnement ses prototypes, en fonction des adaptations les plus souhaitables et de la diversité des milieux de vie. Il en résulte des structures florales souvent fort différentes. Ce processus évolutif s'inspire davantage du travail de l'artisan que de la création industrielle. Au fond les familles très homogènes fonctionnent comme une usine en répétant les prototypes en grandes séries, tandis que les familles par enchaînement évoquent la créativité personnelle de l'artiste.

Réunies toutes ensembles, elles représentent une collection de près de 250 000 espèces de plantes à fleurs, chiffre fabuleux lorsqu'on sait qu'il ne reste plus que 10 000 espèces de fougères et 600 espèces de conifères ! Et chaque jour, quelques espèces nouvelles, ramenées d'expéditions lointaines, viennent enrichir les collections des grands muséums et confirment l'incontestable victoire des plantes à fleurs, dernière grande civilisation végétale, évoquant l'histoire contemporaine des plantes.

CHAPITRE 7

L'amour chez les fleurs

Une prostitution généralisée mais féconde...

Le thème de l'amour chez les plantes, si provoquant qu'il soit, n'aurait pas choqué les grands ancêtres de la botanique. Charles Bonnet consacre à « l'amour végétal ou les noces des plantes » des réflexions savoureuses où les étamines deviennent des amants ou des bergers, et les pistils des nymphes ou des bergères.

Le discours du berger à la bergère

Naturellement bergers et bergères folâtrent joyeusement au gré de l'inspiration de l'auteur et de l'architecture des fleurs qu'il admire. Lorsque la fleur porte les deux sexes, le berger et la bergère partagent la même couche nuptiale, dont les pétales forment les rideaux. Mais chez les espèces qui portent les sexes sur des organes différents, comme le font les conifères et les arbres à chatons bergers et bergères font chambre à part. Lorsqu'enfin les individus sont unisexués, voici les amants condamnés à vivre séparés, comme les jeunes époux de l'austère ville de Sparte, qui ne se rencontraient que pour de furtifs échanges...

On reconnaît à ce langage la manière du XVIIIe siècle, inaugurée par les retentissantes publications de Linné. Littéralement passionné, dès son plus jeune âge, par la sexualité des plantes que lui avait révélée la lecture des travaux de Vaillant, Linné publiait en 1735, alors qu'il n'avait que vingt-huit ans, son célèbre *Systema Naturae,* où les étamines sont les maris et les pistils les épouses. Mais les mariages ne sont pas tous légitimes, et il arrive que les épouses soient en compétition avec des amantes ou des concubines : Linné choisit pour chacun de ces cas le mot latin approprié ! Emporté par son style outrageusement anthropocentrique, n'appelait-il pas sa propre épouse « mon lys monandre », double symbole de virginité et de fidélité ! On reconnaît ici la rigueur morale du théologien que Linné faillit devenir, avant d'être emporté par sa passion botanique ! De l'esprit théologique, Linné conserva l'obsession, en vérité peu biologique, des classifications rigoureuses, s'acharnant à faire entrer les plantes dans ses propres catégories fondées sur le nombre et la forme des étamines. Cette prééminence donnée aux étamines lui vaudrait aujourd'hui d'être taxé de phallocrate. Mais à l'époque, on le considérera plutôt comme un dangereux obsédé sexuel, à qui l'on attribuait la découverte de la sexualité végétale en raison du grand retentissement que connurent ses ouvrages. Bien qu'il s'en défendît, rendant à César – Camerarius en l'occurence – ce qui lui appartenait, Linné souffrit beaucoup de ces critiques et mourut très affecté, redoutant la punition divine pour avoir si fâcheusement introduit le sexe là où, à son époque, on croyait encore qu'il n'était pas !

Un siècle plus tard Charles Darwin eut à subir des assauts analogues de la part de ses contemporains pour avoir osé faire descendre l'homme du singe ! Et son art d'observer avec une extrême précision la pollinisation des fleurs par les insectes, donc les manifestations de la sexualité végétale, ne manqua pas de le faire taxer, par quelques esprits prudes, de voyeur. Mais ces siècles étaient ceux des grandes controverses et des audaces verbales, faute d'audaces technologiques ! Les hommes de l'époque enjambaient hardiment les frontières des disciplines et les naturalistes n'hésitaient pas à s'aventurer sur des territoires incertains, ce que notre siècle rationaliste proscrit formellement. Comparaisons inattendues et analogies audacieuses, ils savaient donner à leur propos un piment et une verdeur étrangers aux écrits de notre temps. Et les vives polémiques qui les opposaient si souvent ne manquaient pas de panache : Goethe par exemple manifestait une vive aversion pour la sexualité des plantes, détestant ces « perpétuelles histoires de mariage ». Un de ses admirateurs, Velenoski, critique même vigoureusement cette façon de voir les plantes comme des « mécanismes sans âme, juste bons à copuler ».

Munis de ces solides références, continuons donc à prendre des risques... au risque de troubler le confort intellectuel de quelques-uns et la vision « unidimensionnelle » de beaucoup!

Dans la plupart des sociétés, la recherche et le choix de l'épouse sont le privilège de l'homme. Tantôt le père impose son choix et prend l'initiative de négocier avec la future belle famille les conditions du mariage! Tantôt c'est le futur mari qui introduit lui-même sa demande en mariage aux parents de sa fiancée. Puis, avec la libéralisation des mœurs, l'abaissement de l'âge de la majorité aidant, le stade des parents est grillé; le jeune homme agit désormais de sa propre initiative et ne connaît plus qu'un seul interlocuteur : sa future partenaire.

Même stratégie au bal de jadis : c'est le garçon qui invite la jeune fille à danser : celles qui n'ont pas trouvé preneurs demeurent en place, et comme on dit font « tapisserie ». Enfin à la fine pointe de l'évolution contemporaine, lorsque les danses lentes propices aux attendrissements disparaissent au profit de rythmes plus musclés, excluant tout contact physique entre partenaires, la relation s'établit après, ailleurs ou autrement, mais généralement encore à l'initiative du garçon. Le mouvement est toujours le même : l'homme s'aventure ou se déclare, la femme séduit et attend. Il fallut attendre l'énorme bouleversement contemporain pour que cette loi immémoriale soit quelque peu battue en brèche par les initiatives hardies du féminisme militant.

Dans le monde animal, les stratégies varient avec les espèces : les chauves-souris africaines laissent par exemple aux femelles le soin de choisir leur mari; mais, en règle générale, c'est aux mâles aussi qu'il appartient de prendre l'initiative, encore faut-il qu'ils sachent se faire accepter par les femelles; en un mot qu'ils plaisent. Or on sait par exemple que chez les chèvres ou les moutons, les femelles marquent de très fortes préférences quand elles sont en présence de plusieurs mâles. De sorte que si l'initiative appartient aux maris, le caprice des dames reste un facteur dont on ne peut pas ne pas tenir compte!

Chez les plantes comme chez nous, c'est aussi à l'élément mâle que revient l'initiative du déplacement. Mais çà n'est pas une plante mâle qui se met en branle : les plantes sont fixes, enracinées, immobiles; seul le pollen porteur des spermatozoïdes fera mouvement à la rencontre des éléments femelles, les ovules. Eux sont inamovibles : portés par la plante mère, ils restent fixés sur elle et attendent en quelque sorte à domicile. Et c'est là, sur la plante qui les produit, que le rendez-vous conjugal a lieu, selon la formule classique « ne bouge pas, je te prendrai à la maison! ». Encore faut-il s'entendre sur le mot prendre : il prend ici – c'est le cas de le dire – son sens le plus possessif et le plus trivial : car cette rencontre s'achève par un acte d'amour.

Un mâle d'abord timide et emprunté...

Mais pour que la rencontre ait lieu, encore faut-il s'assurer du déplacement du pollen; c'est ici que les plantes diffèrent radicalement des animaux : elles n'organisent pas le contact physique entre les sexes, mais seulement le transport des éléments mâles vers les organes femelles. Et pour cela, il leur faut un vecteur, un intermédiaire, un convoyeur; l'oiseau, la chauve-souris, l'insecte, l'eau ou le vent, quand ce n'est pas l'écureuil, la limace, l'homme ou l'escargot, joueront ce rôle.

Le pollen, poudre fertilisante mâle, semble en effet frappé de timidité congénitale, et s'avère incapable de prendre directement l'initiative du contact avec le partenaire femelle : on peut le comparer à ces jeunes gens qui n'osent aborder une jeune fille que si celle-ci leur est présentée par un ami; ou à ce lycéen qui s'introduit auprès de la fille de ses rêves en se liant d'amitié avec son frère, stratégie indirecte d'approche et d'abordage qui l'oblige à se rendre d'abord sympathique à ce précieux camarade, dont il convient de se faire un allié pour mener à bien la suite des opérations.

Les plantes développent des stratégies comparables en direction de ces intermédiaires actifs et dynamiques que sont les oiseaux ou les insectes. C'est à eux que l'élément mâle, c'est-à-dire le pollen, a recours pour être convoyé et mis en contact avec les organes femelles. Ce voyage, c'est la pollinisation. La destination, c'est la fécondation, c'est-à-dire la rencontre et la fusion de l'élément mâle avec l'élément femelle pour former un œuf. Enfin le but de tout ce déploiement, c'est la transformation de l'œuf en un petit embryon, contenu dans une graine, graine et embryon se formant grâce aux aliments apportés par la plante mère à sa jeune progéniture.

Ce sont donc les mères qui assument l'élevage des tout petits. La règle de l'allaitement maternel vaut pour le règne végétal. Et il arrive que ce soit même d'un vrai lait qu'il s'agisse, chez la noix de coco par exemple. Les petits – les embryons – ne se sépareront de la plante mère pour être lâchés dans le milieu extérieur qu'après qu'un certain nombre de précautions aient été prises : l'embryon devra avoir déjà acquis une taille raisonnable et aura été mis au repos dans son berceau qui est la graine. Celle-ci joue un double rôle protecteur et nourricier. Elle protège l'embryon des agressions du milieu ambiant (le froid, la neige, la sécheresse) grâce à ses parois imperméables et rigides; et elle met à sa disposition un stock de nourriture élaboré par la plante mère et destiné à l'alimenter à la reprise de la croissance, c'est-à-dire au moment de la germination, lorsque les conditions ambiantes seront redevenues favorables. Tel est le rôle capital que la nature assigne aux mamans des plantes.

Le père au contraire ne joue aucun rôle dans l'éducation; la fécondation terminée, sa tâche est accomplie : les étamines fanent, les chatons mâles tombent des arbres et se répandent en masse sur le sol sous les noisetiers ou les peupliers par exemple, très tôt au printemps. Bref, le règne végétal est entièrement matriarcal. Comme chez bon nombre d'animaux, le mâle disparaît dès que la fécondation est accomplie. La fleur se sert du pollen pour se faire faire ses bébés, un point c'est tout. Mais elle les élève seule. Point de projet commun, point de contrat de fidélité, point d'amour durable. L'amour végétal exprime ce qu'est l'amour dans sa forme la plus primitive : une force d'attraction passagère destinée à assurer la reproduction. Ce n'est point l'amour courtois, pas même l'amour des chansons, dont on sait bien qu'il finit par retomber plus ou moins tôt ou tard, et ne rime pas souvent avec toujours. Car la nature fut plus sévère pour l'homme que pour certaines espèces d'oiseaux, comme la cigogne ou l'oie cendrée par exemple, qui bénéficient de l'exhorbitant privilège de vivre effectivement selon la loi de leur espèce et, sauf rarissimes exceptions, la permanence et l'unicité du couple dans le temps : le véritable amour sans retour, auquel les hommes et les femmes de notre culture aspirent depuis toujours. Parmi les mammifères, il semble bien que l'amour à vie ne se décèle que chez quelques espèces de lémuriens, ces « présinges » de taille modeste, qui n'ont guère été suivis dans cette voie par leurs descendants dont les espèces présentent les mœurs et comportements sexuels les plus variés.

On notera d'ailleurs à ce propos que l'homme semble bien l'unique espèce à présenter, en son sein et selon les cultures, une extrême diversité de comportements et de mœurs, chaque espèce animale ayant au contraire des comportements qui lui sont spécifiques, et auxquels tous les individus sont soumis. En cela, l'homme inaugure bien un nouveau règne : celui de la culture!

Bien plus, voilà même qu'une des cultures humaines, la nôtre, celle des sociétés industrielles avancées, se met à son tour à diversifier en son sein les comportements à l'infini : le brassage des classes sociales, le contact et le mélange avec les autres cultures, la rupture entre générations due à des apprentissages entièrement différents, l'évolution rapide des structures familiales et sociales produisent une incroyable diversité de comportements individuels; on en arrive à une réalité entièrement nouvelle dans l'histoire de la vie : l'absence d'un code commun de mœurs et de comportements entre individus d'une même population. Ce qui, comme chacun peut voir, ne facilite pas les choses, d'où l'incroyable impression de confusion qui se dégage de l'évolution « tout azimuth » des mœurs actuelles; d'où aussi les dégâts qui en résultent, en même temps que la mise en place des systèmes de rattrapages ou de rafistolages multipliant à l'envi travailleurs sociaux, éducateurs et psychologues de tout poil!

Les plantes n'ont pas tous ces problèmes, chaque espèce ayant son propre « comportement », mais qui en réalité s'inspire toujours des mêmes principes de base : l'organisation d'une sorte de prostitution généralisée! La fleur provoque l'insecte porteur de pollen comme une prostituée, mais ne le retient pas. L'acte conclu, l'insecte s'en va aussitôt. Et la fleur ne choisit pas : elle se fait faire des enfants par n'importe qui. Amour furtif, lutinage et butinage sont la règle; seul le hasard règle les rencontres et pourtant la vie y trouve largement son compte. Comme en témoigne l'étonnante prolificité du monde végétal. La nature, il est vrai, n'économise pas les fleurs : un prunier au printemps, c'est dix mille fleurs toutes amoureuses à la fois. Et l'exercice de leur sexualité semble paisible... Mais qui oserait affirmer qu'elle est sans joie. Il faudrait être plante pour le dire...

Le sexe femelle n'exerce au départ aucune attraction sur le sexe mâle. On ne décèle aucun appel, aucun signal, entre éléments mâles et femelles, dès lors que les premiers s'abandonnent à un vecteur pour atteindre les seconds. Le stade de la pollinisation est entièrement passif. Il s'apparente à une livraison de spermatozoïdes qu'organiserait quelque service postal bien fait! Quand on parle de transport du pollen c'est dans le sens le plus banal qu'il faut entendre ce terme : il ne s'agit point de transports amoureux au sens que l'époque classique donnait à ces mots!

... puis entreprenant et séducteur

L'instinct chasseur du mâle semble s'éveiller toutefois, lorsque le voyage est accompli et le contact avec le pistil établi : le grain de pollen manifeste alors un instinct viril et entreprenant : il développe en effet un long tube qui pénètre l'ovaire d'abord, puis l'ovule qu'il contient, et porte le spermatozoïde jusqu'à la cellule femelle avec laquelle il fusionne. C'est là fécondation, en tout point identique à ce que l'on observe dans le règne animal. L'œuf résultant de cette fécondation est le point de départ du futur individu désormais « conçu ».

En fait les plantes à fleurs révèlent à ce stade une curieuse singularité : chaque graine de pollen donne, au bout de son tube, deux spermatozoïdes, qui réalisent deux fécondations : la fécondation classique qui donne l'œuf, mais en plus une fécondation à trois, où deux cellules du tissu femelle se combinent à l'autre spermatozoïde pour former un œuf supplémentaire. L'œuf classique donne l'embryon, l'œuf supplémentaire, le tissu nourricier pour l'alimenter au moment de sa croissance, lors de la germination. On constate donc, chez les êtres les plus évolués du monde végétal, les plantes à fleurs, une subite dissymétrie entre les sexes, s'effectuant au profit du sexe femelle. A la formule de la sexualité classique soigneusement mise au point depuis deux milliards d'années, selon laquelle deux cellules sexuelles en fusionnant en donnent une nouvelle, vient s'ajouter, il y a cent millions d'années, une nouvelle équation où une cellule mâle fusionne avec deux cellules femelles pour donner un second œuf. On est loin du Moyen Age, où le mâle était, pensait-on, le seul à être actif, la femelle n'apportant rien. Ici, elle apporte trois cellules, et le mâle deux seulement, à chaque fécondation. Cette curieuse bigamie n'appartient qu'aux plantes à fleurs, et à leur deuxième œuf, fruit de cette « double fécondation ». Et ce deuxième œuf manifeste un progrès appréciable dans la participation paternelle à l'alimentation du bébé. En contribuant, par un spermatozoïde, à faire cet « œuf alimentaire », le père devient enfin nourricier et joue pour la première fois un rôle, certes modeste, dans la prise en charge de la nourriture des enfants.

Mais qu'il s'agisse de l'une ou l'autre de ces deux fécondations, l'instinct sexuel ne se manifeste, si l'on peut dire, qu'au niveau des cellules polliniques. Il n'existe aucun comportement sexuel global au niveau de la plante productrice de pollen. Certains pollens sont particulièrement prompts à l'amour, d'autres plus apathiques. Il convient alors de les stimuler : ainsi, chez les chrysanthèmes, la formation du tube est particulièrement laborieuse; mais elle peut être accélérée par l'addition de testostérone, hormone mâle du règne animal qui, curieusement stimule ici un élément mâle du règne végétal. Étonnante convergence de deux univers dont les chimies sont pourtant si différentes... Mais après tout pourquoi les noyaux de datte fabriquent-ils en abondance des hormones femelles? Est-ce la nature qui se trompe de règne? Où s'amuse-t-elle pour le plaisir à fabriquer des molécules pour rien? Mystère...

L'ardeur du pollen à émettre son tube est très variable selon les groupes de plantes : ainsi le tube des conifères se forme 1 500 à 2 000 fois moins rapidement que celui des plantes à fleurs; comme si chez eux, ce mode de reproduction n'était pas encore tout à fait au point! Il est vrai que leurs ancêtres, les cycas par exemple, opèrent autrement : ils n'émettent jamais de tube, mais déversent dans l'ovule des spermatozoïdes nageurs qui atteignent de leur propre mouvement les cellules femelles à féconder. En fait, les conifères sont encore « sous influence »; ils n'ont pas su se libérer entièrement de l'héritage de leurs ancêtres où l'eau restait impérieusement nécessaire à la fécondation; c'est pourquoi ils forment si laborieusement leur tube! Leur grain de pollen n'est pas encore parfaitement adapté à sa fonction. Il ne s'est pas totalement spécialisé et peut encore, dans certaines conditions, se diviser et donner un tissu inerte, ce qui est beaucoup plus difficile chez les plantes à fleurs dont le pollen germe toujours en tube : il est donc plus strictement orienté vers la reproduction, et possède un potentiel spécifique de virilité nettement renforcé par rapport à celui des conifères, beaucoup plus mou et moins ardent à l'amour!

Toutefois le pollen de tabac et de quelques autres genres comme les asperges, les betteraves, les bouleaux, etc., présente l'étonnante propriété de pouvoir donner, en germant, un embryon capable de former une plante adulte, sans fécondation. Cet extraordinaire phénomène nous rappelle que chaque cellule, fût-elle une cellule sexuelle, possède dans son noyau tout le programme de l'espèce à laquelle elle appartient. Et que théoriquement au moins, n'importe quelle cellule est potentiellement capable de donner un nouvel individu, sans phénomène de sexualité... Fera-t-on un jour des bébés avec une cellule prélevée dans un doigt de pied ou un spermatozoïde non fécondé ?... Hypothèse de science-fiction qui n'est pas absurde. Ce serait alors la fin de l'amour, le retour au point de départ, lorsqu'il y a trois milliards d'années la vie se reproduisait par bourgeonnement et n'avait pas encore inventé la sexualité ! Cas de figure déjà évoqué à propos du mode de reproduction des orchidées par bourgeonnement cellulaire.

Mais il y a plus curieux encore : les jacinthes d'hiver forcées produisent parfois un pollen aberrant, qui produit une cellule femelle fécondable ! Et somme, ce pollen se trompe de sexe, et faillit à tous ses devoirs; il montre que la transexualité n'est pas seulement une bizarrerie de la nature humaine, mais qu'elle existe déjà au niveau cellulaire. Autre fantaisie, autre caprice de la nature !

L'amour et le hasard

Le caractère automatique de la fécondation, après contact entre un spermatozoïde et une cellule femelle de la même espèce, semble éliminer chez les plantes tout chagrin d'amour, puisque la notion de choix, à ce stade crucial de la fusion des cellules sexuelles, n'apparaît pas. Pas plus d'ailleurs que dans le monde animal ou humain à ce niveau. Ce sont les individus qui s'aiment, non leurs cellules ! Ce sont eux qui se choisissent, tandis que leurs cellules sexuelles se rencontrent après l'acte d'amour, selon les lois du hasard, comme chez les fleurs ! Lové au cœur même de la vie, le hasard déjoue tous les calculs et, à la grande loterie du vivant, apporte à chacun, dès sa conception et dans l'œuf, son lot de bonnes et de mauvaises chances !

Chez les plantes, le hasard semble donc maître du jeu d'un bout à l'autre du processus de reproduction ! Les rencontres ont lieu au hasard de la pollinisation : pas d'attraction entre les sexes à ce niveau; pas de déséquilibre de couple entre celui qui aime et l'autre qui aime moins. Et si plusieurs grains tombent sur le stigmate, le hasard joue à nouveau pour désigner le vainqueur du concours des tubes, c'est-à-dire celui qui engage ses spermatozoïdes dans la fécondation, les autres avortant prématurément. Sauf cas très rare, où la nature pratique la pluripaternité et par une singulière coïncidence, c'est chez les « belles de nuit » que se produit ce phénomène!

Mais est-ce bien le hasard? Car ces hasards sont moins hasardeux qu'il n'y paraît; en regardant les choses de près, on retrouve derrière ces « hasards », les subtiles stratégies de séduction et d'approche, avec leurs bonnes et leurs mauvaises chances, décidément inséparables de tout phénomène sexuel, même au niveau cellulaire!

On peut certes considérer comme le fruit d'un hasard heureux, l'aboutissement d'un grain de pollen, sur le stigmate d'une fleur de son espèce... Les chances de tomber à côté sont tellement plus grandes, comme nous le verrons plus loin, que le tir au but est toujours une performance. Sauf dans des cas précis, comme celui des orchidées mimétiques où l'insecte vecteur de pollen est un excellent tireur : il vise au but à tous les coups. Il est vrai que le but est tellement alléchant!

Mais pour les tubes c'est une autre affaire! Le but, pour eux, c'est la cellule femelle à féconder, et c'est rarement celui qui part le premier qui gagnera le cœur de la belle! Car durant tout le processus de germination et d'allongement des tubes, de subtiles sécrétions hormonales diffusent dans les tissus de l'ovaire, favorisant la migration de tel tube plutôt que de tel autre. Comme aux courses, on ne connaît qu'à la dernière minute le nom du gagnant; car la cellule femelle reçoit bel et bien le mâle qu'elle a choisi, par le jeu subtil des détections hormonales de compatibilité ou d'incompatibilité décidément indissociable de tout problème de couple. Et le perdant est généralement le pollen venant de la même fleur ou du même individu, moyen par lequel la nature désapprouve l'inceste.

Ainsi ce qui apparaît à première vue comme pur hasard résulte souvent de déterminismes rigoureux. Le hasard n'est pas toujours où trop commodément on le met; faute d'avoir une explication meilleure à proposer.

Aussi, si les fleurs fécondées n'ont pas de chagrins d'amour, les pollens peuvent en avoir lorsque leurs spermatozoïdes, portés par un tube empressé et viril, voient leur tentative d'approche déjouée et contrariée par les réticences « chimiques » de la belle.

Les stigmates connaissent autant de déconvenues que les pollens : beaucoup restent vierges et d'innombrables ovules ne sont jamais fécondés parce que non visités ou non atteints par le pollen. Comme chez la femme non fécondée, ces ovules sont alors condamnés à rester stériles pour ne pas avoir été offerts en mariage : leur stérilité les condamne impitoyablement; ils avorteront sans jamais se transformer en graine, pas plus que les ovaires qui les contiennent ne fourniront de fruits, à moins qu'ils aient la bonne fortune d'appartenir aux rares espèces qui par des phénomènes hormonaux appropriés, naturels ou artificiels, forment des fruits par parthénogénèse : l'ananas, la banane, l'orange, les concombres opèrent ainsi et forment des fruits sans intervention de pollen et sans fécondation; ce qui les prive de pépins et améliore leur qualité alimentaire.

Où la femme mène le jeu

Le « comportement » du pollen mâle peut finalement s'analyser en deux séquences consécutives. Dans un premier temps il est entièrement neutre, livré aux éléments extérieurs qui assurent sa diffusion au pur hasard. C'est la pollinisation. Dans un deuxième temps, et dans l'hypothèse où il atterrit sur le stigmate d'une fleur de son espèce, son caractère mâle se révèle par une impulsion hormonale venant de l'ovaire et qui enclenche sa propre sexualité. La sexualité mâle est donc entièrement sous la dépendance de la présence immédiate de l'élément femelle. Le pollen ne se réveille, et n'émet son tube, qu'excité par le contact physique de l'ovaire! Il y a donc bien ici tentative de séduction! C'est à partir de ce stade que se fait la germination du pollen, que s'allonge le tube et que la fécondation peut avoir lieu. En fait, c'est tout l'inverse de la sexualité humaine, où c'est le contact du spermatozoïde qui entraîne l'ultime maturation de la cellule femelle. Une fois de plus, le monde vert est à l'envers.

Chez les plantes, l'élément mâle est donc comme endormi dans ses potentialités, qui ne sont éveillées que par la présence physique de l'élément femelle. L'instinct n'existe pas au niveau de la plante, mais seulement de ses cellules reproductrices. C'est là une grande différence avec le monde animal, où les pulsions sexuelles émanant du cerveau sont liées aux cycles hormonaux et aux phases de rut, qui ordonnent et conditionnent les rites, les rythmes et les saisons des amours. L'homme seul semble échapper à cette règle : car chez cet animal évolué, mais à l'instinct dénaturé, l'éveil des pulsions n'est plus régulé par des cycles, mais par la présence du partenaire, tant deviennent déterminantes les représentations psychiques et le rôle du cerveau! Mais les plantes n'ont pas de cerveau, donc pas d'imaginaire, pas de pulsion, pas de phantasme, pas d'idée lubrique. Toujours cette passivité végétale! Encore que cette passivité ne s'exerce pas à l'égard du convoyeur de pollen : l'amour s'exprime chez les fleurs par l'effort qu'elles déploient pour séduire ce précieux auxiliaire, qu'il s'agisse du vent, de l'oiseau ou de l'insecte. Car l'objectif, dans tous les cas, reste inchangé : amener le pollen sur le stigmate de l'ovaire et réussir ainsi la fécondation.

Cette pollinisation tout azimuth, c'est la rencontre par les petites annonces : on met une annonce dans un journal, comme une bouteille à la mer... Et on voit bien ce qui revient en retour : plus les réponses sont nombreuses, plus grandes sont les chances de succès. Le libellé aguichant de la petite annonce : c'est la fleur, son stigmate gluant, ses pétales attractifs, son parfum, son nectar. Et les réponses : les nuages de pollen où les escadrilles d'insectes qui s'abattent sur les fleurs. En foi de quoi, tout finit par un acte d'amour sinon par un mariage.

Les stigmates ont donc toutes les chances de recevoir du pollen : le tout est de savoir d'où il vient : de la même fleur ou d'une fleur du même pied, ou encore de fleurs d'autres pieds de la même espèce, ou enfin de fleurs appartenant à des espèces différentes. Car le vent, si c'est lui le vecteur, n'effectue aucun tri et sème le pollen « tout azimut ». Dans cette profusion et cette confusion, comment s'y reconnaître? Eh bien! le stigmate va faire le tri en organisant une sélection comme à un concours. Il met d'emblée hors jeu, en refusant de les reconnaître comme siens, les grains de pollen provenant d'autres espèces qui meurent sans germer et sans donner de tube. Car les stigmates ne reconnaissent que les pollens de leur espèce comme une serrure ne reconnaît que la clef faite pour elle : la taille et la forme des grains sont en conformation avec celles des papilles qui recouvrent les stigmates; et les sécrétions stigmatiques plus ou moins sucrées selon les espèces favorisent la germination du seul pollen spécifique et pas des autres. Seuls les pollens spécifiques s'engagent dans le petit jeu de la course des tubes et ont donc quelque chance de la gagner car eux seuls sont autorisés à concourir.

La procédure de choix du pollen prend parfois des allures inattendues. C'est le cas, par exemple, chez quelques fleurs d'origine américaine [1], assez proches de nos gueules-de-loup. Ces fleurs ouvrent leurs stigmates par deux expansions simulant deux fines lèvres : le moindre choc sur l'une de ces lèvres entraîne leur fermeture immédiate, dans un mouvement très rapide, de l'ordre de la seconde. C'est là un exemple spectaculaire de ce que les botanistes appellent des nasties [2]. Les nasties sont des mouvements dont le sens

1. *Mimmulus cardinalis* à fleurs rouges, *Mimmulus guttatus* à fleurs jaunes (Scrofulariacées).

2. Du mot grec signifiant : foulé, pressé.

n'est nullement lié à l'orientation du stimulus qui les déclenche : ces mouvements, en effet, s'effectuent toujours dans la même direction, et peuvent affecter les organes les plus divers. Dans notre exemple, c'est un contact, même léger, qui produit la fermeture des lèvres stigmatiques : cas particulier qualifié de « séismonastie », ou nastie provoquée par un choc... un séisme.

Or il suffit qu'un grain de pollen tombe sur le stigmate ouvert, pour déclencher immédiatement sa fermeture. Mais la fleur ne s'y trompe pas : qu'il s'agisse d'un pollen étranger, et le stigmate reprend sa position initiale d'ouverture, d'attente et d'accueil en un quart d'heure environ. Si, au contraire, le pollen reçu est bien de la même espèce, alors le stigmate, prestement refermé, demeure en cet état durant des heures, sa réouverture ne survenant que très tardivement, alors que le grain de pollen est déjà engagé dans la production de son tube. Ayant, si l'on peut risquer cette comparaison, dégluti son pollen, le stigmate, de nouveau en appétit, se remet en position d'attente.

Le refus des mariages consanguins

Dans le cas le plus simple, le pollen d'une fleur assure la fécondation en tombant sur le stigmate de la même fleur. Simple et efficace dans son principe, cette fécondation directe peut être désastreuse dans ses résultats ; car il s'agit d'un mariage consanguin. Le Code civil a d'ailleurs prévu cette incompatibilité en interdisant, sauf dispense, le mariage entre oncle et nièce *(a fortiori* entre frère et sœur), et le droit canon n'est pas en reste lorsqu'il l'interdit même entre cousins germains. L'antique tabou de l'inceste se fonde sur les mêmes bases biologiques. Mais ici, c'est pire encore : le pollen tombant sur le stigmate de la même fleur, c'est en fait un mariage avec soi-même ! Un acte d'auto-sexualité, qui s'apparente autant à la masturbation qu'à l'inceste, bien que n'étant l'homologue ni de l'une, ni de l'autre. Car les fleurs portant les deux sexes ne sauraient être comparées sur ce point aux animaux supérieurs.

La consanguinité fait courir au jeune individu le risque grave de voir s'additionner dans son patrimoine héréditaire, deux chromosomes porteurs de la même tare, l'un venant du père, l'autre de la mère. Car la descendance de deux parents ayant un proche ancêtre commun entraîne une grande ressemblance de leur patrimoine héréditaire respectif. Lorsqu'un tel accident se produit, l'être taré peut présenter des anomalies plus ou moins graves, entraînant parfois sa mort à brève échéance.

L'histoire célèbre de l'hémophilie à la cour d'Espagne illustre bien les risques que la consanguinité des parents fait courir à la descendance. Et l'on connaît le piètre état sanitaire de ces villages isolés qui de générations en générations marient entre eux cousins et petits cousins; et aussi le triste état des fils d'aristocrates du siècle dernier qui, pour conserver l'intégrité des patrimoines immobiliers par des mariages judicieux, avaient singulièrement compromis les patrimoines génétiques. Il est vrai que le hasard des rencontres mettait parfois sur le chemin d'un tel aristocrate, une paysanne égarée d'où résultait un solide bâtard propre à régénérer un sang fatigué!

Comme dans cet exemple, la nature aime mélanger les gènes; elle ne recourt à la fécondation directe qu'épisodiquement en cas de nécessité, et parfois seulement par exemple quand la fécondation croisée a échoué : la nigelle en donne un bon exemple. Cette fleur ornementale, abondamment cultivée dans les jardins, a été visiblement conçue pour la fécondation indirecte, par insecte interposé : la preuve en est que les parties terminales du pistil, réceptrices du pollen, sont situées très au-dessus des étamines; le pollen mûr ne peut donc pas tomber directement sur le pistil de la même fleur. Mais cet inconvénient disparaît chez les fleurs âgées qui n'ont pas réussi à être pollinisées. Dans ce cas, les parties terminales du pistil se recourbent vers l'arrière, et finissent par aller chercher dans les étamines ouvertes, les grains de pollen qui les féconderont. Voici une plante qui « fait l'amour », en organisant le contact physique entre les sexes comme le font les animaux; mais elle le fait à l'envers, puisque ce sont les organes femelles qui vont chercher le pollen à domicile. Curieux monde des plantes, ce monde « vert » qui fait tant de choses à l'envers. La campanule, en cas de nécessité, fait comme la nigelle, enroulant ses trois stigmates en crosses jusqu'à ce qu'ils viennent en contact du pollen ; certains lychnis, céraistres ou stellaires [1], en font autant. *Morina longifolia* une plante du Moyen-Orient, pratique même cette technique de manière habituelle. Tout se passe comme si ces fleurs préféraient prendre le risque de mettre au monde des descendants tarés, plutôt que d'assumer un célibat à coup sûr stérile. L'autofécondation, c'est donc un peu la « roue de secours », l'ultime recours quand la fécondation croisée n'a pu avoir lieu.

Nous avons déjà vu jouer ce phénomène chez *Ophrys apifera,* où les pollinies vieillies et détumescentes s'affaissent sur la partie réceptive du stigmate, lorsque l'insecte pollinisateur spécifique s'obstine à ne point paraître.

Heureux avantage de l'hermaphrodisme, de la possession des deux sexes par un même individu qui rapproche la plante de l'escargot mais non de l'homme! Encore que l'escargot ne s'autoféconde pas lui-même, mais s'accouple, comme le font aussi les vers de terre, porteurs des deux sexes. Car la fécondation directe est rare, même chez les hermaphrodites, animaux ou végétaux! Seuls quelques vers dont naturellement le ver solitaire, qui n'a pas le choix, et quelques mollusques pratiquent « l'amour à un », en s'autofécondant eux-mêmes. Les escargots préfèrent la « biaccolade », et

1. *Lychnis alpina, Cerastium arvense, Stellaria graminea.*

pour cela prennent tout leur temps : leurs amours lents peuvent durer des heures... Ce n'est pas comme le coq imbécile, si fier d'en avoir terminé en quelques secondes. Mais s'il ne sait pas goûter le plaisir, au moins ignore-t-il le sadisme. Les escargots, eux, le pratiquent, qui ne s'accouplent qu'après s'être violemment piqués mutuellement au moyen d'un organe ad hoc baptisé : « dard de l'amour ».

Il arrive pourtant que la fécondation directe soit inéluctable : c'est le cas des fleurs qui restent perpétuellement en bouton, n'éclosent jamais, et où la pollinisation s'effectue sans ouverture sur le monde extérieur. Les violettes donnent de telles fleurs en été, après avoir produit de nombreuses fleurs printanières parfaitement épanouies, qui font le bonheur des promeneurs et des butineurs. Celles-là exercent une puissante attraction sur les insectes, attirés par leur odeur, leur couleur et leur magnifique éperon, en forme de corne d'abondance, riche d'un savoureux nectar sucré. Quant aux fleurs d'été, c'est à croire qu'elles ne trouvent plus la force de s'épanouir, et restent à l'état semi-larvaire dans leur bouton clos. Il existe même une orchidée en Australie [1] qui vit, fleurit et fructifie entièrement sous terre et ne met jamais le nez dehors. On conçoit qu'ainsi recroquevillée dans le sol elle n'a d'autre ressource que de s'autoféconder elle-même !

A la limite, la fécondation directe peut, dans certains cas, devenir un avantage : par exemple pour une fleur solitaire, isolée, et sans partenaire à proximité. Celle-ci n'aurait aucune chance d'avoir une descendance, si elle n'était pas capable de se débrouiller seule. Les plantes marquent ici, par leur hermaphrodisme, un avantage décisif sur l'homme ou les animaux supérieurs. Car pour eux, le triste recours au plaisir solitaire ne débouche jamais sur une quelconque descendance !

En fait, les phénomènes d'autofécondation sont moins rares qu'on ne le croyait jadis. On sait par

1. *Rhizanthella gardneri.*

exemple que l'orge et le blé, à la différence du seigle, céréale assez fruste, n'ouvrent point suffisamment leurs fleurs pour permettre aux étamines de livrer leur pollen au vent, comme le font la plupart des graminées sauvages. L'autofécondation, là encore, est de règle, ce qui permet de conserver de génération en génération, pour l'orge par exemple, des races génétiquement pures, sans contamination par des pollens étrangers. Bien des plantes cultivées sont dans ce cas, même des papilionacées comme le haricot, le pois ou l'arachide, dont l'architecture florale est pourtant visiblement adaptée à la pollinisation par les insectes.

Il existe même des cas où la nature s'ingénie, semble-t-il, à provoquer la fécondation directe : l'épine-vinette, ou *Berberis,* dont on fait aujourd'hui si couramment des haies, possède de petites fleurs jaunes dont les étamines s'ouvrent curieusement par deux clapets, simulant, à l'ouverture maximale, deux oreilles dressées sur l'anthère. Il suffit qu'un insecte touche la base de cette étamine pour qu'aussitôt celle-ci se rabatte vers le stigmate : autre exemple de séismonastie. Mais ces mouvements brusques des étamines n'amènent pas nécessairement le pollen jusqu'à la partie fertile du stigmate. Chez le *Mahonia,* ce bel arbuste ornemental, très proche des *Berberis,* à feuilles persistantes semblables à celles du houx, le mécanisme du mouvement a été étudié avec beaucoup de soin. Les six étamines de la petite fleur jaune sont normalement étalées en une couronne doublant la corolle. Les abeilles fréquentent abondamment ces fleurs qui s'ouvrent très tôt au printemps, et y prélèvent pour se nourrir du nectar, mais aussi du pollen. En touchant la base des étamines, elles déclenchent un mouvement rapide, qui enduit leurs trompes de pollen, pollen qu'elles s'affairent ensuite à rassembler en boules ou en « culottes », autour de leurs pattes. Quant aux étamines, leur rabattement vers le centre de la fleur sous l'effet de ce contact s'effectue avec une rapidité saisissante : il faut moins d'un dixième de seconde pour que le mouvement s'effectue, et c'est là sans doute un record de mobilité dans le monde végétal, si faussement considéré comme perpétuellement immobile. Le cinéma montre bien qu'il n'en est rien, lorsque la technique de la prise de vue image par image nous permet de saisir, dans toute leur grâce, l'épanouissement des fleurs ou la germination des graines en rythme accéléré. Mais point n'est besoin ici de telles techniques : les étamines du *Mahonia* se détendent comme un arc au moindre contact, fût-ce celui d'un cheveu ! Et celles de la rue se livrent à un ballet plus étrange encore mais plus lent : en mûrissant, une étamine se dresse vers le centre de la fleur ; puis une autre étamine vient, par le même mouvement, la heurter de front et la remettre en place : cet étrange jeu de quilles se poursuit jusqu'à ce que chaque étamine ait ainsi fait sa révérence, en se dressant pour en heurter une autre ; le calme revient alors, après cet énigmatique ballet homosexuel !

Personne n'a pu encore expliquer le mécanisme de ces brusques mouvements dont on sait tout au plus qu'ils sont déclenchés, dans la plupart des cas, par un ou plusieurs contacts avec des cellules particulières, dont les membranes sont munies de ponctuations ou de papilles dites « tactiles », sortes d'expansions bien visibles au microscope. Quant à la manière dont l'impulsion localisée en un point se transmet à l'organe tout entier pour induire son mouvement, cela demeure un des grands mystères de la biologie végétale. Tout au plus, comme le constate A. Tronchet [1], éminent spécialiste de la question, peut-on noter, sous toute réserve, que certains médiateurs chimiques du système nerveux des animaux, comme la sérotonine ou la noradrénaline, ont été décelés dans les tissus végétaux, et à concentration plus élevée dans les organes doués de réactions motrices après excitations mécaniques [1]. D'où la question : quel mécanisme physiologique, quel

1. A. Tronchet, *La Sensibilité des plantes,* Masson, 1977.

système de communication du stimulus peuvent-ils expliquer ces phénomènes de transmission de l'information ? Et si des médiateurs chimiques comme la sérotonine ou la noradrénaline sont vraiment en cause ici, on est en droit de se demander s'il n'existerait pas chez les plantes quelque subtil réseau de communication qui nous échapperait encore totalement... On tombe alors sur les histoires fameuses touchant à la sensibilité des plantes qui préféreraient telles musiques ou telles personnes plutôt que telles autres ; et notamment sur les expériences de Backster qui laissent la plupart des scientifiques hostiles et d'autres, comme l'auteur, rêveurs : car il est tout de même difficile de croire que les plantes lisent nos pensées, souffrent comme nous, savent être fidèles et ont même besoin d'être aimées, ou encore, qu'elles ont peur de la flamme ou dc la lamc qu'on approchc d'cllcs ! Mais, aprcs tout, pourquoi pas...[1] ? Car certains faits sont troublants : on sait par exemple que les ultrasons stimulent la croissance des plantes ; et il semble établi qu'on transplante mieux un arbre en l'anesthésiant. La science touche ici à la fiction ; mais il faut se souvenir que Jules Verne ne s'était pas trompé et que beaucoup de ses rêves sont devenus réalité : seules, donc, des expérimentations rigoureuses permettront de trancher ce passionnant débat.

Heurs et malheurs de la promiscuité

Si la fécondation directe n'est pas rare chez les plantes, il n'empêche que de nombreuses fleurs ont

1. Voir deux ouvrages de vulgarisation, sans références scientifiques rigoureuses, de Peter Tompkins et Christopher Bird : *La vie secrète des plantes*, Robert Laffont, 1975, et *De la musique et des secrets pour enchanter vos plantes*, livre-disque, Tchou, 1978.

inventé d'habiles stratagèmes pour rendre improbable, voire impossible, la fécondation directe. Darwin avait été frappé par ce grand déploiement d'imagination, montrant à l'évidence que la « nature a horreur de la fécondation directe », dans la mesure où celle-ci provoque « un amoindrissement de force et de fertilité ». De fait elle a plus d'un tour dans son sac pour la contrarier ou l'empêcher.

La méthode la plus sûre est évidemment la séparation des sexes : de ce point de vue les espèces où l'on distingue des individus mâles et des individus femelles – cas assez rare chez les plantes à fleurs – marquent un progrès certain sur les autres : la fécondation croisée y est obligatoire. C'est dans cette voie que se sont engagés les animaux où, très tôt dans l'évolution, bien avant les vertébrés, les sexes sont portés par des individus différents. Mais dans le règne végétal, l'évolution ne semble pas avoir choisi cette direction : les plantes à sexes séparés représentent moins de dix pour cent de la flore totale et se rencontrent le plus souvent dans des groupes primitifs ou isolés : c'est le cas de l'if, du dattier, des saules, des peupliers, de l'ortie, du houblon, des papayers, des asperges, espèces où l'on distingue des pieds mâles et des pieds femelles, des messieurs et des dames. Il semble que ce caractère résulte de la perte d'un sexe par des espèces dont les ancêtres étaient bisexués; car on retrouve souvent sur ces fleurs des traces du deuxième sexe, formule apparemment heureuse que des plantes minoritaires mais « intelligentes » auraient adoptée en quelque sorte dans le sillage des animaux. Ce qui n'empêchait pas les groupes majoritaires, fussent-ils par ailleurs très évolués, de rester hermaphrodites. Car chez la plupart des fleurs, la promiscuité des sexes est la règle, ce qui n'a d'ailleurs aucunement nui à leur formidable expansion! Serait-ce que cette promiscuité, en apparence fâcheuse, comporterait aussi quelque avantage compensant le risque de la fécondation directe? A bien y réfléchir, cet avantage tombe sous le sens : dans les espèces à individus différents, les pieds mâles perdent toute utilité dès la fécondation accomplie. Ils représentent un grand gâchis de matière première, d'énergie et d'espace. Sur une même surface, des hermaphrodites auront donc deux fois plus de descendants que des unisexués, à supposer tout autre facteur égal par ailleurs, puisque dans le deuxième cas la moitié des individus, les mâles, restent sans enfants. L'unisexualité, en revanche, se conçoit mieux chez les animaux supérieurs où la nature dévolue un rôle à chaque sexe, organisant souvent leur complémentarité, après la fécondation, dans l'éducation des petits; même si la culture récente s'amuse, dans nos sociétés hyperévoluées, à les intervertir à plaisir; ce qui s'avérera tôt ou tard une erreur. Mais chez les fleurs, faire un individu mâle, positivement cela ne vaut pas le coup! Il a si peu à faire. Son pollen émis, il ne sert plus à rien, et devient pour la nature un consommateur inutile. Mieux valait favoriser les hermaphrodites, ce que la nature ne manqua pas de faire, quitte à s'arranger pour contrarier par divers stratagèmes l'autofécondation. Ce qu'elle fit aussi, et avec quel luxe d'imagination!

La méthode la plus efficace consiste à rendre la fleur autostérile. Quoi de plus simple pour éviter l'autofécondation : il suffisait d'y penser. Le bouton d'or, le thym, la lavande sont dans ce cas : le pollen d'un individu est incapable de féconder les pistils des fleurs du même indidivu. La fécondation croisée est alors rigoureusement obligatoire. Dans les espèces autostériles, qui semblent nombreuses, la germination du pollen est inhibée s'il féconde le pistil de la même fleur, ou d'une fleur du même pied ce qui génétiquement revient au même : il semble que pollen et pistil possèdent, s'ils sont du même pied, une même substance protéique : lorsque ces molécules se « reconnaissent » la germination du pollen est bloquée aussitôt. Il existe des races de poiriers, pommiers et abricotiers autostériles et qui ne peuvent être fécondées que par des pollens d'autres variétés; d'où le risque de planter un verger avec de jeunes arbres tous issus d'un même individu, par bouturage par exemple. Les descendants étant identiques à leur unique parent, le verger sera entièrement stérile !

Par le mécanisme de l'autostérilité, la nature impose sans discussion la fécondation croisée obligatoire, celle dont les descendants, toujours selon Darwin, présentent la « vigueur hybride ». L'addition du patrimoine héréditaire de deux individus, plantes ou autres, sans liens de parenté entre eux, conduit en effet, comme d'innombrables expériences l'ont confirmé, à des individus en général plus forts et plus sains.

Aussi beaucoup de « trucs », dans la nature, favorisent ce type de fécondation, même s'ils n'ont pas toujours l'efficacité absolue de l'autostérilité.

Les avantages de l'éjaculation précoce

Un premier dispositif consiste à séparer la maturation des sexes dans le temps : sur une même fleur, un sexe mûrit avant l'autre. La grande famille des composées illustre le cas où les étamines sont mûres avant le pistil. La perfection du système mérite qu'on s'y arrête. Les fleurs de composées sont groupées en organes denses, simulant à s'y méprendre une fleur simple, et qu'on appelle le capitule : le pissenlit, la marguerite, la chicorée sauvage en sont des exemples. Chacune des fleurs de ce capitule possède cinq étamines soudées en une sorte de cylindre. Lorsqu'en mûrissant la partie terminale du pistil s'allonge, elle traverse ce cylindre et ramasse sur ses poils les grains de pollen mûrs à la manière d'un écouvillon. Ce n'est qu'après avoir traversé entièrement ce cylindre, au moment où la partie terminale du pistil émerge au sommet, que celle-ci se divise en deux lobes susceptibles de recevoir le pollen. Ces deux lobes se déploient en crosse, mais ne peuvent plus être fécondés directement car le pollen est resté accroché sur les poils situés en-dessous. La fécondation directe est donc impossible.

Les Centaurées sophistiquent même le système : pour assurer une parfaite émission du pollen sur les poils de l'écouvillon stigmatique, les filets poilus des cinq étamines formant cylindre sont sensibles au choc que produisent les insectes à la recherche du nectar : ces filets se raccourcissent, de sorte que le manchon staminal se contracte et s'abaisse, balayant les poils de l'écouvillon. C'est donc un double mouvement qui entraîne ici le captage du pollen par les poils stigmatiques : dans un premier temps, au moment de l'ouverture des étamines, le mouvement du cylindre staminal vers le bas, et, dans un deuxième temps, le développement du stigmate et sa progression vers le haut, à travers le cylindre.

Or, ce remarquable stratagème, comme d'ailleurs celui des autres fleurs de composées, rate son objectif. Certes, il rend impossible la fécondation directe au niveau d'une fleur. Mais il se trouve que toutes les fleurs du capitule ne mûrissent pas en même temps et ne sont pas du même âge. Les fleurs externes s'épanouissent avant les fleurs centrales. Celles-ci sont encore des tubes jaunes fermés et comme encapuchonnés à leur extrémité, tandis que celles du bord montrent déjà leurs tubes ouverts, d'où émerge le stigmate récepteur déployé en deux crosses symétriques. Le décalage de l'âge des fleurs compense donc le décalage de la période de maturation de leurs organes, et annule les effets escomptés, de sorte que l'autofécondation entre fleurs du même capitule, mais d'âges différents, peut se faire sans difficulté. Il suffit qu'une abeille piétine ce capitule pour véhiculer le pollen de fleur en fleur et réussir la fécondation. La nature, on le voit, rate ici son but : l'essai est intéressant, mais non concluant. Il s'inscrit dans la longue série des échecs et des impasses qui jalonnent l'histoire de la vie. Les scabieuses par contre ont réussi là où les composées ont échoué. Ces plantes disposent aussi leurs petites fleurs violettes en capitules ; mais elles mûrissent toutes en même temps, de sorte que le capitule est d'abord exclusivement mâle, puis exclusivement femelle. Le but est donc atteint et l'abeille assurera la fécondation croisée en circulant d'un capitule à l'autre.

Mais il se trouve que toutes les fleurs du capitule ne mûrissent pas en même temps et ne sont pas du même âge. Les fleurs externes s'épanouissent avant les fleurs centrales. Celles-ci sont encore des tubes jaunes fermés et comme encapuchonnés à leur extrémité, tandis que celles du bord montrent déjà leur tubes ouverts, d'où émerge le stigmate récepteur déployé en deux crosses symétriques. Le décalage de l'âge des fleurs compense donc le décalage de la période de maturation de leurs organes, et annule les effets escomptés, de sorte que l'autofécondation entre fleurs du même capitule, mais d'âges différents, peut se faire sans difficulté. Il suffit qu'une abeille piétine ce capitule pour véhiculer le pollen de fleur en fleur et réussir la fécondation. La nature, on le voit, rate ici son but : l'essai est intéressant, mais non concluant. Il s'inscrit dans la longue série des échecs et des impasses qui jalonnent l'histoire de la vie. Les scabieuses par contre ont réussi là où les composées ont échoué. Ces plantes disposent aussi leurs petites fleurs violettes en capitules; mais elles mûrissent toutes en même temps, de sorte que le capitule est d'abord exclusivement mâle, puis exclusivement femelle. Le but est donc atteint et l'abeille assurera la fécondation croisée en circulant d'un capitule à l'autre.

Pour les arbres, il faut naturellement que toutes les fleurs arrivent en même temps au même stade pour rendre impossible la fécondation de deux fleurs du même pied. Cela se produit chez l'avocatier, le litchi et un jujubier sauvage [1] de Palestine dont on dit qu'il aurait fourni la couronne d'épines du Christ. Ces arbres présentent deux sortes d'individus : les uns précoces ouvrent leurs fleurs le matin et libèrent leur pollen aus-

1. *Ziziphus spinachristi.*

sitôt, puis maturent leur pistil le soir; les autres tardifs ne s'ouvrent que le soir pour libérer leur pollen et ne maturent leur pistil que le lendemain matin. Par ce chassé-croisé, le pollen d'un arbre ne peut que féconder les pistils d'un autre arbre grâce au va-et-vient des insectes entre les deux types. Aussi est-il nécessaire dans les plantations d'avocatiers, de planter quelques arbres de type contraire, faute de quoi il n'y aurait ni pollinisation, ni graine, ni fruit.

On voit ici l'essai évolutif amorcé chez les composées : atteindre entièrement son objectif, alors que de nombreuses tentatives dans le même sens sont restées vaines. Ce qui nous donne une idée du coût du progrès, du nombre incroyable de tentatives avortées et d'échecs par lesquels se solde une invention réussie.

On trouve un dispositif similaire chez les épilobes et les betteraves où les étamines s'ouvrent avant les stigmates. Et un dispositif inverse, chez les fleurs telles que les *Thalictrum*, les azarets, les luzules, la scrofulaire noueuse où le chassé-croisé se joue dans l'autre sens puisque ce sont les stigmates qui mûrissent cette fois avant les étamines.

Mais ces cas sont beaucoup plus rares, et cela se conçoit aisément; il suffit de voir s'ouvrir une fleur : les sépales s'écartent, puis les pétales se déploient; les étamines alors se dressent, et enfin le pistil apparaît au centre. Bref, la fleur s'ouvre et murît ses organes des bords vers le centre, du dehors au dedans. Il est donc logique de voir les étamines à point, alors que le pistil ne l'est pas. Comme chez l'homme, le sexe mâle est prêt à émettre avant que le partenaire femelle ne soit tout à fait en état de recevoir. L'éjaculation précoce est fréquente dans la nature qui, introduisant avec la sexualité le jeu à deux, introduit du même coup la dissymétrie sous toutes ses formes. Dans ces exemples, la dissymétrie est chronologique.

Pour rendre parfaitement efficace le système de décalage chronologique au profit de la fécondation croisée, certaines plantes ne lésinent pas sur les moyens, et pratiquent l'autocastration : un saxifrage [1] se débarrasse de ses étamines après émission du pollen; ce n'est que quand les grains résiduels de la fleur ont perdu leur pouvoir germinatif que le pistil devient réceptif, rendant rigoureusement impossible l'autofécondation.

Mais cela suppose que la fécondation croisée ait lieu. Sinon, l'avantage devient un inconvénient. C'est pour parer à ce risque que la rue a pris ses précautions : elle émet son pollen bien avant la maturité du stigmate. Mais, si ensuite, celui-ci devait ne pas être pollinisé, quelques étamines, flétries entretemps, entrent à nouveau en érection et viennent toucher le stigmate, pratiquant l'autofécondation.

La nature, qui chez ces plantes a organisé le décalage dans le temps de la maturation des sexes, a organisé chez d'autres leur séparation dans l'espace : elle tente alors de créer une barrière infranchissable entre le pollen et le pistil de la même fleur. L'obstacle n'est plus temporel mais spatial; il n'est plus chronologique, mais physique : tel est le cas des orchidées où l'intervention d'un insecte est impérativement nécessaire pour faire passer le pollen de l'arrière de la fleur, où il est maintenu, à l'avant où se trouve le stigmate fertile, séparé de l'étamine par une languette formant barrière et empêchant toute fécondation directe.

Les *Calotropis,* très belles plantes à grandes feuilles glauques répandues du Sahara jusqu'en Inde, présentent les mêmes exigences que les orchidées. L'insecte qui, dans la région de Dakar, les féconde, le xylocope, se livre à une gymnastique compliquée pour s'emparer du pollen qu'il amène d'une fleur à l'autre : car dans cette espèce le pollen est entièrement séparé du stigmate, et la fécondation directe matériellement impossible.

Les primevères et le lin ont mis au point un dispositif tout à fait ingénieux et, dans le deuxième cas surtout, extrêmement efficace. L'observation du coucou printa-

1. *Saxifraga aizoïdes.*

nier révèle l'existence de deux sortes de fleurs; les unes ont des pistils surmontés d'une « antenne à pollen » très longue, alors que leurs étamines sont au contraire très courtes et situées en-dessous de cette partie réceptrice au fond du tube. Dans ces fleurs la fécondation directe par simple chute du pollen est impossible. D'autres fleurs possèdent, au contraire, un pistil à « antenne » très courte surmonté par les étamines qui portent le pollen jusqu'au niveau de l'ouverture du tube : théoriquement, dans ce cas, la fécondation directe semble possible par simple chute du pollen sur le pistil. Or, elle ne l'est pas, et l'expérience montre que seules des fleurs de types opposés peuvent se polliniser, la pollinisation directe entre fleurs de même type s'avérant absolument impossible : car la cellule femelle, par ses sécrétions hormonales, sélectionne à son gré le pollen : Darwin avait déjà observé que, si l'on place du pollen « illégitime » sur un pistil de primevère, vingt-quatre heures avant d'y mettre du légitime, c'est ce dernier, bien qu'arrivé plus tard, qui réussit la fécondation. La cellule femelle n'accepte que le pollen de type opposé, de sorte qu'à la limite, on peut se demander à quoi servent les différences morphologiques entre les pistils des fleurs! Aussi, *Armeria maritima,* une plante du bord de mer, se dispense-t-elle de cet effort, et ne fait plus qu'un type de fleur mais différencie les pollens et les stigmates, de telle manière qu'ils ne se fécondent qu'entrecroisés, comme chez la primevère. Quant à la salicaire, elle fait l'inverse et s'amuse à compliquer les choses en faisant trois types de fleur, et trois sortes de pollen!

Malgré ces stratagèmes plus ingénieux les uns que les autres, fécondation directe et fécondation indirecte s'effectuent dans bien des cas simultanément : tandis que certains grains de pollen fécondent la fleur dont ils proviennent et des fleurs voisines du même individu, d'autres sont emportés au loin par les insectes ou par le vent et fécondent les fleurs d'autres individus. Ce qui risque d'être perdu ici est rattrapé là. L'espèce, en ne mettant pas tous ses œufs dans le même panier, compense quelques mariages consanguins par de nombreux mariages légitimes.

Les multiples visages de l'amour

A parcourir la riche diversité des cas particuliers et des inventions originales que nous venons d'examiner, on retire une impression générale de grande indécision. Tout se passe comme si la nature n'était pas au clair avec elle-même. En tout cas, elle refuse les choix trop simples et se ménage toujours une porte de sortie : d'une part, en faisant de l'hermaphrodisme la règle, elle rapproche les sexes, non seulement sur un même individu, mais dans un même organe, la fleur; mais d'autre part, elle s'ingénie à contrarier l'issue normale de cette stratégie : la fécondation directe, qu'elle semble condamner, mais seulement du bout des lèvres. Car elle se garde bien de l'interdire strictement! Que deviendrait la fleur solitaire, sans cet ultime recours?

Dès lors qu'elle est immobile, elle serait impitoyablement condamnée au célibat. La promiscuité des sexes qui est de règle chez les fleurs compense donc l'inaptitude à voyager à la rencontre d'un partenaire, même si la nature préfère visiblement cette dernière solution. Mais on conserve le sentiment qu'ici, la nature n'a pas fait le choix clair qu'elle a fait chez les animaux supérieurs : les sexes y sont portés par des individus différents que rapproche la saison des amours. La qualité génétique de la descendance y gagne, mais la vie n'en est pas plus facile pour autant. Car les animaux dépensent une énergie considérable à tenter de reconstituer l'unité perdue, grâce à laquelle passera durant un court instant le courant vital. Chaque espèce organise à sa manière la rencontre des sexes, et l'humanité n'est pas en reste : non seulement l'appétit sexuel n'est plus chez elle rythmée par les phases de rut, mais en plus la riche diversité des traditions religieuses et culturelles complique et enchevêtre comme à plaisir les multiples stratégies de la quête permanente de l'autre. Désir éperdu qui, des formes les plus dégradées de la sexualité aux manifestations les plus nobles de l'amour, exprime le désir inconscient de se fondre dans l'unité perdue en trouvant l'autre moitié de soi. Coupé en deux par la séparation des sexes, l'homme n'en finit plus de se chercher, et ne se trouve jamais tout à fait. D'où cette soif propre à la condition humaine perpétuellement condamnée à vivre en deça de ses rêves et de ses espérances. Incomplétude et infinitude : « L'homme est un dieu tombé qui se souvient du ciel », disait le poète !

Mais l'on entend déjà venir la critique : comparée à l'énergie dépensée à la défense du territoire, à la quête de la nourriture, les efforts engagés pour assurer la reproduction ou trouver « sa » moitié restent somme toute dans des limites acceptables. Certes ! Quant aux joies des grands élans du cœur, des grandes amours : que serait l'humanité sans ces sommets auxquels chacun à tout moment aspire? Et s'il feint de n'y aspirer point, car ne plus croire à l'amour est aujourd'hui une maladie contagieuse et souvent bien portée, disons-le tout net : quelque chose en lui, au tréfonds de son cœur, y croit toujours... Reste l'unité perdue, celle des temps primordiaux de l'océan primitif, avant la séparation de l'animal et de la plante, du mâle et de la femelle. Il fallut la chute d'Adam pour que le couple initial découvrit « qu'il était nu »... Et nous le sommes toujours. Aussi nous précipitons-nous l'un vers l'autre pour nous réchauffer, pour rire ou pour pleurer. Sexualité, signe de contradiction au cœur même de notre condition, et que nous portons en nous, dans la joie ou dans les larmes, pour le meilleur ou pour le pire. La refuser, c'est mourir : car qui fait l'ange fait la bête.

L'user c'est se détruire : car Lucifer a la ruse et la beauté des anges de la nuit. La vivre sereinement dans l'amour partagé, c'est s'accomplir dans le meilleur de notre condition humaine.

Les fleurs au contraire n'ont pas nécessairement besoin d'une autre fleur pour se reproduire. Elles peuvent, dans la plupart des cas, se suffire à elles-mêmes. C'est alors l'amour parfait... Pas tout à fait cependant car il comporte ses risques de consanguinité, amour que la nature contrarie de multiples manières, sans toutefois y parvenir tout à fait. Car rien n'est parfait en ce monde, et ce qui semble l'être, à y regarder de près, ne l'est pas non plus. La diversité des comportements sexuels chez les fleurs laisse finalement une impression générale de tâtonnements et d'exploration largement ouverts aux initiatives. Car c'est une caractéristique du monde des fleurs que d'avoir évolué en quelque sorte tout azimuth, d'avoir exploré les voies les plus diverses, de n'avoir pas creusé un seul sillon, et finalement de n'avoir pas mis tous les œufs dans le même panier. D'où les difficultés dans lesquelles se débattent les botanistes pour tenter de mettre un peu d'ordre dans le riche entrelac des familles botaniques qui bourgeonnent comme un chou-fleur dans toutes les directions, sans qu'un axe évolutif dominant puisse s'y déceler. Certes, quelques lois générales ont pu être établies : nous les dégagerons au fur et à mesure de notre exploration. Mais on est loin de la belle ordonnance verticale du monde des vertébrés, dont les lignées évolutives s'ordonnent avec rigueur et que les fossiles permettent de reconstituer avec une relative précision dans son évolution et dans son histoire.

Les plantes donnent une impression plus floue; elles prennent de plus grands risques, n'hésitent pas à explorer des routes périlleuses, tentent des essais évolutifs dont beaucoup se soldent par des demi-échecs.

Qu'importe au demeurant si, dans une société végétale, des croisements malheureux conduisent à des individus chétifs ou tarés; la vie se charge de les éliminer promptement par le jeu de la sélection naturelle, car elle n'est pas à une plante et même à une espèce près, et n'hésite pas à détruire ce qu'elle a créé. C'est la loi du Ying et du Yang, l'éternel combat de Vichnou créateur et de Shiva destructeur. Les individus les plus faibles seront emportés par la compétition sévère avec les êtres sains, compétition qu'ils ne sont pas en mesure de soutenir et qui fera leur perte. Seuls les plus forts survivent. C'est ainsi que la nature répare sans cesse ses propres erreurs, avec une cruauté biologique qui à la fois inquiète et rassure.

Les sociétés humaines ne sont d'ailleurs pas épargnées par cette loi impitoyable à laquelle elles tentent laborieusement d'échapper! L'expérience de la vie quotidienne montre assez combien il est difficile de faire tomber au-dessous d'un certain seuil ces accidents biologiques que sont les monstres, les anormaux frappés de tares congénitales, voire les criminels. Toute population naturelle possède cette marge obscure d'individus chétifs et misérables; car il n'y a pas de vie sans risque, donc sans échecs.

L'originalité foncière de l'homme est de prétendre transcender cette loi d'airain, en protégeant les faibles pour les soustraire à cet asservissement. Mais soyons réalistes : en chacun de nous « l'animal » est là, vigilant et actif, car nous n'en sommes qu'aux premiers balbutiements de l'émergence humaine; dans la lutte pour la vie c'est le plus fort qui gagne, et s'il protège le faible, imaginerait-on un seul instant qu'il prie celui-ci de bien vouloir prendre sa place? Les promotions et les élections se font toujours et partout au profit des plus forts, que cette force s'appelle argent, intelligence, ruse, sens des affaires et même parfois sens moral. Seuls les saints cassent l'équilibre biologique, sacrifiant tout à un « au-delà » d'eux-mêmes : peut-être sont-ils le modèle de l'homme accompli, cet homme « transbiologique » que certains entrevoient en scrutant l'avenir lointain, aux confins du temps?

Mais, pour l'instant, l'immense masse humaine reste

asservie, sans en être toujours vraiment consciente, aux barbares tyrannies des lois biologiques, à peine adoucies par l'expérience et le labeur des générations qui nous ont précédés. L'homme accompli est loin devant nous. Et nul ne sait s'il réussira jamais à éclore en ce monde.

CHAPITRE 8

La longue marche du pollen

Un service postal fantaisiste mais efficace

Les plantes partagent avec les animaux une obsession, se reproduire pour perpétuer l'espèce. L'homme, seul dans ses sociétés les plus évoluées, rompt avec cet impératif catégorique de la vie. Confronté aux problèmes de surpopulation, il entreprend de planifier les naissances. Mais pas toujours où il faut et généralement d'abord dans les pays les plus riches, donc les plus aptes à nourrir leurs habitants. Singulière contradiction et perpétuelle ambiguïté du progrès, cette arme à double tranchant.

Les plantes, elles, n'ont pas de telles préoccupations; tous leurs efforts visent au contraire à réussir la fécondation. La chute du pollen porteur des cellules mâles sur l'organe femelle, le pistil, est la condition nécessaire, mais pas toujours suffisante, de ce succès. Et pour assurer le transport du pollen, les fleurs mettent en œuvre un luxe extraordinaire de moyens. Leur architecture, leur fonctionnement visent uniquement cet objectif essentiel : le succès de la pollinisation, donc de la fécondation et de la survie.

Le pollen végétal est parfaitement adapté au voyage qu'il va devoir effectuer. Son rôle fut longtemps méconnu et l'excellent botaniste J.-P. de Tournefort croyait encore, au XVIIe siècle, qu'il était une substance inerte et inutile juste bonne à être rejetée par ces organes d'excrétion qu'étaient à ses yeux les étamines... En somme les excréments de la plante!

Le service postal du pollen

Or le pollen est un sanctuaire de la vie. Formé d'une unique cellule qui, en germant sur le stigmate du pistil, fournira un tube vecteur de deux spermatozoïdes, il évoque l'origine monocellulaire et marine des plantes, la spore des algues, des mousses ou des fougères dont il est l'homologue. Cette cellule est fortement déshydratée, afin de pouvoir résister à l'état de vie latente pendant le trajet, à la manière d'une graine, jusqu'au moment de sa germination. Elle est aussi soigneusement protégée par une membrane épaisse munie de spicules, de ponctuations ou d'autres ornementations que le microscope électronique révèle dans toute leur beauté. Chaque espèce possède un pollen original qui permet de l'identifier. Car dans les légères variations de structure que présentent les pollens, la nature s'en est donnée à cœur joie, laissant gambader son imagination à l'infini. Il est à peine croyable que chaque espèce ait pu inventer son propre pollen, quand on sait qu'il existe environ 250 000 espèces de plantes à fleurs et que leur pollen n'est jamais formé que d'une seule cellule... 250 000 variations dans l'architecture et le squelette d'un être unicellulaire, voilà qui laisse rêveur !

Et l'on va voir les fleurs déployer des trésors d'imagination non moins impressionnants pour assurer le service du pollen, l'un des grands services publics du monde des plantes... une sorte de poste qui transporterait une masse énorme de courrier, bien que ce courrier n'eût pas d'adresse... On fait confiance au transporteur et au hasard : il finira toujours par arriver quelque chose à destination, à condition d'en expédier beaucoup. Qu'importe alors si des sacs entiers, des sacs de pollen s'entend, ne sont jamais livrés et n'arrivent jamais à destination. Dans l'œuvre de la pollinisation la nature n'est pas regardante : elle se fie au hasard, néglige, gaspille.

N'importe quel grand service public aurait déjà fait faillite dans de telles conditions. Pourtant du courrier arrive, des stigmates sont pollinisés et la vie continue... Tout est affaire de proportion. Même quand tout va mal, si on envoie des millions de lettres, il finit toujours par en arriver quelques milliers à leurs destinataires. Les facteurs ont tout de même une conscience professionnelle...

Le premier type de facteur, de loin le moins sûr, le plus fantaisiste, c'est le vent. Les transports amoureux de Zephir et de Flore étaient déjà célèbres dans la mythologie grecque, même si les transports en question ne désignaient sans doute pas le transport du pollen...

Dès lors que les fleurs confient au vent le soin de livrer leur pollen, elles rompent du même coup l'alliance qui liait leurs ancêtres aux insectes. Plus de noce entre l'insecte et la fleur, donc plus de robes blanches ou d'habits chamarrés : la fleur désormais sans pétales offre le triste spectacle de sa nudité. Comme il n'y a plus d'insectes à séduire, il n'y a plus lieu non plus de mettre en œuvre les grandes stratégies de la séduction : nectar, couleurs, parfums. Et comme il n'y a plus de comportement à adopter, en réponse aux avances de l'insecte, à ses attitudes et à ses stratégies d'approche et de prélèvement, il n'y a plus lieu non plus d'adapter la forme et la configuration de la fleur à son anatomie et à ses mœurs. D'où la grande simplicité des fleurs de vent, infiniment moins compliquées que les fleurs à insectes. Ces fleurs ne sont plus en relations avec les animaux... elles n'ont donc plus besoin, si l'on peut dire, de s'animaliser pour séduire; plus besoin de se vêtir de robes somptueuses, de se parfumer, de se farder. Il leur suffit de s'abandonner sans effort à la douceur de la brise ou à la fureur du vent, ce qui n'exige pas le déploiment de grands trésors d'imagination; méthode des espèces paresseuses qui ne croient pas devoir se mettre en frais pour attirer les insectes pollinisateurs; d'où une grande simplicité d'être et de manière.

Mais que faire, s'il n'y a pas de vent? Les orties semblent s'être posé la question, et y ont répondu à leur manière : dans leurs boutons les filets des étamines sont tendus comme des ressorts : l'éclosion du bouton provoque l'explosion, par brusque détente, des sacs à pollen qui éjectent tous leurs grains à l'extérieur. Une autre fleur de la famille de l'ortie [1] en fait autant : l'émission brutale du pollen, au moindre contact, lui a valu le nom suggestif de « fleur pistolet » ou de « plante artilleuse », tant l'explosion de ses étamines est spectaculaire. La mercuriale annuelle fait encore mieux puisqu'elle éjecte à plusieurs dizaines de centimètres ses fleurs mâles toutes entières; celles-ci s'ouvrent pendant le vol et libèrent de petits nuages de pollen. Le stratégème des orties et des mercuriales, toutefois, n'a fait guère d'émules. Car les plantes préfèrent s'abandonner passivement à la caresse du vent, selon la loi du moindre effort.

Une pollinisation « tout azimuth »

Laisser au vent le soin de transporter le pollen d'une fleur à l'autre, c'est se fier au hasard et accepter le risque d'un énorme gaspillage : car la probabilité pour un grain d'arriver à bon port, d'atteindre le stigmate d'une fleur de la même espèce est faible. Mais la nature compense ce handicap en produisant le pollen à profusion et en le dispersant à tout vent; on a pu calculer qu'un massette émet chaque année 175 millions de grains et un noisetier 500 millions. Un seul chaton mâle de bouleau en contient plus de 5 millions! Belle prodigalité : là où un grain est nécessaire, la nature en fabrique 1 million!

Chez les espèces pollinisées par le vent, la plante semble préférer l'état unisexué, ce qui lui permet de fabriquer beaucoup plus de fleurs mâles, que de fleurs femelles. C'est le cas de tous les arbres à chatons. La

1. *Pilea muscosa.*

nature, on le voit, est ici logique avec elle-même. Elle ne se préoccupe guère non plus de rentabilité : voilà une notion qui lui est même complètement étrangère... comme elle l'était pour les hommes d'autrefois, et comme elle l'est encore dans les campagnes du tiers monde où l'on vit paisiblement le rythme des saisons et de la terre. La rentabilité est une notion récente et nouvelle : fondée sur des analyses à court terme, elle vise l'efficacité maximale avec l'effort minimal : mais l'effort en question, quand il s'agit par exemple du travail à la chaîne, est singulièrement pénible. La nature, elle aussi, sait se montrer efficace : elle sait s'adapter et avec quelle précision dans le détail! Mais quand il s'agit de la semence mâle, elle n'économise jamais. Et comme une part importante du pollen sert de nourriture aux insectes, elle en fabrique suffisamment pour satisfaire et à leurs besoins alimentaires, et aux exigences de la fécondation.

Pour assurer une diffusion optimale du pollen, la fleur s'organise pour offrir au vent la meilleure prise : négligeant les organes inutiles tels que pétales et glandes à nectar, elle favorise en revanche tout ce qui peut faciliter l'émission du pollen dans l'air et sa récupération sur les stigmates.

Dans la plupart des arbres indigènes, les fleurs mâles se disposent en chatons : elles se pressent autour d'un axe commun, mince et pendant, que le vent agite en tous sens, au début du printemps : tels ces chatons jaunes de noisetier, émettant au moindre choc un nuage de pollen, rapidement disséminé dans l'air. Il en est de même chez le peuplier, l'aulne, le bouleau, le noyer. Chez le frêne élevé les grappes de fleurs très condensées émettent au moindre choc un épais nuage de pollen jaune vif; la grappe prend ensuite la couleur foncée du deuil : son pollen émis, elle est devenue stérile.

Dans d'autres cas, comme chez les graminées, les étamines allongent leur filet long et grêle qui pend en dehors des épis et frémit au moindre souffle; une brise à peine perceptible leur imprime un tremblement intense et le pollen s'échappe aussitôt. Les longues tiges des graminées sont flexibles elles aussi et ondulent mollement au vent. Cette houle qui berce sans repos les épis contribue efficacement à la dissémination du pollen. A l'inverse, dans le modeste plantain, la tige porteuse d'épis et les filets des étamines sont rigides : l'anthère seule s'agite, comme un drapeau claquant au sommet d'un mât.

Les chances de succès de la pollinisation augmentent lorsque les fleurs d'une même espèce sont abondantes sur des surfaces réduites. C'est sans doute pourquoi la pollinisation par le vent est le mode de fécondation habituel des espèces sociales, celles justement que nous venons d'évoquer : graminées des pelouses sauvages et des champs cultivés, ou encore arbres de nos forêts. Dans les deux cas, le nombre d'espèces est limité mais chaque espèce multiplie le nombre d'individus, ce qui améliore singulièrement les chances de rencontre. Il est plus facile de trouver la compagne d'un soir ou d'une vie dans un club ou un bal qu'au hasard de la rue; car ces lieux sélectionnent les amateurs de rencontre et, en les regroupant ainsi, augmentent les chances de succès.

Ainsi un champ de seigle encore vert qui regroupe une vaste population d'individus de la même espèce, lorsqu'il ondule sous la brise, est en pleine effervescence pollinisatrice. Des millions de grains de pollen s'échappent des étamines émergeant des épis hérissés et se propagent en nappe horizontale. Ils donneront plus tard des millions de grains de seigle. Aucun écran ne vient gêner la progression de cette poudre féconde, puisque les céréales portent leurs épis très au-dessus des feuilles, et que celles-ci par conséquent ne sauraient faire obstacle à la diffusion du pollen. Il en est tout à fait de même des arbres à chatons de nos forêts qui chatonnent très tôt, et toujours avant l'apparition des feuilles. Là encore, les nuages de pollen produits par ces chatons se dispersent sans obstacle et la pollinisation est achevée quand le débourrage des bourgeons fait surgir les feuilles. Le sous-bois s'assombrit alors ; mais les herbes qui tapissent le sol ne s'en portent pas plus mal ; car elles aussi se sont dépêchées de fleurir, en même temps que les chatons, profitant de la vive lumière du printemps qui traverse les arbres encore nus. Primevères et anémones fêtent donc à leur manière la résurrection des arbres : leurs robes blanche et jaune tapissent le sous-bois, tandis qu'au-dessus d'elles hêtres et chênes s'activent à la fécondation. Puis chacun mûrit ses fruits et ses graines, dans la lumière tamisée des frondaisons.

Pour améliorer le pourcentage de fécondations réussies, il importe que chaque grain puisse courir librement sa chance; aussi le pollen est-il absolument lisse, dépourvu de l'enduit visqueux qui agglutine en amas celui des espèces fécondées par les insectes. Il ne présente pas davantage ces ornementations sculptées souvent spectaculaires qui tendent à imbriquer les grains les uns aux autres. Car les chances de réussir la fécondation sont proportionnelles au degré de dispersion des grains : trouver le stigmate d'une fleur de son espèce dans la diaspora c'est comme retrouver un enfant perdu dans une forêt : lorsque la battue s'organise, les chances de succès sont liées au nombre d'hommes mis en place et à l'étendue des surfaces qu'ils sont à même d'explorer, lorsqu'ils progressent en formation déployée.

Une autre forme d'adaptation est la réduction de taille, de volume et de densité du pollen : le vent le dispersera efficacement, le maintiendra longtemps en l'air et le disséminera au loin. Les conifères excellent dans l'art d'adapter leur pollen à ce mode de transport, le seul qu'ils aient réussi à imaginer; chez les pins la membrane externe du grain se décolle, et forme autour de lui deux gros ballonnements gonflés d'air, entraînés comme des ballons dirigeables.

Légers, les pollens peuvent être entraînés par des courants ascendants, jusqu'à des altitudes considérables (plus de 5 000 mètres), ce qui n'est d'ailleurs pas sans danger; car, à cette altitude, la puissance du rayonnement ultraviolet a toutes les chantes de tuer son pouvoir germinatif. Ils peuvent dans des conditions favorables, parcourir des centaines de kilomètres en une journée. L'air est donc littéralement truffé de grains microscopiques, et Firbas a pu calculer que pour une végétation moyenne, en Europe, 27 000 grains de toutes espèces, se déposent annuellement sur un centimètre carré de sol. C'est grâce à l'extraordinaire débauche de pollen que la fécondation par le vent, malgré son archaïsme, est biologiquement « jouable ». Le pollen tombe partout, sur les fleurs de son espèce, sur les fleurs d'autres espèces ou à côté... Seul le premier cas a quelque chance d'aboutir. Encore faut-il pour que l'issue soit heureuse, qu'il tombe sur un stigmate mûr.

Ce sont de véritables pluies de pollen, des « pluies de soufre », qu'émettent au printemps les forêts de résineux. Une pluie dont les grains tombent à la vitesse de trois centimètres à la seconde, après avoir parcouru de longues distances et même franchi les Alpes ou la Méditerranée... Le vent ignore les frontières, et le service du pollen est par essence international!

Puis, en été, les graminées prennent le relais des arbres. Ainsi de jour en jour et de saison en saison, la composition pollinique de l'air évolue en harmonie avec la végétation. C'est donc un véritable calendrier pollinique que l'on peut établir, en effectuant dans l'air des prélèvements journaliers. Calendrier précieux pour détecter les responsables des nombreuses allergies ou « rhumes des foins » déclenchés par le pollen, et qui permet de désensibiliser les malades avec des extraits de ces mêmes pollens.

Où le pollen conduit l'enquête

Curieuse facétie de la nature, curieux pollen qui fait

verser aux hommes des torrents de larmes, accompagnées de bruyants reniflements. Alors que la fleur femelle littéralement se déssèche, sevrée d'affection, lorsque ce même pollen se refuse à elle. Quant aux abeilles, elles font du pollen leur nourriture, car il représente l'unique source d'azote alimentaire de leur régime. Mêlé au miel et à la gelée royale, le pollen permet de garantir l'origine végétale du miel, et d'identifier le type de végétation dont il provient. Car le pollen permet d'identifier avec certitude la plante dont il est issu, puisque chaque espèce produit un pollen qui lui est propre, par sa forme, son volume, ses ornementations, etc.

Une véritable science du pollen, la palynologie, s'est développée récemment, dont les applications sont souvent inattendues. Ainsi a-t-on pu identifier des criminels, par les grains de pollen prélevés sur leurs vêtements, indiquant la nature des espèces végétales croissant sur les lieux du crime : indices précieux, surtout quand ces pollens appartiennent à des plantes rares ou d'origine lointaine. Les recherches sur les origines du Saint-Suaire de Turin ont grandement bénéficié de la contribution de la palynologie, car on a pu mettre en évidence sur cette précieuse relique des pollens caractéristiques de la végétation des régions où l'on sait qu'il a été exposé : l'Ile-de-France, la Turquie, mais aussi la Palestine, argument en faveur de l'authenticité historique du Suaire.

L'analyse des pollens permet non seulement d'identifier les plantes d'aujourd'hui mais aussi les plantes d'hier. Car l'extraordinaire résistance de la membrane pollinique favorise la fossilisation du pollen que l'on retrouve dans les sédiments géologiques les plus divers. En identifiant les pollens par référence aux espèces actuelles, il est facile de connaître la végétation de l'époque où ces sédiments se sont formés. On a pu ainsi reconstituer parfaitement l'histoire de la végétation de l'Europe tempérée depuis la fin de la dernière glaciation, il y a environ 10 000 à 12 000 ans, en analysant les pollens de couches sédimentaires superposées, exactement datées au carbone 14. Il y a 10 000 ans, une invasion de bouleaux suivit de recul des glaciers : car les bouleaux sont des pionniers qui s'installent dans les milieux les plus durs, où aucun autre arbre ne pourrait tenir. Leur grande résistance au froid en fait l'arbre privilégié du nord de la Taïga sibérienne, où son tronc blanc se fond dans les paysages enneigés. Le bouleau sait aussi coloniser les sols les plus maigres, où il prolifère parfois à une vitesse redoutable. Pour revivre sa grande épopée postglaciaire, il suffit de le voir s'installer avec ardeur à la place des bruyères dans les landes d'Allemagne du Nord pour comprendre son ardeur colonisatrice. Les jeunes bouleaux sont extraordinairement envahissants, et auraient depuis longtemps remplacé la lande si celle-ci n'était artificiellement maintenue par l'éradication systématique des jeunes plants.

Mais les pionniers sont souvent éliminés par des espèces dont ils ont fait le lit et le nid, en modifiant le terrain et le rendant plus accueillant. Ainsi, par exemple, la forêt remplace la lande à genêts ou ajoncs, quand ces arbustes ont suffisamment enrichi le sol en azote pour que les autres puissent s'implanter et se nourrir. En l'occurence le climat devenant en outre plus clément, les pins s'installèrent à la place du bouleau, il y a 7 000 ans, bientôt suivis des noisetiers qui connurent aussi une formidable expansion. Vinrent ensuite, il y a 5 000 ans, le chêne, l'orme, l'aulne et le tilleul, puis très tardivement, il y a 2 500 ans seulement, le hêtre et le charme. L'homme prit alors le relais de ce processus de reconquête naturelle et commença à jardiner la forêt, sélectionnant les espèces les plus productives comme le hêtre et le chêne. En même temps, il défricha la forêt et cultiva la terre, d'où la brusque prolifération de pollens d'herbes depuis les débuts de notre ère.

A noter que ces arbres sont tous pollinisés par le vent et n'ont d'ailleurs guère d'autre choix : la longueur des hivers, en réduisant le volume des populations d'insectes, favorisait ces espèces au détriment des autres.

On voit ainsi se développer le processus de migration des arbres vers le Nord, au fur et à mesure que les glaciers se retirent : les bouleaux, puis les pins, puis les noisetiers traversèrent ainsi l'Europe en vagues successives sur les talons du froid. Les migrations dans le temps rendent parfaitement compte de la répartition actuelle de ces espèces dans l'espace : du Nord au Sud, la forêt dominée par le bouleau apparaît la première sous les climats les plus sévères, vite mêlée puis dominée par les conifères. Vient ensuite la forêt à feuilles caduques, caractéristique des régions tempérées froides.

Ces mouvements de végétation qui déferlèrent sur l'Europe évoquent les mouvements de population qui marquèrent les grandes invasions, car les plantes mobiles par leurs graines et leur pollen se déplacent en force, colonisent de vastes territoires puis se retirent et refluent. Elles anticipent à leur manière les conquêtes ou invasions que l'art militaire inventa bien après elles et les guerres coloniales qui connurent leur flux et leur reflux. Chaque passage, chaque page d'histoire laisse ses témoins gravés dans les monuments ou dans la pierre. Pour les plantes, ce sont les grains de pollen fossilisés, témoins muets mais irrécusables de leur passé et de leur histoire. Toujours grâce à l'analyse du pollen, on a pu reconstituer avec une grande précision, les étapes successives de la désertification du Sahara, ou encore les déboisements et l'extension des cultures depuis la Préhistoire.

La barbe et le plumeau

A l'imagination déployée par les organes mâles pour libérer leur pollen au vent, répondent les efforts non moins remarquables des organes femelles pour capter le pollen ainsi diffusé : le stigmate déploie une surface aussi large que possible, à la manière de l'araignée qui tend sa toile pour capturer sa proie. Le fait est particulièrement spectaculaire chez les fleurs femelles de Pimprenelle, dont le stigmate forme un joli plumage rouge destiné à happer et à pêcher le pollen dans l'air. Il s'ornemente parfois de cellules épidermiques allongées, en forme de poils; le grain de pollen retenu dans les mailles de ce réseau humide s'y réhydrate, ce qui favorise sa germination. Le stigmate est encore plus spectaculaire chez le maïs, où il forme une barbe généreuse, émergeant des fleurs femelles : ce grand plumeau ramasse le pollen comme le font les ménagères qui passent l'attrape-poussière : même principe, même efficacité.

Logique, la fleur de vent ne s'embarrasse pas d'ovules nombreux, dont elle aurait toute chance de ne pouvoir assurer la fécondation, car les chances de capter le pollen de son espèce dans l'air ambiant sont limitées et le gros de la production se perd au cours du voyage. Il n'y a donc qu'un seul ovule chez les graminées, les orties, les rhubarbes, les chénopodes. Les plantes à chatons en ont parfois plusieurs, mais ils avortent avant maturité, et un seul reste fonctionnel.

Le contraste entre le nombre fabuleux de grains de pollen émis et la toujours très parcimonieuse production d'ovules est saisissant. C'est là une des lois constantes de la nature que de gaspiller à l'envi la semence mâle, mais de se montrer chiche dans la production des éléments femelles. Tout au moins à partir d'un certain niveau d'évolution, et notamment pour les plantes et les animaux terrestres.

L'homme n'échappe pas à cette règle et fait mieux encore en pratiquant une véritable débauche d'éléments mâles. Il n'y a aucune commune mesure entre le nombre invraisemblable de spermatozoïdes émis par un homme normal au cours de sa vie (plusieurs centaines de milliards) et le nombre d'ovules produits par une femme (quelques centaines de mille, dont trois ou quatre cents seulement sont fonctionnels). Seuls les champignons sont aussi prolifiques : un champignon à chapeau peut produire, malgré l'extrême brièveté de sa vie, quelques milliards de spores, et un gros champignon en console, appliqué à un tronc d'arbre, des dizaines de milliards.

La pollinisation par le vent évoque le mode de fécondation des oursins, des moules et des poissons vivant en bancs, qui déversent dans l'océan des milliards d'œufs et plus encore de spermatozoïdes, laissant au courant le soin de les rapprocher. L'efficacité de la fécondation est d'autant plus grande qu'il s'agit là d'expèces vivant en populations très denses, équivalents aquatiques des céréales ou des arbres à chatons de nos forêts! Les chances de rencontre entre gamètes s'en trouvent donc fortement accrues.

Le courant joue le rôle du vent : c'est lui qui véhiculera la semence mâle. Cet exercice « à distance » de la sexualité du poisson correspond chez l'homme à la pratique de l'insémination artificielle, encore que la Bible est sévère pour quiconque détourne la semence mâle de son objectif. Onan fut condamné par Dieu pour avoir dérogé à cette règle en répandant sa semence sur le sol, d'où l'antique tabou de la masturbation qui, chez le jeune garçon pubère, est le premier stade de l'éveil de la sexualité : une sexualité qui dans cette étape première en est encore au stade du poisson et s'exerce sur des phantasmes, tout comme le poisson recherche son partenaire sans nécessairement engager de lien physique avec lui.

Encore qu'il faille se garder des généralisations hâtives : le monde des poissons est fort diversifié, et l'on voit les comportements sexuels se perfectionner en fonction notamment des modes de vie : les poissons vivant en bancs, comme les sardines, disséminent ovules et spermatozoïdes dans le milieu en période de frai : dans ces amours aquatiques, les relations interindividuelles sont quasiment insignifiantes, et l'on en reste au stade de l'amour cellulaire... stade que les plantes n'ont en fait jamais vraiment dépassé.

Mais d'autres poissons plus évolués, comme les épinoches et les raies, présentent des comportements sexuels beaucoup plus élaborés allant jusqu'à la copulation : de l'amour cellulaire, on passe alors à l'amour entre individus, c'est-à-dire à l'amour tout court ; même s'il conserve ici un caractère éminemment éphémère et transitoire...

Le respect des minoritaires

Parce qu'elle paraît peu efficace, on considère parfois la pollinisation par le vent comme la plus primitive. En faveur de cette thèse, le fait qu'elle se manifeste de préférence dans les groupes inférieurs (conifères) ou chez des plantes à fleurs archaïques comme les arbres à chatons. Mais il est de curieuses exceptions. Les saules comptent parmi les arbres à fleurs les plus anciens si l'on en juge par la datation de leurs premiers fossiles. Or les chatons mâles de saule sont dressés et leur axe rigide n'offre aucune prise au vent; mais les étamines jaune vif et la présence d'une sécrétion de nectar exercent une évidente attraction sur les abeilles qui visitent les fleurs et véhiculent le pollen des chatons mâles aux chatons femelles. La même anomalie existe chez le châtaignier, grand arbre d'une famille par ailleurs entièrement fécondée par le vent : les fagacées.

A l'inverse, on trouve, isolées çà et là dans des familles où la fécondation s'effectue normalement par les insectes, des espèces fécondées par le vent : tel est le cas de la petite pimprenelle [1], petite rosacée sans corolle ni nectar, mais dont les très longues étamines tremblent à la moindre brise. Elle fait littéralement figure d'intruse parmi les membres de sa famille dont

1. *Poterium sanguisorba.*

bizarrement elle ne partage pas les mœurs. Même sa sœur aînée, la grande pimprenelle [1], a conservé sa liaison avec les insectes. De tels minoritaires existent dans de nombreuses familles : c'est le cas du pigamon, de l'érable américain [2], du frêne élevé, des armoises. Ces dernières « détonnent » complètement dans la famille des composées dont elles n'ont ni l'air... ni la chanson, leurs misérables petits capitules sans couleurs, et sans nectar, sont sans séduction.

Mais la nature est tolérante et respecte ses minoritaires. Elle ne leur tient pas rigueur de leur paticularisme. Il arrive même que, dans certaines familles, elle cultive l'ambiguïté. Ainsi chez les polygonacées, les renouées, la bistorte, le sarrasin sont pollinisés par les insectes. Par contre les oseilles s'organisent avec le vent : la petite oseille [3] bat même le record toute catégorie de la production de pollen : une seule inflorescence produit jusqu'à 400 millions de grains. Voilà une reconversion au vent brillamment réussie!

Ce même mode de pollinisation est aussi privilégié sur les hautes latitudes, où l'hiver est long et où les insectes sont rares et n'éclosent que tardivement. Leur intervention, trop tardive, rendrait incertaine la maturation des graines au cours de la saison d'été. C'est ce qui expliquerait la prédilection des conifères qui mettent un temps fou à mûrir leurs graines, pour les montagnes et les climats froids; ceux-ci, d'ailleurs bien plus anciens que les plantes à fleurs, n'ont jamais dans leur histoire fait appel aux insectes pour être pollinisés. Dans une moindre mesure, ce raisonnement est valable aussi pour les arbres à chatons des forêts tempérées, dont on se demande si le nombre d'insectes qu'elles abritent suffirait à assurer la pollinisation. Au total vingt pour cent des espèces européennes seraient pollinisées par le vent. En revanche, ce mode de pollinisa-

1. *Sanguisorba officinalis.*
2. *Acer negundo.*
3. *Rumex acetosa.*

tion est très rare en zone tropicale où oiseaux et insectes pullulent, favorisés par la clémence du climat, et où l'immense majorité des plantes à fleurs vivent en étroite harmonie avec eux.

Mais ce sont là des supputations de bon sens qui n'expliquent toujours pas pourquoi les saules et les châtaigniers ont évolué en sens inverse!

Un mystère demeure qui nous rappelle que l'évolution ne s'explique pas toujours par des raisonnements intellectuellement satisfaisants. Il arrive qu'elle se fraye un chemin dans une direction inattendue et apparemment sans issue. Remarque qui nous invite opportunément à la modestie, lorsqu'une tendance par trop anthropocentrique voudrait nous faire trouver une explication rationnelle aux mille arcanes de la vie. La vie a sa part de bizarreries; son imagination est vagabonde. Elle nous impose sa logique, mais aussi ses fantaisies, l'incohérence de ses itinéraires, la fatalité de ses régressions et en fin de compte pourtant l'obstination du progrès. En fait, elle suscite plus d'émerveillement qu'elle n'appelle d'explications péremptoires! Car elle nous cache encore le fond de son mystère.

On croit pourtant pouvoir avancer aujourd'hui une hypothèse, que bien des observations semblent confirmer : les plantes à fleurs qui ont choisi le vent comme vecteur de leur pollen marqueraient le terme d'une évolution qui commence par des fleurs de grande taille généralement tropicales et pollinisées par les oiseaux. Ces fleurs sont rouges, couleurs très attractives pour les oiseaux qui se guident à la vue et non à l'odeur : tel est le cas de l'érythrine, du tulipier du Gabon, du strelitzia. Puis, au cours des âges, les fleurs auraient peu à peu réduit leur taille, évoluant vers de nouvelles espèces qui s'allièrent aux insectes. Le phénomène de réduction, de miniaturisation et de simplification se poursuivant, notamment dans les milieux peu propices à la prolifération des insectes comme les régions froides ou tempérées, certaines finirent par perdre tout pouvoir de séduction, et s'abandonnèrent à la seule prise du vent. Elles retrouvaient ainsi le comportement sexuel des conifères, leurs lointains ancêtres.

On retrouve dans ce schéma très général et qui n'est pas admis par tous la tendance de l'évolution à réduire et à miniaturiser des organes, pour aboutir à des dispositifs plus modestes et souvent simplifiés. Tendance qui prend à contre-pied la prime donnée au gigantisme par les sociétés industrielles, qui ne cessent de défier les lois fondamentales de l'évolution et, sans doute, s'en apercevra-t-on plus tard, et peut-être trop tard, de l'évolution sociale.

Du pollen au fil de l'eau

Reste le cas des plantes aquatiques, pour lesquelles les courants se substituent au vent. C'est donc à l'eau que certaines d'entre elles confient leur pollen; les étamines s'ouvrent sous l'eau et les grains sont emportés au gré des courants; leurs chances de rencontrer des stigmates sont donc faibles et, par une sorte de raisonnement analogique, l'organisation des organes femelles se calque sur celle des fleurs pollinisées par le vent : grande extension des stigmates, réduction des ovules au strict minimum (un seul le plus souvent). Les zoostères et les posidonies, plantes à fleurs présentant l'exceptionnel privilège de pouvoir vivre submergées sur les littoraux marins, mêlées aux algues, ont même inventé un pollen de forme spéciale, parfaitement adapté à la navigation « entre deux eaux ». Ce pollen est émis en masses floconneuses qui se dispersent dans les courants. Chaque grain forme un très mince filament, long d'un quart de millimètre, qui s'accroche aux stigmates immergés et plumeux des fleurs femelles et les fécondent sous l'eau.

Plus nombreuses sont les espèces aquatiques qui diffusent leur pollen à la surface de l'eau. La diffusion s'effectue alors dans un plan horizontal, et non plus dans un volume à trois dimensions; d'où économie, gain de matière, efficacité accrue.

Le curieux comportement de la vallisnérie illustre cette manière de faire; la plante croît sous l'eau, enracinée dans la vase : les boutons des fleurs mâles, immergés, se détachent à maturité, montent à la surface grâce à une bulle de gaz qu'ils emprisonnent et s'épanouissent; cette fleur mâle rabat alors ses trois sépales en arrière et forme une sorte de nacelle qui dérive à la surface au gré des courants et du vent; les étamines s'ouvrent mais le pollen reste aggloméré en amas sur la fleur. Les fleurs femelles, également immergées, se forment sur d'autres pieds. Leur long pédoncule, enroulé en spirale, se détend à la manière d'un ressort et amène le bouton floral à la surface où il éclôt; la rencontre de la fleur femelle avec une fleur mâle flottante entraîne la fécondation, le pollen entrant en contact avec les larges lobes des stigmates à bords ciliés. Puis le pédoncule s'enroule à nouveau, la fleur femelle replonge et mûrit son fruit sous l'eau.

Ce mode de pollinisation est assez rare, car peu de plantes, fussent-elles aquatiques, confient à l'eau le soin de disséminer leur pollen. Plus généralement, les plantes à fleurs semblent se souvenir, au moment de la fécondation, que leurs ancêtres menaient une vie terrestre. Leur vie aquatique est la conséquence d'une évolution récente qui n'a pas encore marqué leur comportement sexuel : les fleurs se forment donc à la surface et la pollinisation s'effectue selon les stratégies en vigueur chez les autres plantes à fleurs.

La plupart des plantes aquatiques : nénuphars, lotus, renoncules d'eau, renouée amphibie ont d'ailleurs de très jolies fleurs, ce qui laisse présager une pollinisation par les insectes. Car si l'eau ou le vent sont de précieux transporteurs, l'insecte est la voie royale que les fleurs ont choisi pour s'assurer une heureuse et efficace pollinisation.

CHAPITRE 9

Le mariage des fleurs, des oiseaux et des insectes

.. lorsque la vie à deux devient une seconde nature

Parler d'amour chez les fleurs, c'est tenter de saisir les multiples stratagèmes qu'elles mettent en œuvre pour attirer et séduire le pollinisateur. C'est entre l'oiseau ou l'insecte et la fleur que se développent les grandes stratégies de la séduction, allant parfois jusqu'à de véritables parades nuptiales. Par l'étrange ambiguïté de son hermaphrodisme, la fleur séduit comme une femme; mais en même temps elle livre son pollen comme un homme. Elle donne et elle reçoit; en elle se réconcilient l'éros et l'agape, ces deux formes perpétuellement complémentaires de l'amour, vécues en même temps par un même individu que la nature pourvoit ici des deux sexes.

C'est au moment où naissent et se développent ces relations nouvelles entre fleurs et animaux, il y a, en gros, cent millions d'années que, pour la première fois de leur histoire, les deux règnes, le végétal et l'animal, se mettent à collaborer. Les animaux n'étaient pas utiles au plancton marin, aux algues, aux mousses, aux fougères, aux conifères. Ils s'en nourrissaient, voilà tout. Mais qu'apparaisse la fleur, et une communauté nouvelle s'instaure au bénéfice mutuel de l'animal et de la plante.

L'oiseau : un allié encombrant

Séduire les oiseaux semble facile si l'on en juge par les processus relativement rudimentaires que les plantes mettent en œuvre dans ce but. Seules d'ailleurs, les fleurs tropicales s'y essayent, recourant à ces vecteurs de pollen de forte taille, qui assurent un service postal efficace en visitant les fleurs de leur bec ou de leur langue et en se chargeant de leur pollen. Mais les oiseaux sont de puissants partenaires, et seules les fortes fleurs ont osé s'en faire des alliés, sans manquer d'ailleurs de prendre les précautions requises, par exemple en enfouissant leurs ovaires au tréfonds de la fleur, ou encore en inventant des dispositifs ingénieux pour séparer le nectar dont les oiseaux sont avides des ovaires, qu'ils picoreraient bien par la même occasion. Car l'appétit des oiseaux est insatiable!

La passiflore, dont la construction évoque si curieusement les instruments de la passion du Christ, ce qui lui vaut son nom, donne un bel exemple d'architecture florale adaptée à l'oiseau : les styles aux stigmates épais évoquent les trois clous; l'ovaire porté par un long pédoncule, ce qui est rarissime chez les fleurs : l'éponge trempée dans du vinaigre au bout de la tige de roseau; les cinq étamines : les cinq blessures, enfin la forme de la corolle souvent tachée de rouge : la couronne d'épine. On imagine ce que la théorie des signatures put tirer de cette extraordinaire architecture florale, qui fit jadis de la passiflore une véritable panacée! Chez ces très belle fleurs tropicales, le nectar est au fond d'une coupe bordée d'une belle collerette frangée et très éloignée de l'ovaire dressé au sommet de son pédoncule; cette astuce empêche le pollinisateur d'attaquer l'ovaire trop éloigné du nectar qui le tente et l'attire! La peur de l'appétit dévastateur de l'oiseau a conduit certaines fleurs à ruser avec lui pour le détourner de l'ovaire, en lui offrant une nourriture de qualité au moins égale sinon meilleure : bractées charnues et succulentes [1] et même fleurs stériles en forme de fruits [2] sur lesquelles les oiseaux abusés par ces pseudo-fruits se précipitent, assurant du même coup la pollinisation des autres fleurs.

En forêt tropicale, les oiseaux ne pollinisent que les fleurs des arbres, jamais celles des herbes : bel exemple d'adaptation des fleurs à leurs partenaires ailés, et zélés, dont la vie s'organise entièrement dans les frondaisons denses et ne touche jamais le sol. De plus, le poids de l'oiseau est disproportionné à la force de la fleur; aussi celle-ci est-elle généralement incapable de lui offrir une aire d'atterrissage appropriée, car elle s'effondrerait sous son poids. Les colibris brésiliens, grands amis des fleurs par leur activité pollinisatrice, ne se posent jamais et se maintiennent en équilibre par un battement d'aile rapide, tandis que leur bec long et mince plonge à la recherche du pollen et du nectar. Leur langue s'est aussi admirablement adaptée à sa fonction : profondément bifide, elle enroule chaque moitié sur elle-même dans le sens de la longueur pour former un tube aspirant le nectar, comme le fait la paille qui sert à siroter une boisson fraîche! Voilà donc un oiseau parfaitement outillé pour accomplir sa mission.

L'efficacité pollinisatrice des oiseaux est surprenante : un même animal consacrant quelques secondes à chaque visite florale peut féconder plusieurs milliers de fleurs par jour! On conçoit que de nombreuses fleurs tropicales aient adopté ce mode de pollinisation : on estime que vingt pour cent des fleurs du Brésil ont ainsi épousé les oiseaux.

Encore faut-il qu'entre la fleur et l'oiseau il y ait, si l'on peut dire, un rapport de force acceptable : en d'autres termes qu'ils soient de taille et de force égale. Aussi les oiseaux fréquentent-ils les grandes fleurs. Les grandes légumineuses qui comptent parmi les plus beaux arbres du monde : flamboyants, caesalpinia ou

1. Chez *Freycinetia funicularis* (Pandanacées).
2. Chez *Bœrlagiodendron* (Araliacées).

orgueil de Chine, bauhinia sont de parfaits prototypes de fleurs à oiseaux. D'abord par leurs couleurs : elles sont généralement rouges, roses, orange ou jaunes, couleurs de prédilection des oiseaux qui voient les couleurs comme nous, alors que les insectes en ont une vision totalement différente et sont par exemple aveugles au rouge. Le bleu pur est aussi très prisé des oiseaux : de très belles broméliacées américaines, comme les *Puya*, les *Tillandsia*, les *Bilbhergia*, les bromelia ont choisi cette couleur. D'autres fleurs associent les couleurs en riches assortiments dignes de l'habit chamarré des perroquets qui doivent en pâlir de jalousie! Car on a noté que la couleur préférée de l'oiseau est celle de son plumage.

Spécialisées dans la production du nectar, les fleurs à oiseaux ne sécrètent aucun parfum car les oiseaux se guident à la vue, non à l'odeur. Bref, les fleurs à oiseaux se fardent autrement que les fleurs à insectes, et ne se parfument pas. Elles n'exercent donc pas d'attraction sur les insectes, comme si elles se gardaient de mettre l'oiseau et l'insecte en compétition pour les séduire. Ayant fait un choix, celui de l'oiseau, elles s'y tiennent avec fidélité, et s'arrangent pour que les insectes ne viennent pas s'immiscer dans leurs affaires. En quoi, elles rendent peut-être un grand service aux autres fleurs qui, elles, ont choisi les insectes. Car les fleurs à oiseaux sécrètent des quantités impressionnantes de nectar, dont leurs visiteurs ailés se délectent. Si elles s'avisaient d'attirer les insectes par leurs couleurs et leurs parfums, ceux-ci viendraient sans doute également s'abreuver à ces sources généreuses, et risqueraient d'abandonner « leurs fleurs » moins nutritives car plus petites et donc plus pauvres en nectar. Ce qui romprait l'équilibre de la nature, où chacun se doit de jouer son rôle à sa place, pour le plus grand bien de tous. En l'occurence, ici, l'oiseau et l'insecte défendent soigneusement leurs terrains de chasse, et n'empiètent pas sur leurs domaines respectifs.

La générosité des fleurs à oiseaux est remarquable :

l'érytrine d'Amérique *(Erytrina cristagalli)* déverse de son inflorescence du nectar en quantité si grande qu'on l'a baptisée « bébé en pleurs ». Les fleurs rouge vif du tulipier du Gabon, dont le grand calice en cornet est rempli de liquide, sont également très attractives, comme l'est aussi le magnifique *Strelizia reginae* d'Afrique australe, qui par sa forme élancée évoque un oiseau prêt à prendre son vol. Ces fleurs somptueuses dédiées à l'épouse de Georges III, roi d'Angleterre, la princesse de Mecklemburg-Strelitz, présentent une architecture extraordinairement élégante, où se marient l'orange chaud des sépales et le violet pâle des pétales. Les nectarinia, petits oiseaux suceurs qui pollinisent ces fleurs présentent d'ailleurs le même assortiment de couleurs ! Les fleurs de *Strelizia nicolai* sont plus grandes encore mais verdâtres, bleues et violacées, donc moins spectaculaires : mais elles produisent une quantité énorme de nectar peu sucré : jusqu'à une cuillère à thé par fleur. La famille des strelizia est d'ailleurs grande pourvoyeuse de boisson, pour les oiseaux certes, mais aussi pour l'homme. Car c'est à ce groupe qu'appartient l'étrange arbre du voyageur [1] aux immenses feuilles en éventail se recouvrant les unes les autres à leur base comme une tresse parfaitement construite. Une blessure ouverte au sommet du tronc entraîne un véritable jet de liquide, breuvage apprécié du voyageur inconscient qui risque, pour se désaltérer, de vider l'arbre de sa sève et de le condamner à mort. Cette même famille nous offre aussi la banane, herbe géante et succulente dont les pieds sauvages sont fécondés par les oiseaux quand leurs fleurs sont rouges, et par les chauves-souris quand elles sont brunes.

La dernière variante de fleurs à oiseaux est le type en brosse ou en pinceau, où des étamines nombreuses et très colorées forment de petites houpettes, elles-mêmes disposées en manchons fleuris le long des rameaux. Les mimosas et les fleurs de la famille des

1. *Ravellana madagascariensis.*

eucalyptus déjà signalées pour l'exubérance de leurs étamines, en sont d'excellents exemples.

Mœurs et goûts des chauves-souris

Lorsque les fleurs s'ouvrent la nuit, vampires et chauves-souris prennent le relais des oiseaux. Les grandes fleurs si ornementales des hibiscus sont pollinisées, de jour, par les oiseaux. Mais leur cousin, le grand baobab d'Afrique, offre ses fleurs ouvertes aux chauves-souris. Comme chez l'hibiscus, les étamines au nombre de deux mille par fleur, sont soudées en une grande colonne centrale, émergeant de leurs immenses corolles pendantes. Car les fleurs à chauves-souris s'arrangent pour se séparer du feuillage, soit qu'elles pendent à l'extrémité de longs pédoncules comme ici, soit qu'elles se forment directement sur les troncs. Aveugles, les chauves-souris se dirigent en effet par une sorte de radar, et le feuillage gênerait leur approche vers les fleurs. Celle-ci se fait à l'odeur, ces fleurs émettant une odeur spécifique de moisi ou de rassis proche de celle des chauves-souris. Elles sont blanches, car les chauves-souris ne voient pas les couleurs, mais livrent un nectar et un pollen très abondant pour satisfaire l'insatiable gourmandise de leurs visiteuses nocturnes. On appréciera la subtilité et la finesse des adaptations où, chez des végétaux très apparentés comme l'hibiscus et le baobab, toute une série de caractères varient en fonction exclusive des goûts et des mœurs du pollinisateur.

Les chauves-souris semblent s'être données le mot pour féconder des arbres originaux : non seulement le grand baobab géant *(Adamsonia)* des tropiques secs, roi du Sahel, symbole de la brousse africaine, à l'allure dégingandé, mais aussi l'arbre à saucisse *(Kigelia)*, dont le fruit aux formes suggestives est considéré comme puissamment aphrodisiaque, toujours en vertu de la théorie des signatures qui voudrait que chaque plante, par sa forme ou sa couleur, signe en quelque sorte ses propriétés. Or le fruit viril du *Kigelia*, fût-il pendant, ne laisse, selon cette théorie, aucun doute sur ses vertus thérapeutiques! Dans cette collection de plantes remarquables, amoureuses des chauves-souris, figure encore le calebassier d'Amérique *(Crescentia)* dont le fruit énorme et sphérique fournit, lorsqu'il est coupé en deux, l'une des pièces essentielles de la batterie de cuisine traditionnellement en usage sous les tropiques.

Oiseaux ou insectes : qui choisir?

A noter que toutes les plantes tempérées, affiliées directement aux espèces signalées ici, sont pollinisées par des insectes : il en est ainsi des mauves et des roses trémières appartenant à la famille du baobab et de l'hibiscus, et de toutes nos petites légumineuses, directement apparentées au flamboyant et à l'orgueil de Chine. Dans cette famille, les *Mucuna* occupent une place à part, car leurs fleurs papillionacées peuvent être pollinisées par les oiseaux, les chauves-souris et les insectes. La cour abondante des divers pollinisateurs qui s'organise autour de ces lianes dispense heureusement l'homme d'y joindre ses propres hommages. Car *Mucuna pruriens* est une plante infréquentable, en comparaison de laquelle l'ortie ne produit qu'une douce caresse. En effet, les minuscules aiguilles venimeuses dont se hérissent les gousses de ces belles fleurs blanches en longues grappes évoquant la glycine se répandent rapidement, s'incrustent partout et produisent des brûlures et des démangeaisons insupportables. *Mucuna pruriens* est une des plantes les plus agressives qui se puisse rencontrer. Ce qui ne l'empêche pas, pour se racheter, d'offrir à l'homme, dans ses graines, une matière première indispensable à la fabrication d'un grand médicament de la maladie de Parkinson : la L.

Dopa; un peu comme si elle voulait se faire pardonner son abord peu amène!

La pollinisation des fleurs par les oiseaux est-elle antérieure ou postérieure à l'intervention des insectes? Question délicate qui appelle une réponse nuancée.

Divers arguments laissent penser que l'intervention des oiseaux est antérieure à celle des insectes, ces derniers ne s'étant différenciés que postérieurement dans l'histoire de la vie. Aussi voit-on les oiseaux polliniser les grandes fleurs tropicales, considérées elles aussi comme les plus anciennes, selon le processus déjà évoqué qui tend à aller vers la miniaturisation des formes végétales avec le temps.

Mais comment l'oiseau devint-il le partenaire de la fleur? On peut imaginer que des oiseaux, pressés de manger les fruits, aient recherché aussi les fruits jeunes, puis finalement les ovaires des fleurs; en fréquentant celles-ci, ils découvrirent le nectar et s'en firent peu à peu les « clients »; ou encore que buvant l'eau de pluie retenue par les feuilles ou les fleurs, ils découvrirent que dans ce dernier cas, l'eau était sucrée, grâce au nectar, ce qui leur fit bien vite préférer le commerce de la fleur à celui de tout autre organe. Chacune de ces hypothèses est recevable et il est possible que la pollinisation par les oiseaux ait eu des origines diverses. Si, dans la plupart des cas, elle est manifestement antérieure à l'intervention des insectes, il n'est pas exclu que dans d'autres, elle ne soit d'origine récente.

On a vu comment la grande orchidée odorante, *Stanhopea graveolens,* appartenant à une famille manifestement adaptée aux insectes, avait réussi à se faire polliniser par un colibri friand des mouches et araignées qui fréquentent ses fleurs. On peut donc penser que des oiseaux en quête d'insectes aient appris à les chasser sur les fleurs elles-mêmes et plus seulement au vol; ils entrèrent ainsi en contact avec elles et découvrant leur nectar s'en firent les complices! Mais ceci suppose qu'il y ait eu compétition entre l'insecte et l'oiseau.

Or on connaît de tels exemples de compétition : un

gros papillon doit sans cesse chasser les oiseaux des fleurs de *Puya alpestris* qu'il féconde et qui le nourrissent. Et l'on observe aussi des compétitions en sens inverse; de nombreux colibris chassent les gros lépidoptères de leurs fleurs favorites. Ces compétitions sont d'autant plus vives que les espèces qu'elles opposent ne sont en relation qu'avec une seule espèce de fleur : la fidélité, lorsqu'elle est trahie, suscite la jalousie, comme dans toute relation sexuelle durable entre mêmes partenaires! Et quand la compétition se fait entre insectes et oiseaux, ces derniers ont, par leur forte taille et leur bec acéré, les meilleures chances de l'emporter. Il n'est donc pas illogique de penser que certaines fleurs sont passées de l'insecte à l'oiseau par ce type de compétition. Puis de nouveaux équilibres ont été atteints.

L'exemple des *Penstemon* [1] est tout à fait significatif. On en connaît cent cinquante espèces, toutes d'Amérique du Nord. Parmi les plus belles, *P. centranthifolius*, dont les fleurs carmin offrent aux colibris qui y plongent leurs longs becs un tube étroit et profond, riche en nectar. Toute différente est *P. palmeri*, avec ses fleurs couleur crème, plus ouvertes et à forte lèvre inférieure, formant une aire d'atterrissage pour les grosses abeilles qui s'y posent et les pollinisent. Une troisième espèce, *P. spectabilis* à fleurs lilas, présente tous les caractères intermédiaires entre les deux premières et semble bien en être l'hybride; elle ne convient ni au colibris, ni à l'abeille, et sa pollinisation s'effectue par une guêpe plus petite que les grosses abeilles, qui peut ramper à l'intérieur du tube de la corolle, trop large pour le bec de l'oiseau et trop étroit pour le corps de l'abeille. L'hybride a donc sélectionné son pollinisateur spécifique, qui ne féconde que lui et ainsi le perpétue en tant qu'espèce, évitant tout croisement avec les deux espèces parentes. Car si les colibris pollinisaient cet hybride, ils le croiseraient avec la première espèce à fleurs carmin; et si les grosses abeilles la pollinisaient,

1. Famille des *Scrophulariacées*.

ils la croiseraient avec la seconde à fleurs crème. Dans les deux cas, l'hybride à fleurs lilas disparaîtrait. La fidélité du pollinisateur devient ici la garantie de la pérennité de l'espèce, et du maintien intégral de son patrimoine héréditaire, à l'abri de tout croisement qui pourrait l'altérer. La nature prime, dans cet exemple, la fidélité; elle en fait la condition même de la survie de l'espèce.

Les noces des insectes et des fleurs

En zone tempérée, c'est aux seuls insectes que les plantes ont dû faire appel pour transporter leur pollen. Ici, l'oiseau livreur n'a plus cours. En effet, ces plantes dérivent d'ancêtres tropicaux, et n'ont gagné les climats tempérés qu'à des époques relativement récentes. Or les oiseaux pollinisateurs n'ont pas suivi le mouvement. Comment pourraient-ils d'ailleurs survivre à l'hiver, lorsque la végétation s'interrompt et qu'il ne subsisterait aucune fleur pour les nourrir. Le divorce de la fleur et de l'oiseau facilitera le mariage de la fleur et de l'insecte enfin délivré de ce redoutable compétiteur : leur union se développera avec un luxe d'initiative et d'imagination extraordinaire, engagée d'ailleurs déjà de longue date sous les tropiques au profit des petites fleurs que les oiseaux négligent.

On mesure, en observant comparativement l'anatomie des fleurs et des insectes qui les fécondent, l'effort adaptatif mutuel qu'ont dû faire les uns et les autres pour réussir leurs noces. Dès lors que l'insecte manifeste un comportement adéquat et met en œuvre un organe adapté, sa trompe par exemple, pour atteindre le nectar sucré souvent caché au fond de la fleur, des structures, des gestes et des rites minutieusement réglés ont dû être mis au point pour que cet accouplement réussisse au bénéfice mutuel de la fleur qui livre et reçoit le pollen, et de l'insecte qui prélève et enlève le nectar. Fleurs et insectes ont inventé mille manières de s'unir dans l'acte d'amour. Et la liste détaillée des « positions » qu'ils adoptent n'a rien à envier aux plus riches répertoires de la littérature érotique. Suivant l'anatomie des fleurs et des insectes, on relève de multiples combinaisons qui confèrent aux fleurs à insecte leurs architectures si caractéristiques et engagent celles-ci dans le jeu des adaptations comportementales pourtant spécifiques du monde animal.

Le comportement est, on le sait, un facteur essentiel de l'évolution. L'animal est capable d'apprendre, et finit par intégrer à son patrimoine héréditaire les comportements que son adaptation à l'environnement lui impose. Cette règle n'est généralement appliquée qu'au règne animal, seul sensé être capable de comportement autonome; mais elle s'applique aussi, certes à un moindre degré, à la fleur, partie sans doute la plus animale de la plante; par l'intensité et la profondeur des relations qu'elle entretient avec l'insecte, elle est comme mise en demeure d'adapter sa forme à son anatomie et à ses mœurs.

Les rapports des fleurs et des insectes ont surtout été étudiés aux XVIIIe et XIXe siècles, quand les naturalistes exerçaient leur talent à l'observation minutieuse de la nature. Mais l'éclatement des sciences naturelles en d'innombrables microspécialités a fini par déprécier puis par faire disparaître les hommes d'autrefois, dont les quelques rares survivants font aujourd'hui figure de dinosaures. A force de se spécialiser, de s'ultraspécialiser et de connaître de mieux en mieux un domaine de plus en plus étroit, les savants d'aujourd'hui finissent selon l'aphorisme de Bernard Shaw par savoir « tout sur rien » : tout sur une plante, mais rien sur l'insecte qui la féconde ou inversement. L'ère des Darwin, des Fabre, des Koelreuter, des Sprengel, et même des Von Fritsch est bien morte. Et pourtant, c'est aux fines observations de ces grands savants que l'on doit l'essentiel de ce qu'on sait aujourd'hui sur les relations amoureuses, tendres ou cruelles, que nouent les insectes et les fleurs.

Ces relations se développèrent et s'affinèrent au fil des âges, allant des rapports les plus frustes ou les plus immédiatement égoïstes, jusqu'aux adaptations les plus délicates et les plus personnalisées. Comme il en est des relations humaines, on parcoura ici la riche palette des nuances qui vont des relations ponctuelles, accidentelles ou intéressées, sans durée ni fidélité, aux relations les plus étroites et les plus fidèles qui lient souvent d'une manière exclusive telle espèce d'insecte à telle espèce de fleur. Mais il fallut du temps pour en arriver là, et les interrelations amicales des fleurs et des insectes, telles qu'elles s'exercent aujourd'hui sous nos yeux dans les formes parfois les plus émouvantes, sont le fruit d'une très longue histoire commune, histoire écrite en une bonne centaine de millions d'années, l'une des plus belles du monde vivant.

De grandes fleurs pour de petits esprits

Cette histoire commence très tôt entre les premiers insectes et les premières fleurs. Les premières fleurs, ce sont les magnolias, les nénuphars, les lotus colorés et de forte taille. Ces fleurs sont visitées par des coléoptères, insectes peu spécialisés et visiblement complètement inadaptés à la patiente recherche du nectar au fond des fleurs. Pour eux la fleur n'est qu'un aliment vulgaire : ils l'attaquent sans ménagement, à la hussarde : leurs fortes mandibules font rapidement leur affaire des fragiles tissus floraux qu'ils mordent, broient et cassent. De petites fleurs résisteraient mal à leurs agressions. Mais justement ce sont aux grandes fleurs qu'ils réservent leur visite. Ainsi de celles de ce nénuphar géant, le *Victoria regia*, dont les immenses feuilles rondes peuvent, dit-on, supporter un homme et forment sur les bras morts de l'Amazone, lorsqu'on les voit d'avion en cours d'atterrissage, une sorte de monnaie verte généreusement répandue. Ces fleurs s'ouvrent le soir vers 17 heures. Blanches et très odorantes, elles sont envahies par des sortes de hannetons. La nuit venue, la fleur se ferme et emprisonne ses visiteurs, qui y effectuent d'importantes déprédations, tout en répandant le pollen ramené d'autres fleurs sur les stigmates récepteurs. En s'ouvrant le lendemain soir vers 17 heures à nouveau, la fleur qui, entretemps, a pris une coloration rouge et a perdu son odeur libère ses visiteurs. En passant devant les étamines qui viennent seulement de s'ouvrir, ils se chargent de pollen qu'ils transporteront sur d'autres fleurs. La pollinisation est faite, même si cela a coûté quelques étamines dévorées, et si la fleur se retrouve parfois en pitoyable état... Mais qu'importe la fleur, quand les ovules sont fécondés et la descendance assurée...

Amorphophallus titanicum, sorte d'arum géant formant la plus grande organisation florale du monde, semble fasciner aussi les coléoptères visiblement attirés par son odeur repoussante. Cette plante fut découverte en 1878, dans les montagnes de Sumatra, et sa taille peut atteindre celle d'un homme. Selon les années, elle forme une feuille unique et gigantesque, ou une hampe florale simulant une fleur enveloppée dans une pseudo-corolle en cloche, et qui semble battre tous les records de vitesse de croissance : elle atteint deux mètres de haut en quelques jours. Son odeur effroyable permet de la repérer, dans la forêt dense et sombre, à très longue distance. Ce phallus dressé et puant, qui a donné son nom à l'espèce, est un des « monuments » les plus curieux du monde des plantes, par sa taille et sa forme. Et il est non moins curieux de le voir ici associé à cet autre monument de la nature qu'est le victoria. Leur survie pourtant, à tous deux, est liée aux dégâts que leur causent de vulgaires hannetons brouteurs, sans attention ni délicatesse, et qui transportent leur pollen au prix d'importantes dévastations effectuées dans leurs gigantesques architectures florales. Le très grand, le gigantesque s'oppose au très fin, au raffiné, au sophistiqué : et la nature récompense mal les espèces qui n'ont pas compris cette loi.

Les diptères, surtout des mouches et moucherons, sont déjà mieux adaptés à la vie florale que les coléoptères. Ils y font en tout cas moins de dégâts : leur trompe plus ou moins développée leur permet de sucer le nectar ou de prélever le pollen, même si ces insectes n'effectuent jamais de réserves alimentaires destinées à leurs larves comme le font les abeilles. Ils prennent sur place les aliments que leur offre la fleur et s'en nourrissent, même et surtout lorsque ces aliments nous paraissent peu ragoûtants. Car les mouches, sous les tropiques comme ailleurs, s'affairent sur les cadavres et autres matières en décomposition. Qu'une fleur imite, par sa couleur et son odeur, les chairs pourrissantes et aussitôt les mouches s'y précipitent. C'est ainsi qu'elles honorent de leur visite la plus grande fleur du monde, celle du *Rafflesia arnoldi* d'Indonésie. Il s'agit d'une plante parasite des vignes sauvages des forêts de moyenne altitude et qu'on n'a jamais réussi à faire fleurir dans une serre : la fleur se développe solitaire et sans feuilles à même le sol comme un champignon; elle peut atteindre un mètre de diamètre : les mouches se précipitent vers un trou sombre, s'ouvrant au centre d'une corolle charnue allant du rouge viande au violacé de la putréfaction. L'odeur affreuse achève de les séduire et, après de vastes et savantes manœuvres internes, elles s'échappent, saupoudrées de pollen. Ainsi, ces énormes choses que sont les fleurs de *Rafflesia* séduisent-elles ces insectes stupides et sans discernement que sont les mouches. Tant il est vrai, comme dit Corner, que « les grandes choses plaisent souvent aux petits esprits »; car rien n'est plus grossier, en vérité, qu'une mouche, et parler de « fine mouche », c'est mal connaître ces insectes vulgaires et indélicats.

En région tempérée, nos arum alignent des centaines de fleurs minuscules sur un axe central terminé par une provocante massue charnue, le tout enveloppé dans une grande pièce plus ou moins maculée de pourpre.

Ce cornet exhale également une odeur repoussante, et les mouches s'y laissent tomber avec volupté, attirées par le double signal visuel et olfactif. Version de l'*Amorphophallus* en modèle réduit, les arum organisent subtilement leur pollinisation par les moucherons dans un jeu compliqué de fleurs mâles, femelles et stériles qui, en ne s'ouvrant pas en même temps et en retenant les insectes prisonniers, rendent la fécondation croisée quasi obligatoire.

Un autre arum[1] n'attire que des moucherons femelles suceurs de sang. Pour cela, il emprunte l'odeur de la peau des victimes de ces insectes. Ce moucheron s'y laisse prendre, pollinise l'arum et s'en va frustré n'ayant rien obtenu en retour.

Mais il est des diptères plus distingués, plus élégants et aux goûts plus raffinés que les mouches. Ainsi des sirphides, insectes aisément identifiables par leur vol rapide, saccadé et toujours imprévisible. Ce sont d'excellents pollinisateurs grâce notamment à leur corps velu qui fixe le pollen et à leur longue trompe qui leur permet d'atteindre les recoins les plus inaccessibles des fleurs qu'ils visitent. Des fleurs à éperons, comme *Orchis maculata*, ou des fleurs à nectar difficilement accessible comme l'iris sont fréquemment visitées par les insectes de ce groupe.

Les copulations alimentaires des papillons

Les lépidoptères jouent un rôle beaucoup plus important que les groupes précédents : il suffit de voir un papillon butiner de fleur en fleur, sa trompe déployée, pour imaginer le rôle décisif que jouent ces insectes dans la pollinisation. Leur régime alimentaire est beaucoup plus strict, puisqu'ils ne se nourrissent que de nectar et négligent le pollen ou tout autre tissu floral. De

1. *Arum conophalloïdes.*

plus, selon leurs mœurs, ils opèrent de jour ou de nuit, les espèces nocturnes étant souvent plus efficaces que leurs confrères diurnes. A la vitesse d'une flèche, ils butinent une fleur sans s'y poser, en une fraction de seconde. On a pu ainsi évaluer que tel papillon est capable de butiner plus de vingt-cinq fleurs de violettes à la minute, ce qui représente une efficacité moyenne de deux secondes par fleur, voyage compris! Notre beau lys martagon des Alpes est fertilisé par des papillons opérant au crépuscule ou à la nuit. Leur trompe leur permet de puiser le nectar dans les gorges, les tubes ou les éperons les plus profonds : le grand sphinx américain *(Amphimoea walkeri)* possède la plus longue trompe connue puisque, entièrement déroulée, elle mesure vingt-huit centimètres, soit presque quatre fois la longueur de son corps. Et l'adoption de ce type de Sphinx aux profonds éperons d'orchidées comme des *Angraecum* malgaches avait beaucoup intrigué Darwin.

Dans les régions tempérées, les papillons pollinisent essentiellement les corolles en tube profond, telles celles des œillets, des silènes, des lychnis, des myosotis; ou encore les fleurs à tube ou éperon long et étroit comme le chèvrefeuille, le datura, la saponaire, ces trois dernières espèces recevant surtout des visiteurs nocturnes. Curieux acte d'amour que ces copulations alimentaires entre la trompe d'un papillon et l'éperon d'une fleur, sa partenaire; car tout ici se fait à l'envers : l'intromission de la trompe vise à l'aspiration du nectar, de sorte que la trompe déployée joue le rôle de receveur, et la corolle invaginée, celle de donneur!

Corolles et papillons rivalisent de beauté et leurs brèves amours réalisent les plus somptueuses alliances de l'histoire de la vie. A croire que l'un et l'autre s'habillent chez les grands couturiers et ne négligent aucun détail vestimentaire pour offrir d'eux-mêmes la plus flatteuse image.

Les papillons semblent préférer les fleurs qui possèdent leur couleur. S'agit-il du transfert à la fleur de l'attirance qu'exerce sur eux leurs partenaires, ou d'un moyen de camouflage pour échapper à la vigilance des oiseaux? Les deux explications sont possibles et la fusion des couleurs entre la fleur et le papillon pourrait bien être l'amorce de cette fusion plus complète et si troublante qui aboutit au mimétisme des orchidées.

Le stackhanovisme des abeilles

Les hyménoptères, le groupe des guêpes et des abeilles, arrive sans conteste au premier rang pour son aptitude à la pollinisation.

Le régime alimentaire de la guêpe est moins strict que celui de l'abeille : si elle consomme du nectar floral, on la voit également sucer les poires, les abricots, les mirabelles, les prunes, les raisins. Car les fruits sont d'un accès facile à cet insecte, dont la langue courte ne lui permet d'exploiter, par ailleurs, que des fleurs à corolles peu profondes. De plus les guêpes ne travaillent que pour leur propre compte et n'amassent pas pour leur progéniture : aussi la visite de quelques douzaines de fleurs par jour leur suffit.

Il en va tout autrement des abeilles, condamnées à amasser vingt-cinq fois plus de nectar qu'elles n'en consomment elles-mêmes. Car la loi de la ruche l'oblige à nourrir une abondante progéniture. Une abeille visite dans une journée plusieurs centaines de fleurs.

La nature limite la compétition des abeilles et des guêpes en décalant dans le temps leurs périodes d'activité maximale : les premières sortent au printemps et s'activent en période de pleine floraison; les secondes apparaissent plus tard, généralement en cours d'été, ce qui les amène à exploiter les fruits sucrés au moins autant que les fleurs.

Une ruche compte environ cinquante mille ouvrières : la vitesse de leur vol est de trois mètres à la seconde, même lorsqu'elles sont chargées de butin et fatiguées après une longue journée de travail. On a pu calculer que le remplissage du jabot demande l'exploitation de 193 fleurs de trèfle, et que l'élevage d'une larve exige 0,15 gramme de pollen, ce qui donne une idée du lourd labeur des abeilles.

Une abeille ou un bourdon ne butine pas comme on le croit d'une fleur à l'autre, selon sa fantaisie. Car le mot butiner a pris dans le langage vulgaire un sens qui contredit exactement ce qu'il signifie en réalité pour l'insecte : butiner pour l'abeille, ce n'est pas faire l'école buissonnière au hasard de ses rencontres : c'est au contraire exploiter systématiquement, rationnellement, et presque industriellement, une espèce de fleur bien précise, au moment de sa pleine floraison. L'abeille s'étant bien mis en mémoire l'architecture de la fleur, sa couleur, son odeur se déplacera régulièrement d'une fleur à l'autre, reproduisant exactement les mêmes mouvements pour collecter pollen et nectar : cette organisation du travail à la chaîne si caractéristique de cet insecte social lui permet de raccourcir ses temps de visite et de porter au maximum sa capacité productive. Le bon geste une fois appris est reproduit indéfiniment; les abeilles pratiquent donc le stakhanovisme, non seulement dans l'organisation de la ruche mais aussi dans l'organisation du prélèvement et de la récolte.

> « Il faut voir, nous dit Von Frisch [1], comment l'ouvrière qui aborde pour la première fois une fleur donnée met longtemps pour réussir à y introduire sa trompe et à y découvrir la goutte de nectar qui s'y cache, et l'agilité avec laquelle elle atteint son but après cinq ou six tentatives; on se rend compte alors du temps qu'elle économise en ne

1. Von Frisch, *Vie et Mœurs des Abeilles*, Paris, Ed. Albin Michel, 1955.

> butinant que des fleurs d'une même espèce, tout comme quelqu'un qui répéterait de nombreuses fois la même opération le ferait avec de plus en plus d'adresse, et de plus en plus vite. »

Aristote avait déjà fait cette observation dans son *Histoire des Animaux.*

C'est pour cette raison sans doute que les abeilles sont si déroutées par les changements de couleur qu'une mutation peut induire sur une fleur : une telle fleur ne sera plus visitée. Foncièrement conservatrice, l'abeille tient à ses repaires et n'aime pas en changer, à la différence de l'homme qui ne cesse de fabriquer de nouvelles variétés, en jouant sur la taille et les couleurs. Le désordre qu'il introduit ainsi dans la nature laisse sans doute l'abeille perplexe, car elle voit des fleurs qu'elle connaît depuis toujours par l'instinct de son espèce, qui est sa culture à elle, changer sous ses yeux à facettes, sans qu'elle sache pourquoi, et sans qu'elle ait le temps de s'y habituer, tant est féconde et prolifique la production de nos horticulteurs!

Guêpes, abeilles et bourdons, insectes les plus récents et les plus perfectionnés fréquentent naturelllement des fleurs évoluées et sophistiquées. Ces fleurs sont en général symétriques par rapport à un plan; leur configuration évoque plus ou moins la forme d'un insecte, et certaines sont aujourd'hui adaptées à la pollinisation par un partenaire exclusif : le bourdon.

Le « viol » du bourdon

Les bourdons sont des insectes puissants capables de performances remarquables. Seuls, ils ont assez de force pour ouvrir les fleurs d'aconit et prélever, sous un immense sépale violet en forme de casque, le nectar porté par deux organes élégants qui ne l'offrent généreusement qu'à cette unique espèce. Sans les bourdons, l'aconit aurait sans doute disparu et il est significatif de constater que leur aire de répartition géographique dans le monde est emboîtée exactement dans celle des bourdons.

Le genêt à balai est aussi inféodé à ce pollinisateur qui par sa force est seul capable de faire effraction dans sa grande fleur jaune, dont les organes de reproduction, étamines et pistils, sont enfermés au fond d'une pièce florale évoquant la carène d'un bateau, à fond de cale en quelque sorte. C'est dans ce coffre hermétique que la fleur a enfermé toutes ses pièces de valeurs. Les bourdons sont attirés par un grand pétale jaune et dressé, l'étendard, qui assure à la fleur de genêt une publicité alléchante. Ils atterrissent donc, viennent buter leur tête sur l'étendard en prenant appui de tout leur poids sur la carène : celle-ci finit par céder et, en s'affaissant, dégage d'abord cinq étamines courtes dont le pollen se répand sur l'abdomen de l'insecte. Celui-ci continuant à s'affairer à la base de l'étendard, ses mouvements et son poids font céder davantage encore la carène qui libère dans un deuxième temps cinq étamines longues qui s'enroulent en crosses et viennent, cette fois, déposer leur pollen sur le dos de l'insecte. Lorsque le bourdon quitte la fleur de genêt, elle est méconnaissable : défaite, négligée, béante; la carène vide git comme une épave, les ailes latérales sont rejetées en arrière, les étamines et le pistil dégagés, enroulés en crosse sur eux-mêmes; et le bourdon, pollinisé sur le ventre et sur le dos, est prêt pour une autre visite.

La fécondation du genêt s'apparente donc à un viol. Un viol dont le responsable est fort mal récompensé, car les genêts ne produisent pas de nectar. Proche du genêt, et appartenant à la même famille des Papilionacées, les *Clitoria* échappent à ces assauts violents en tournant leur fleur à l'envers. L'étendard, qui fait sur le bourdon l'effet de la muleta rouge d'un toréador sur un taureau, devient alors une aire d'atterrissage. Et la fleur prend curieusement dans cette position inversée l'allure des organes femelles des humains, d'où son nom. Ainsi accueilli, le bourdon s'active sur la fleur et la pollinise sans violence excessive, la laissant dans un état très acceptable après son départ.

Les vieilles filles et la marine anglaise

L'architecture de la fleur de trèfle rappelle celle du genêt et du *Clitoria*, car ces espèces appartiennent toutes trois à la famille des papilionacées. Elle tente également les bourdons, qui la pollinisent activement : aussi l'introduction du bourdon en Nouvelle-Zélande, à la fin du siècle dernier, s'est-elle traduite par une hausse spectaculaire de la récolte de trèfle. Darwin avait d'ailleurs été très intrigué par l'efficacité pollinisatrice des bourdons sur le trèfle, point de départ d'une histoire désormais classique en écologie, prétendant démontrer, non sans humour, la subtilité des équilibres de la nature, et que relate Roger Dajoz [1].

> « Le bourdon, écrit Darwin, visite seul le trèfle rouge, parce que les autres abeilles ne peuvent pas en atteindre le nectar; nous pouvons donc considérer comme très probable que, si le genre bourdon venait à disparaître ou devenait rare en Angleterre, la pensée et le trèfle rouge deviendraient aussi rares ou disparaîtraient complètement. Le nombre des bourdons dans un district quelconque dépend, dans une grande mesure, du nombre des mulots qui détruisent leurs nids et leurs rayons de miel. Or, le colonel Newmann, qui a longtemps étudié les habitudes du bourdon, croit que plus des deux tiers de ces insectes sont détruits chaque année en Angleterre. D'autre part, chacun sait que le nombre des mulots dépend essentiellement de celui des chats, et le colonel Newmann ajoute : « J'ai remar-

1. DAJOZ R., *Précis d'Ecologie*, Paris, Dunod, 2e éd. 1972.

qué que les nids de bourdons sont plus abondants près des villages et des petites villes, ce que j'attribue au plus grand nombre de chats qui détruisent les mulots ». Il est donc parfaitement possible, conclut Darwin, que la présence d'un animal félin, dans une localité, puisse déterminer dans cette même localité l'abondance de certaines plantes en raison de l'intervention des souris et des bourdons! Haeckel ajouta alors que le trèfle, abondant grâce aux chats, sert de nourriture principale au bétail et que les marins mangent surtout de la viande de bœuf; donc les chats contribuent à faire de l'Angleterre une grande puissance maritime. Thomas Huxley alla plus loin en suggérant que les vieilles filles anglaises, en raison de leur amour immodéré pour les chats, sont à l'origine de la puissance de la marine anglaise. »

Enfin B. Fischesser [1], poussant la pointe humoristique à son terme, estime que la puissance maritime de la Grande-Bretagne, en privant les épouses de leurs maris et en vouant beaucoup d'hommes au célibat, a une évidente incidence sur le nombre de vieilles dames anglaises amoureuses de leurs chats. La boucle de rétroaction est donc fermée.

On saisit ainsi, sur le vif, la multiplicité et la complexité des relations entre les êtres vivants, donc leur nécessaire solidarité.

La sauge, herbe commune des prairies estivales, présente également une adaptation remarquable à la fécondation par les hyménoptères. Comme chez la plupart des fleurs de la famille à laquelle elle appartient, les labiées, la sauge possède une corolle diposée en deux lèvres : la lèvre inférieure joue le rôle d'une aire d'atterrissage pour l'insecte, attiré par l'appareil publicitaire déployé que constitue la lèvre supérieure. Cette

1. FISCHESSER B., *Richesse de la Nature en France. Réserves et parcs naturels,* Ed., Horizons de France, 1973.

fleur semble avoir construit ses deux étamines tout exprès pour ne jamais rater la pollinisation : chacune d'elles porte à l'extrémité d'un balancier une demi-étamine longue, bourrée de pollen, fertile, et une demi-étamine courte, trapue et stérile. L'insecte, en butant immanquablement sur celle-ci, déséquilibre le fléau du balancier et reçoit aussitôt sur son dos la demi-étamine fertile. Mais le mécanisme ne se déclenche que si l'insecte a exercé une pression suffisante sur le bras du fléau, de sorte que, seuls, à nouveau, abeilles ou bourdons sont capables d'actionner cette subtile mécanique.

Du coléoptère brouteur et maladroit, à l'abeille et au bourdon efficaces et spécialisés, quel chemin parcouru au long des millénaires. Au fur et à mesure que les liens de la fleur et de l'insecte se renforçaient, les fleurs s'ingéniaient à perfectionner leur stratégie de séduction, inventant des moyens toujours plus persuasifs pour attirer l'insecte volage. Celui-ci répondait à cette attente : il adaptait son anatomie buccale, le moulant sur l'architecture des fleurs à polliniser; il affinait sa vue et son odorat; il modifiait son régime alimentaire finalement tributaire du seul nectar floral. Bref, il se mettait en état de répondre avec efficacité aux offres de son partenaire végétal. Et ces offres sont alléchantes car la fleur attire l'insecte non seulement par les avantages qu'elle déploie pour séduire ses sens, mais aussi par les services réels qu'elle lui offre au cours de sa visite. Le vol d'approche de l'insecte est commandé par les stratégies de séduction de la fleur : elle s'habille d'une corolle parfois somptueuse, se farde de discrètes ou voyantes couleurs, se parfume des plus délicates odeurs.

D'alléchants panneaux publicitaires

Dans la plupart des cas, ce sont les signaux optiques qui éveillent l'intérêt de l'insecte et déclenchent son vol d'approche : les pétales, par leur forme, leur taille et leur couleur sont de véritables affiches publicitaires destinées à appâter les insectes. Mais il arrive que les pétales soient défaillants. D'autres pièces prennent alors le relais, les sépales par exemple, que rien ne permet de différencier des pétales, chez le lys, le magnolia, la tulipe, le muguet, etc. Mais si pétales et sépales renoncent ensemble à jouer leur rôle, la fleur est obligée d'inventer d'autres astuces publicitaires : chez les *Musaenda* tropicaux, une seule pièce du calice se développe de façon monstrueuse et forme une sorte de grande feuille très colorée, tantôt rouge vif, tantôt jaune crème, très attractive; ces superbes arbustes ornent les jardins tropicaux mais s'obstinent souvent à ne pas vouloir fleurir en serre. Il arrive aussi que des organes annexes de la fleur se colorent comme chez les bougainvillées.

Ces magnifiques plantes grimpantes furent découvertes à Rio de Janeiro lorsque la frégate *la Bourdeuse* et la corvette *l'Étoile* y firent escale en 1766, au cours de leur voyage autour du monde. Le botaniste de l'expédition, Commerson, dédia cette plante superbe au chef d'expédition, Bougainville. Les fleurs, groupées par trois, sont blanc crème, peu visibles, mais trois belles feuilles colorées, violettes ou rouges, les accompagnent et persistent autour des fruits, ce qui rend la floraison particulièrement longue et fait le charme inimitable de ces arbustes sud-américains que les horticulteurs ont beaucoup amélioré depuis leur découverte. Les belles de nuit utilisent la même stratégie et développent autour de leurs petites fleurs cinq pièces blanches, jaunes ou pourpres. Mais ce sont les roses de Noël [1] qui ont le mieux réussi dans l'art de reconvertir des feuilles en pétales par l'une de ces étranges métamorphoses qui intriguaient tant Goethe : de superbes feuilles rouge vif simulant une énorme corolle, entourent les fleurs

1. *Poinsetia pulcherrima* ou *Euphorbia pulcherrima* (terme botanique correct).

de ces euphorbes américaines, aujourd'hui répandues dans le monde entier, et en vente chez tous les fleuristes.

Dans la famille des arums, une pièce unique, souvent très grande, entoure la hampe centrale où se fixent d'innombrables petites fleurs insignifiantes. Ce drapeau déployé ou plus ou moins enroulé joue un rôle publicitaire très efficace : il est rouge chez les anthuriums, vert jaune chez les arums, blanc vif chez les *Zantedeschia*, parure traditionnelle des corbeilles de mariées. Chez les *Albizzias*, grands arbres tropicaux de la famille des légumineuses, et chez leurs petits cousins, les mimosas, ce sont les étamines qui, par leurs vives couleurs, se substituent aux autres pièces pour exercer le rôle d'appât coloré sur l'insecte pollinisateur.

Les belles couleurs ne sont pas toujours dûes à la présence de colorants idoines; il arrive qu'elles aient une origine purement physique : le blanc éclatant du nénuphar s'explique par un phénomène de réflexion de la lumière sur les vésicules aériennes des pétales de cette plante aquatique, phénomène identique à celui qui produit la couleur blanche de la neige ou de l'écume. L'épiderme des pétales de bouton d'or est bourré de gouttelettes huileuses, tandis qu'une couche de cellules sous-jacentes, riches en grains d'amidon, forme un fond blanc; la lumière réfléchie sur ce fond traverse la couche huileuse et donne aux pétales cette belle couleur jaune et un peu grasse qu'on leur connaît. La robe des pétales de coquelicots possède à sa base une tache noire qui résulte de la superposition de deux assises de cellules, la première à contenu pourpre foncé, la seconde à contenu bleuté. Enfin les reflets veloutés des pensées ou des gloxinia sont dues à la forme particulière des cellules de l'épiderme des pétales qui, prolongées en papilles, ont toutes même longueur et même orientation comme les poils d'un velours.

Comment l'abeille voit la fleur

La vive coloration des pétales à toujours été considérée par les botanistes comme destinée à aiguiser la curiosité de l'insecte; jusqu'au jour où, remettant en cause ce raisonnement anthropocentrique, on finit par se demander si les insectes avaient bien la même vision des couleurs que nous. Peut-être après tout n'étaient-ils sensibles qu'à des différences d'éclairement, chaque couleur se traduisant pour eux par une certaine nuance de gris plus ou moins foncée, comme lorsqu'on passe d'une image en couleur à une image en noir et blanc.

Les expériences de Von Frisch sur les abeilles ont apporté une réponse à cette question : lorsqu'on offre à des abeilles une goutte de miel placée sur un rectangle jaune, elles se dirigent rapidement vers ce papier coloré. L'expérimentateur substitue ensuite à cet appât une série de papiers présentant toutes les nuances de gris, entre le blanc pur et le noir pur. Au milieu de cette série de papiers gris, il intercale le papier jaune : les abeilles, dressées à rechercher le miel sur ce papier jaune, s'y précipitent immédiatement, même lorsqu'il ne contient plus de miel; elles reconnaissent donc le jaune parmi toutes les nuances de gris, ce qui prouve qu'elles voient en couleur. Des expériences identiques peuvent être effectuées avec un papier bleu, mais non avec un papier rouge; l'abeille habituée à trouver son miel sur un papier rouge est incapable de retrouver ce papier rouge parmi une série de papier gris, elle confond le rouge avec un certain gris noir; pour elle le rouge n'est pas une couleur; c'est le jaune qui, dans son spectre de vision, est la couleur chaude, éclatante, excitante, sensuelle, et non le rouge.

Aussi les fleurs rouges comme celles du compagnon ou du silène acaule sont-elles fertilisées, non par des abeilles, mais par les rares insectes dont l'œil est sensible au rouge, papillons notamment. Ce qui explique la pauvreté de la flore européenne en fleurs rouges; car cette couleur est un facteur très défavorable dans la concurrence que se livrent les fleurs entre elles pour attirer les insectes. Beaucoup de fleurs que nous croyons rouges comme celles des bruyères, du trèfle incarnat, des rhododendrons, des cyclamens sont en fait plus pourpres que rouges; les abeilles n'y voient que le bleu qu'elles contiennent et les visitent comme des fleurs bleues! D'autres fleurs, comme la vipérine ou la pulmonaire ont une corolle rouge qui vire rapidement au bleu lorsque la fleur s'épanouit. Là encore, les abeilles n'y voient que du bleu! Une exception toutefois pour le coquelicot, vraiment écarlate et sur lequel les abeilles se pressent pourtant activement; on sait aujourd'hui que ses pétales écarlates et fragiles qui tiennent si mal en bouquets, réfléchissent non seulement des radiations rouges, mais aussi des radiations ultraviolettes auxquelles l'œil humain est insensible, mais non pas celui de l'abeille. Ainsi, ce que l'insecte perd dans la vision du rouge, il le gagne à l'autre extrémité du spectre, dans les faibles longueurs d'onde, en « voyant » dans l'ultraviolet, que nous avons baptisé « lumière noire » et dont nous faisons grande consommation dans les cabarets, discothèques et boîtes de nuit.

Une télévision couleur produit à partir du mélange des points rouge, bleu et jaune toutes les nuances de nos couleurs. Mais pour une abeille, elle devrait être construite sur une gamme de points jaune, bleu et ultraviolet, les trois couleurs primaires des abeilles! Et pour une punaise ou un scarabée, quel que soit son mode de construction, elle n'offrirait jamais qu'une image en noir et blanc, car ces insectes sont totalement insensibles aux couleurs. Finalement l'abeille, avec son spectre largement décalé vers les courtes longueurs d'onde, et sa sensibilité plus grande que la nôtre aux différences d'éclairage et d'intensité voit tout autrement que nous. Elle confond le jaune et l'orangé, le bleu et le violet, voit les fleurs blanches en bleu vert. Pour elle comme pour le bourdon ou pour la guêpe, une pâquerette se détache en bleu vert sur un fond d'herbe jaune pâle. Bien plus, son aptitude à voir dans l'ultraviolet modifie entièrement son champ visuel : les fleurs de colza, de moutarde et de giroflée nous paraissent identiquement jaunes. Pourtant, elles reflètent l'ultraviolet à des degrés différents. La giroflée n'en réfléchit pas du tout : elle est donc jaune pour une abeille. Le colza le reflète un peu et la moutarde beaucoup; ces fleurs paraissent donc aux abeilles sous une couleur que nous ignorons, généralement qualifiée de « pourpre d'abeilles » : c'est le mélange des couleurs des deux extrémités de leur spectre : le jaune et l'ultraviolet; comme notre pourpre mêle les deux extémités de notre spectre : le rouge et le bleu.

L'acuité visuelle des abeilles n'atteint que le quatre-vingtième de celle de l'œil humain : c'est l'inconvénient de l'œil à facettes! Aussi distingue-t-elle mal les formes des corolles : elle voit mieux les modèles aux contours accidentés et découpés que les modèles massifs et circulaires. Une corolle en étoile à douze branches est plus visitée qu'une autre à six branches, et bien plus encore qu'un simple disque; un capitule de chicorée sauvage aux contours déchiquetés est préféré à une fleur de géranium quasiment circulaire car une inflorescence est toujours préférée à une fleur simple, donc plus souvent visitée.

Finalement il nous est impossible d'imaginer ce que peut voir une abeille avec ses yeux à facettes et son spectre de couleurs spécifiques. Une prairie piquetée de fleurs nous apparaît comme une collection de bijoux multicolores placés dans leur écrin. Mais l'abeille voit tout autrement : les fleurs se détachent pour elle avec des couleurs inconcevables pour nous, sur des fonds gris ou jaunâtres parfaitement neutres : elles effacent le feuillage pour ne plus voir que les fleurs. Les parties les plus internes des pétales, proches du centre des fleurs, émettent souvent d'importantes proportions d'ultraviolets invisibles pour l'œil humain, mais qui signalent aux pollinisateurs l'entrée de la fleur et les guident sur le chemin du nectar.

Parfums et nectars

Dans le dialogue de la fleur et de l'insecte, les fleurs verdâtres ne sont pas entièrement dépourvues d'arguments : les fleurs de vigne, minuscules et presque invisibles, dégagent une forte odeur, de sorte qu'elles ne passent pas inaperçues. A l'inverse, des fleurs aussi vivement colorées que celles du pavot, du genêt, de la digitale, du liseron ou de la colchique n'émettent pratiquement aucune odeur. La nature ne met pas tous ses œufs dans le même panier; elle donne à chacun selon ses talents et ses armes : aux uns les couleurs, aux autres les odeurs. Et l'odeur peut être émise par n'importe quelle partie de la fleur, y compris les grains de pollen, comme dans le cas du cornouiller ou du viburnum boule de neige. Il semble bien que l'odeur des pollens soit la plus ancienne des odeurs florales; elle existe dans des groupes très archaïques bien avant l'apparition des fleurs; désagréable, l'odeur des pollens jouait un rôle dans l'attraction des premiers agents animaux de la pollinisation : les coléoptères.

L'observateur le plus inattentif remarque que les odeurs sont émises avec une intensité irrégulière selon les heures du jour et de la nuit : le tilleul, le chèvrefeuille embaument le soir. Le *Dracunculus* à 16 h 30; le *Céropegia* entre 10 et 11 heures. Ces mécanismes de haute précision inspirèrent au botaniste Moeuse l'idée d'une horloge florale, ou le début de l'émission de parfum, pour diverses espèces, donnerait l'heure! Linné en avait déjà construit une autre fondée sur l'heure d'ouverture des fleurs. Mais ces horloges marchent assez mal car les conditions météorologiques les affectent beaucoup. Mieux vaut prendre l'heure à sa montre; car la régularité des mouvements des astres en remontre, et de loin, à celle des phénomènes biologiques, généralement moins strictement déterminés et donc plus « libres »... Avec la vie, commencent les premiers balbutiements de la liberté...

Ainsi la combinaison de la vue et de l'odeur détermine les stratégies d'approche des insectes vers les fleurs. La couleur : c'est l'enseigne de l'auberge, sa publicité. Quant au parfum, c'est l'odeur du rôti qui attire le voyageur affamé... Si la fleur possède les deux attributs c'est l'analyse du vol d'approche de l'insecte qui permet de savoir lequel l'emporte : si l'insecte, indépendamment du vent, fonce sur la fleur en ligne droite, c'est qu'il se dirige à vue. Mais si le vol s'effectue en zigzag, ou si l'insecte vole contre le vent, c'est que le pilotage est fonction du mouvement des effluves parfumées.

A la couleur des pièces de la corolle et à son parfum s'ajoute un troisième facteur attractif : la présence d'un liquide sucré, le nectar. L'insecte se nourrit de ce nectar que l'homme, en recueillant le miel, lui vole à son tour.

Les nectaires, organes sécrétant le nectar, affectent les formes les plus diverses; ce sont tantôt des glandes minuscules, tantôt de petites papilles présentes à la base des pétales ou d'autres pièces; ce sont parfois de longs éperons prolongeant la base de la corolle comme dans le linaire et dans la dauphinelle; ou des sortes de cornets aux formes étranges et distinguées comme chez l'ancolie, l'aconit ou l'hellébore.

Le volume du nectar produit varie en fonction de l'appétit du consommateur : il est beaucoup plus faible chez les espèces fécondées par les insectes que chez celles que fécondent les oiseaux. En moyenne, la plupart des plantes des régions tempérées sécrètent environ 0,5 à 5 milligrammes de nectar par fleur et par vingt-quatre heures. Mais la production peut être beaucoup plus abondante; les fleurs de certains eucalyptus se remplissent littéralement d'un suc visqueux qu'elles finissent par répandre dans le milieu extérieur. Les érables se singularisent aussi par la générosité de leur production; il n'est pas rare, lorsqu'on abandonne au printemps une voiture sous un érable, de la retrouver après quelques jours poisseuse et enduite du nectar que l'arbre a répandu, gouttelette par gouttelette.

Une piste d'atterrissage savamment balisée

Restait à savoir comment l'insecte pouvait découvrir le nectar, souvent caché dans les zones les moins accessibles, et en tout cas les moins apparentes de la fleur. Conrad Sprengel émit, en 1793, une curieuse hypothèse que l'expérience devait confirmer beaucoup plus tard : en observant une fleur de myosotis, il fut frappé par l'existence d'un anneau jaune entourant la gorge de la corolle dans laquelle est logé le nectar; cet anneau tranchait fortement sur le bleu ciel des pétales. De là à déduire, conformément aux vues finalistes de son époque, que cet anneau était un « signe », qu'il avait une « signification », il n'y avait qu'un pas que Sprengel franchit allégrement. Et il conclut que le Créateur avait disposé les assemblages de couleurs des pétales pour guider l'insecte vers le nectar. Beaucoup plus tard, Von Frisch confirma l'intuition de Sprengel en montrant que les assemblages de couleurs les plus fréquents étaient précisément ceux que les insectes pouvaient le plus aisément percevoir : jaune et bleu, jaune et violet, orange et bleu, mais jamais vert, car le vert se confond avec l'ensemble du paysage végétal, ce qui est juste le contraire d'un signe. Pour Von Frisch, ces faits ne pouvaient être imputés au seul hasard; ils semblaient plutôt la conséquence du jeu de la sélection naturelle qui, au cours des âges, aurait favorisé les fleurs dont les couleurs attiraient le plus efficacement les insectes.

En observant attentivement leur vol, en jouant sur les couleurs, en substituant aux fleurs naturelles des fleurs pièges, on a pu mettre en évidence l'existence, dans la plupart des fleurs de telles enseignes, véritables « guides de nectar », comme l'avait entrevu Sprengel. Le vulgaire marronnier fournit l'exemple d'un système de guidage très perfectionné : sur la fleur jeune, une large tache jaune sur fond blanc guide l'insecte vers le nectar. Mais lorsque dans la fleur âgée la sécrétion de nectar diminue, ces taches virent à l'orange, puis au rouge vif. Les abeilles délaissent très vite les fleurs rouges pour ne visiter que les fleurs jaunes. Singulier feu rouge qui, pour l'insecte aveugle au rouge, est plutôt une « extinction des feux » et lui économise pourtant l'effort d'une vaine visite! Dans la famille des borraginacées, beaucoup de fleurs, comme la pulmonaire par exemple, font l'inverse. Elles sont rouges dans leur jeunesse, puis virent au bleu, semblant vouloir n'exercer leur attirance sur l'insecte que lorsqu'elles sont vraiment prêtes à le recevoir.

Les guides de nectar sont souvent des lignes rayonnantes aboutissant aux glandes nectaires; leur couleur tranche sur le fond du pétale. L'insecte suit ces lignes comme un avion prendrait la piste pour atterrir. En l'absence de telles balises, dans la fleur du magnolia par exemple, le vol d'approche se complique singulièrement et l'embarras des abeilles contraintes d'atterrir sans visibilité est évident : elles tournent au hasard sans trouver le nectar au centre de la fleur et doivent finalement se résigner à repartir bredouilles après une longue série d'essais infructueux. Comme les nénuphars, les magnolias sont de grandes fleurs archaïques et, en absence de balises, ce sont finalement les coléoptères lourdaux et maladroits, qui les fécondent, attirés par l'odeur du pollen. Ces grandes fleurs, à la gueule ouverte, n'ont pas grand-chose à dire aux insectes subtils et exigeants, et se contentent donc de la visite des moins doués : on a pu dire que l'abeille s'y perd comme un bébé dans un grand lit.

L'onagre est bien plus astucieux. Les repères de ses pétales jaunes ne sont perceptibles qu'en lumière ultraviolette; ils sont donc invisibles pour l'œil humain, mais parfaitement utilisables par l'insecte.

L'odorat contribue aussi à l'efficacité du guidage. Car les guides de nectar tranchent sur le fond des corolles, non seulement par leur couleur mais aussi par leur parfum. Depuis les expériences de Von Frisch, on savait que les abeilles ont un sens de l'odorat plus perfectionné que le nôtre; peut-être parce qu'il se situe dans les segments supérieurs des antennes, organes curieusement mobiles qui permettent à l'insecte de « palper » en quelque sorte les odeurs. Or les guides de nectar émettent des odeurs plus fortes que le reste des corolles : chez le marronnier, l'odeur des taches rouges est différente de celle des taches jaunes, seules repérables. Et, chez le vulgaire liseron des champs ou la campanule carillon, le téléguidage ne se fait que par l'odeur, car la corolle blanche ou bleue ne présente aucun assemblage de couleurs, ni dans le visible, ni dans l'ultraviolet, ce qui exclut tout guidage optique.

L'odorat de l'abeille est sensiblement égal à celui de l'homme; donc très inférieur à l'odorat incroyablement performant du bombyx du chêne, qui découvre par exemple une femelle de son espèce à plusieurs kilomètres grâce à ses antennes. Mais en ce qui concerne les odeurs florales, l'acuité olfactive des abeilles est supérieure à la nôtre. Ces odeurs sont produites par les essences sécrétées par les fleurs, et jamais par le nectar; elles jouent un rôle essentiel dans le vol d'approche.

Il arrive souvent que des signaux optiques et odorants se superposent : ainsi le cornet rouge qui surmonte la corolle jaune des narcisses émet une odeur différente de celle du reste de la fleur.

Ces parfums imprègnent les abeilles et jouent dans la ruche un rôle capital : car les ouvrières se communiquent les stations qu'elles ont repérées et où de bonnes récoltes sont possibles par des danses dont chaque mouvement revêt une signification précise. Le type de fleur repérée, est signalé par l'ouvrière à ses partenaires grâce au parfum dont elle s'est imprégnée. Mais l'usage des parfums floraux peut être plus subtil encore! Les *Catasetum,* orchidées d'Amérique du Sud, offrent aux insectes qui les visitent des substances odorantes dont ils s'imprégnent les poils des pattes. Ces gouttelettes à forte odeur de menthe sont stockées dans une vésicule prévue à cet effet. Seuls les mâles effectuent ces prélèvements. Puis, revenus sur leurs territoires, ils le marquent en réémettant le parfum par mouvement vibratoire des ailes qui simule l'action d'un vaporisateur. Le territoire ainsi marqué est prêt pour les parades nuptiales. Ici l'orchidée offre à l'insecte un parfum qui lui permettra d'attirer et de séduire sa femelle. Ce que fit l'homme aussi, lorsqu'il survint beaucoup plus tard dans l'histoire de la vie, croyant inventer un stratagème que cet insecte connaissait bien avant lui. Eternelle stratégie de la séduction, qui emprunte à la fleur ces arguments souvent décisifs que sont les parfums.

Mais les insectes, non contents de prélever le nectar, se nourrissent aussi de pollen, ce qui explique les quantités impressionnantes produits même par les fleurs à insectes. Il suffit de considérer la production généreuse du coquelicot pour s'en convaincre. Certaines espèces comme le très ornemental *Lagerstrœmia indica* en tirent des conclusions logiques et forment deux sortes d'étamines : les unes, attractives et colorées, ne donnent que du pollen « alimentaire »; les autres, beaucoup plus discrètes, fournissent le pollen de fertilisation. A la limite, les étamines alimentaires ne fabriquent plus de pollen, mais offrent à leurs visiteurs ailés un liquide lactescent dont ils se régalent [1].

Le tendre et dangereux visage de l'amour

La fleur n'offre pas seulement à l'insecte ses aliments et ses parfums. Elle lui offre aussi d'autres services, par exemple un refuge en cas de mauvais temps. Les fleurs en cloche des belladones ou des campanules hébergent tout un petit monde d'insectes par temps pluvieux. Dans les régions arctiques, les corolles des *Dryas* s'orientent vers le soleil et fonctionnent comme des miroirs concaves, concentrant les rayons au niveau de la région ovarienne où viennent s'abriter les insectes frileux : modèle naturel dont nos fours solaires ne sont que la réplique.

1. Dans la famille des Commellinacées par exemple.

Les arums attirent les mouches, non seulement par leur odeur, mais aussi par la chaleur qu'ils produisent au fond de leur puissant édifice floral, chaleur qui ne fait d'ailleurs qu'accentuer l'odeur de putréfaction qu'ils émettent. Une plante voisine [1], croissant aux Philippines, fait même une forte fièvre puisqu'elle atteint 43° et une autre [2], originaire des climats froids, produit assez de chaleur pour faire fondre la neige autour d'elle et attirer une nuée d'insectes venant de fort loin.

Lorsque l'ambiance de la fleur est agréable, il arrive que l'insecte envisage d'y reproduire sa descendance. Ainsi des lepidoptères ont-ils mis au point avec les yuccas américains un système de vie communautaire particulièrement adapté à leur survie commune. Les fleurs de yucca, blanches et pendantes, sont disposées en longues grappes portées par une hampe robuste. Elles sont incapables de s'autopolliniser en raison de la position respective des étamines et des stigmates. La femelle d'un petit lepidoptère [3] entre dans la fleur qui s'ouvre le soir, lorsque la chaleur torride des déserts américains où pousse la plante commence à décroître. Elle y collecte du pollen qui a une consistance de mastic et le roule comme on roule une boule de neige par agglomération continue jusqu'à ce que cette boule soit plus grosse que sa tête. Elle monte alors vers l'intérieur de la fleur pendante, et pond un œuf dans l'ovaire; puis elle monte plus haut encore vers le stigmate et y dépose du pollen. Elle revient ensuite pondre un deuxième œuf dans l'ovaire, remonte déposer encore du pollen et poursuit ce mouvement de va-et-vient jusqu'à ce qu'elle n'ait plus ni pollen, ni œuf à pondre. Puis elle meurt, sans jamais voir sa descendance et sans jamais savoir qu'elle a assuré la nourriture de celle-ci en assurant aussi minutieusement la pollinisation. En effet, chaque larve, en éclosant dans l'ovaire, consomme

1. *Schizocasia portei.*
2. *Symplocarpus fœtidus.*
3. *Tegiticula yuccasella.*

environ vingt jeunes graines; le nombre de larves par ovaire dépasse rarement six; les dégâts sont sans gravité, car chaque ovaire comporte en moyenne deux cents ovules, donc deux cents graines en puissance. Bref, l'ovaire des Yuccas fait la part du feu : il paie comme il se doit le service que lui rend l'insecte en assurant avec beaucoup d'efficacité et de spécificité sa pollinisation. Bien plus, cette sorte de régulation des naissances qui, en éliminant certaines jeunes graines, laisse aux autres de meilleures chances de développement est habile et utile pour la plante. Les jardiniers n'en font-ils pas autant quand ils éclaircissent un semis de radis ou de fleurs, pour diminuer la compétition et obtenir de meilleurs sujets?

Les larves bien nourries sortent des ovaires, puis des fleurs et le cycle de l'insecte se poursuit dans le sol où il passe l'hiver. L'éclosion a lieu quand les yuccas commencent à fleurir. Les jeunes mâles fécondent les femelles avec ardeur et ne tardent pas à mourir d'épuisement, leur mission accomplie; les femelles fécondées retournent dans les fleurs de yuccas et le cycle reprend.

La pollinisation du figuier s'inspire des mêmes principes : les figuiers sont mariés, pour le meilleur et pour le pire, avec un seul type d'insecte, les *Blastophaga*, qui les fécondent en pondant leurs œufs dans leurs ovaires. Les ovaires donnent alors des fruits et ces fruits ne sont pas, comme on le croit, les figues, mais bien les petits pépins qu'elles contiennent, et qui chacun provient d'une fleur minuscule fécondée. La figue charnue n'est que l'habitacle, gonflé après fécondation, qui abritait ces fleurs, sans doute les plus petites du règne végétal.

Comme chez les yuccas, le figuier abandonne à l'insecte un certain nombre de fleurs femelles qui, en réduisant la longueur de leur style, permettent à l'insecte d'y introduire son oviducte, organe de ponte, pour y mettre ses œufs, acceptant visiblement de jouer le rôle de berceau pour les larves. En récompense, les *Blastophaga* fécondent les fleurs fertiles sans leur nuire! Le figuier sait aussi faire la part du feu. Mais il n'avait guère de choix, car, en produisant des fleurs sans corolle enfermées dans des urnes presque entièrement closes et peu spectaculaires, il avait peu de chances de concurrencer les fleurs mieux dotées que lui, plus séduisantes et plus accessibles. Il courait donc le risque de rester stérile. Or l'Evangile n'est pas tendre pour ces figuiers-là ! Pour survivre, il n'y avait qu'un moyen : trouver une clientèle sûre – les *Blastophaga* – et la conserver en améliorant la qualité du service ! Par ce stratagème, les figuiers peuvent aussi, selon le précepte évangélique, produire de « bons fruits ».

Ce type de communauté, fonctionnant au bénéfice mutuel de deux espèces tourne parfois au désavantage de l'un des partenaires, comme il en est si souvent dans les ménages. C'est ce qui se passe chez *Stapelia grandiflora*, une fleur sud-africaine en forme d'étoile de mer à odeur nauséabonde, visitée par des moucherons qui pondent leurs œufs indifférement dans les ovaires de ces fleurs, dans des cadavres ou dans des matières fécales. La fleur est pollinisée lors de ces visites, mais elle n'a pas la bonne grâce de rendre un quelconque service en échange : la jeune larve y meurt, car la fleur ne lui offre aucune nourriture pour se développer et grandir. A l'égard de l'insecte, ce *Stapelia* se comporte donc comme un vrai parasite, tirant bénéfice des visites qu'il reçoit sans offrir le moindre avantage en échange. Ces fleurs, qui peuvent dans certaines espèces atteindre trente-cinq centimètres de diamètre, cessent d'émettre leur odeur nauséabonde aussitôt après la fécondation : elles représentent donc un piège parfait, et parfaitement machiavélique !

Il illustre la forme la plus égoïste et la plus cruelle des systèmes d'interrelation fonctionnant dans la nature : le *Stapelia* reçoit mais ne donne rien; pire, il laisse mourrir les enfants de ses visiteurs qui pourtant lui rendent l'éminent service de le polliniser. A cet égard, il est plus cruel encore que les ophrys mimétiques qui, si elles n'offrent rien aux insectes qu'elles attirent et qui les pollinisent, les laissent au moins repartir, sexuellement frustrés, mais vivants! On trouverait des exemples inverses où la plante donne et ne reçoit rien en échange : ainsi, chez les conifères pollinisés par les vents, l'attrait accidentel que les insectes manifestent au pollen les nourrit sans que l'arbre n'en tire le moindre bénéfice. Entre ces cas extrêmes, se situent toutes les formes intermédiaires d'échanges mutuels de services au bénéfice réciproque de la fleur et de son pollinisateur. Chacun donne et reçoit plus ou moins en échange. De ces échanges de services naît la riche diversité des symbioses que nous venons d'évoquer.

Comme tout échange fondé sur des relations de type finalement sexué les risques de dissymétrie demeurent, l'équilibre parfait restant un objectif théorique jamais atteint. Et la dissymétrie peut tourner à l'asservissement total du partenaire.

Des fleurs sadiques

La famille tropicale des asclepiadacées, qui ressemble à bien des égards à celle des orchidées, ne serait-ce que par l'agglomération du pollen en lourdes pollinies, semble s'être spécialisée dans l'art de tourmenter et même de torturer les insectes. Le *Stapelia,* qui en fait partie, n'est certes pas la plus cruelle de ces fleurs : car si elle ne nourrit pas les larves au moins laisse-t-elle s'échapper leurs parents. D'autres espèces sont beaucoup plus cruelles encore [1]. Car leurs pollinies ne se fixent pas comme chez les orchidées par un ciment gluant, mais par des sytèmes subtiles de pinces et de lanières qui forment l'arsenal classique du sadomasochisme. Attiré par le nectar, l'insecte se fait brusquement agripper par la trompe ou par les pattes, selon les

1. Exemples : *Cynanchum acuminatifolium,* divers *Asclepias* et *Araujia.*

espèces. S'il est suffisamment fort, il réussit en se débattant à arracher les pollinies qui se fixent solidement à lui par ces sortes de lanières et qu'il convoie sur une autre fleur. Là, il lui faudra faire preuve à nouveau de force et d'habileté pour se dégager en fixant la pollinie sur le receptacle stigmatique. Beaucoup d'insectes ne sont pas capables de se dégager de ces pièges redoutables : ils se débattent, agitant désespérément les ailes jusqu'à mourir d'épuisement. D'autres asclepiadacées, comme les *Ceropegia,* emprisonnent leurs pollinisateurs au fond de leurs curieuses corolles en tube, s'évasant puis se refermant au sommet comme une lanterne. L'orientation des poils, dans ces tubes, permet aux insectes d'y entrer, mais non plus d'en sortir. Il leur faut attendre plusieurs jours pour que, la fleur fanant, les poils se ratatinent et la corolle se mette en position horizontale permettant ainsi aux malheureux survivants de s'échapper. Puis ils s'empressent stupidement de pénétrer dans une autre fleur qu'ils pollinisent, et se font à nouveau prendre au piège.

Les asclépiadacées sont l'exemple ultime où la torture, l'emprisonnement, l'esclavage et l'ingratitude sont devenus monnaie courante. Comme les orchidées, elles sont passées expertes dans l'art d'utiliser les insectes à leur profit. Mais tandis que ces dernières usent de leur charme et de leur intense pouvoir de séduction, celles-ci usent au contraire de leur force et de leur instinct de domination. Les unes et les autres ont cependant ceci de commun, de toujours recourir à la ruse, pour piéger à coup sûr leur partenaire.

Mais si les asclépiadacées exercent leurs sévices sur n'importe quelle victime, les orchidées évoluent vers la formule « monogame » du couple mimétique, comme nous l'avons vu.

Des mariages très stricts, fondés sur une fidélité absolue, s'organisent alors entre une espèce d'insecte et une espèce de fleur. La nature crée ici des liens d'interdépendance tels qu'une espèce serait impitoyablement éliminée si son pollinisateur spécifique venait à disparaître. L'aconit et le genêt à balai, dont les fleurs presque hermétiquement closes ne sont pollinisées que par les abeilles ou les bourdons qui joignent à leur force physique leur fine intelligence des opérations à effectuer pour vaincre la résistance de la fleur, ont ainsi définitivement lié leur sort à ces insectes. Autre exception à la règle qui veut que dans l'immense majorité des cas, une espèce de fleur peut être fécondée par de nombreuses espèces d'insectes.

C'est le délicat problème des ultraspécialisations, qui comportent leurs avantages mais peuvent aussi comporter de gros inconvénients. On mesure en effet le péril qu'il y a pour une espèce à pousser à ce point sa spécialisation : tant que l'insecte pollinisateur est présent dans le milieu, la fécondation est assurée à coup sûr; mais qu'il vienne à manquer et l'espèce est impitoyablement condamnée.

Les risques de la fidélité

On a pu classer les insectes selon leur degré de fidélité : certains ne fécondent qu'une seule espèce, d'autres quelques-unes, d'autres sont au contraire très éclectiques. Mais il est difficile de savoir si la fidélité appartient au patrimoine héréditaire de l'insecte, si elle fait partie intégrante de son instinct, ou si au contraire elle est acquise par son « éducation » : ce qui pourrait par exemple se produire lorsqu'une seule espèce de fleurs est disponible au moment où l'insecte fait son apprentissage, toujours lent et laborieux, et reste ensuite fidèle à la fleur qu'il a ainsi appris à fréquenter dans sa jeunesse. Il faudra encore de nombreuses recherches pour éclaircir tous les cas particuliers, allant du polytropisme – on allait dire, de la polygamie la plus libérale – au monotropisme le plus rigoureux.

Dans ce dernier cas on tombe sur le difficile problème des reconversions, qui, à sa manière, se pose ici. On sait combien il est difficile, dans les sociétés très évoluées, de reconvertir un ouvrier trop spécialisé. C'est pourquoi on préconise un style de formation pluridisciplinaire et, si possible, permanente; elle permet à chacun de conserver à tout moment plusieurs cordes à son arc et par conséquent des chances réelles de reconversion, en cas de besoin.

La vie affective et sexuelle de l'homme, fût-il « civilisé », reproduit, en fait sinon en droit, et au-delà des règles sociales qui tendent à en fixer le cadre, le même modèle « ouvert »; de nombreuses entorses étant relevées à la règle de la fidélité monogame que la culture occidentale tend à imposer à une nature décidément réticente...

Mais gardons-nous de tirer ici de l'observation de la nature de trop hâtives conclusions. Comparer la fidélité d'une espèce d'insecte et d'une espèce de fleur à la fidélité d'un couple humain est évidemment une audace de l'esprit. Dans le premier cas, il s'agit d'une stricte alliance entre espèces, dans le second d'une libre union entre individus. Bien plus, ces individus ont été pourvus d'un cerveau « très spécial », capable, comme chacun sait, de surprenantes performances. Et parmi celles-ci, il y a, tout au moins potentiellement, celle de construire des équilibres originaux entre le jeu toujours imprévisible des pulsions, des sentiments et de la raison. Jeu de construction de soi laborieux et patient, qui de crise en crise, peut aboutir et à la liberté de l'esprit, du corps et du cœur, et à la fidélité de l'amour sans retour.

Mais les pauvres fleurs sont bien incapables de tout cela! Pour limiter les risques, elles préfèrent éviter la spécialisation à outrance, pour se conserver une certaine marge de « liberté », disons plutôt, car ce mot est l'un des plus équivoque de la langue, de latitude. Des fleurs papilionacées comme celles du pois, du haricot, de l'arachide, visiblement organisées pour être fécondées par les insectes comme le nom de la famille à laquelle elles appartiennent l'indique d'ailleurs, pratiquent couramment l'autofécondation. A l'inverse les abeilles, pourtant admirablement adaptées aux fleurs, fréquentent beaucoup les chatons de noisetier, d'orme, de noyer. Car au début du printemps, les fleurs ne sont pas encore épanouies et la disette de pollen entraîne les abeilles vers ces espèces pourtant notoirement pollinisées par le vent. Les baobabs produisent, avec leurs deux mille étamines par fleur, une telle quantité de pollen que le moindre choc produit une abondante émission efficace – pour le cas où les chauves-souris viendraient à faire défaut. Et le banal plantain lancéolé est pollinisé et par le vent et par les insectes, comme la callune des landes à bruyères qui joue également sur les deux tableaux. Ainsi la nature se ménage-t-elle souvent d'utiles « issues de secours » en évitant l'excès de spécialisation. Lorsque celle-ci se produit, la fleur se trouve en effet prisonnière de l'insecte particulier qui la féconde. Déplacée sans son insecte, la voici dépaysée, inadaptée, condamnée. C'est cette mésaventure qui arriva à la vanille lorsqu'on la transplanta du Mexique dans les îles de l'océan Indien, sans son pollinisateur spécifique, le melipone.

Si les fleurs déploient les artifices les plus incroyables pour attirer leurs pollinisateurs, il arrive parfois que ceux-ci se livrent, à l'égard des fleurs visitées, à de singulières exactions. Les bourdons, par leur force et leur obstination, excellent dans l'art d'agresser les fleurs : on les voit pratiquer le viol manifeste pour ouvrir et pénétrer dans les grosses fleurs hermétiquement closes du genêt ou de l'aconit, mais on les voit aussi se livrer à d'autres larcins, comme par exemple le vol du nectar, observé chez les fleurs de consoude. Ces fleurs, à la corolle en tube allongé et pendant, sont visiblement boudées par la plupart des abeilles et des bourdons qui s'en détournent avec une apparente indifférence ; c'est qu'en effet leurs trompes sont trop courtes pour atteindre le nectar. On le voit bien lorsqu'une abeille plus naïve ou plus téméraire que d'autres s'agrippe à la corolle et s'agite fébrilement au point de se couvrir le dos de pollen. Mais ces visites sont rares, bien que nécessaires à la pollinisation. L'insecte quitte la fleur frustré, car il n'aura pas reçu la moindre goutte de nectar en échange du service rendu. En revanche certains bourdons s'y prennent tout autrement et pratiquent le vol par effraction, en perçant de leurs puissantes mandibules la base du tube de la corolle : cette percée réussie, ils enfoncent leur trompe et aspirent le nectar. Puis ils quittent la fleur, laissant son trésor – le nectar – à la portée du premier venu : aussitôt une foule d'insectes se précipite par cette voie dérobée mais efficace, suçant le nectar sans emporter le moindre grain de pollen. C'est la fleur cette fois qui est frustrée puisque son nectar est emporté, mais non son pollen.

De la compétition à la coopération

Haeckel avait défini l'écologie comme l'étude des relations entre les êtres vivants et leurs milieux, « relations amicales ou antagonistes que Darwin considérait comme les bases de la lutte pour la vie ». Les relations des insectes et des fleurs illustrent de façon saisissante les cruautés dont la nature comme la société n'est pas avare, mais aussi les amicales complicités mises en œuvre pour organiser l'existence commune d'êtres vivants pourtant très éloignés dans les chaînes de la vie.

Car l'égoïsme et la cruauté de certaines espèces ne doit pas faire perdre de vue le dessein global de l'évolution commune des insectes et des fleurs; l'arbre ne doit pas cacher la forêt! Contrairement à un aphorisme trop répandu, la vie sociale n'est pas soumise aux seules lois de la jungle. Et la loi de la jungle n'est pas, comme on le pense de manière simpliste, la seule loi du plus fort. C'est l'esprit de compétition acharné, propre aux sociétés industrielles et productivistes, qui a fini par imposer à nos yeux une certaine représentation de la nature, qui n'est plus du tout la nature, mais justifie en revanche tous les excès de la société. D'où l'incroyable priorité donnée aux forces de compétition et d'affrontements dans les sociétés contemporaines, et que traduit si pertinemment le vocabulaire quotidien.

Alors que la société médiévale insistait sur les valeurs associatives (les corporations, le compagnonnage, la permanence et l'acceptation du statut social limitant toute forme de compétition, avec d'ailleurs tous les inconvénients inhérents à ce type de société), les sociétés modernes ont à l'inverse exclusivement valorisé les vertus compétitives : ne parle-t-on pas de guerre économique, de combat politique, de conflits sociaux, de luttes, de compétition électorale? Ces expressions, par la charge de violence qu'elles recèlent, expriment une réalité qui devrait nous surprendre, si nous n'y étions accoutumés. Et le vocabulaire guerrier du monde politique donne à réfléchir; ne voit-on pas les militants, dûment mobilisés, faire campagne, attaquer l'adversaire et le battre?

En privilégiant à l'excès les luttes et la compétition, l'évolution actuelle tourne le dos aux apports récents de l'écologie, dont elle ne saisit qu'un des aspects. Car elle fait peu de cas des forces de coopération équilibrant à tout moment les tensions, les affrontements et les compétitions, qui, livrées à elles-mêmes, auraient de longue date mis un terme à l'histoire du monde vivant. Compétition et coopération sont les deux pôles des équilibres de la vie, l'un ne pouvant exister sans l'autre.

Entre les insectes et les fleurs, des collaborations toujours plus fines, plus élaborées ont été mises en œuvre et améliorées au fil des millénaires. Du coléoptère ravageur et dévastateur, qui ne réalise la pollinisation que par accident, à l'abeille méticuleuse et organisée, capable de déclencher dans la fleur des mécanismes de haute précision, quel chemin parcouru, quelle économie de moyens, quel progrès dans l'organisation et l'efficacité du travail. L'insecte, en amenant la fleur à perfectionner son architecture, se contraint lui-même à développer ses propres facultés psychosociologiques. Tel est bien le secret de toute véritable histoire d'amour : car un couple n'est vraiment réussi que dans le souci partagé du progrès et de l'épanouissement de l'autre. C'est en se déprenant de soi qu'on s'éprend d'autrui. C'est en perdant sa vie qu'on la gagne. Les plus belles fleurs de nos jardins et de nos serres n'existeraient pas sans les insectes, nos horticulteurs n'intervenant qu'en dernier ressort, pour achever des chefs-d'œuvre qui ne sont pas leur fait. Et il n'y aurait sans doute jamais eu ni abeilles, ni papillons si, il y a cent millions d'années, les plantes n'avaient inventé « la fleur ».

On pardonnera à l'école scientiste et antifinaliste de la fin du siècle dernier, menée par le grand botaniste français, Gaston Bonnier, de n'avoir pas compris que les insectes et les fleurs s'étaient faits mutuellement dans une partie à deux infiniment subtile et complexe : s'appuyant sur quelques cas particuliers, Bonnier concluait qu'il n'y a aucune adaptation réciproque entre l'insecte et la fleur! Il s'était trompé, comme les travaux ultérieurs de Von Frisch le démontrèrent avec éclat; mais il nous laisse de grandes et de petites flores qui, un siècle plus tard, restent d'actualité. Ainsi va la science : comme l'Eglise, c'est un bateau qui avance à coup de gaffes!

De l'émouvante histoire d'amour des fleurs et des insectes que nous conte la nature, l'homme a depuis longtemps tiré la leçon : offrir des fleurs, c'est dire qu'on aime. La fleur, organe de reproduction donc de survie, symbolise l'amour. La femme, le papillon, la fleur : élégance et douceur, harmonie de beauté, de parfum, de délicatesse dans les formes et les couleurs, évoquant ce qu'il y a de plus chaud et de plus beau dans l'œuvre du Créateur.

CHAPITRE 10

La protection maternelle et infantile

L'architecture militaire au service de la fleur

La fleur est belle, mais fragile; elle, qui crée et donne la vie, est offerte sans défense à de multiples agressions dont elle tente de se protéger au mieux. Mais les ennemis sont nombreux : les herbivores brouteurs d'abord, qui dévorent sans discernement feuilles et fleurs; de la vache elle peut à la rigueur se protéger en se bardant d'épines; mais passe alors la chèvre vorace, que rien ne retient, ni les rochers qu'elle escalade, ni l'arbre dont elle broute les frondaisons, ni le rameau épineux qu'elle déguste avec insouciance! Il y a aussi le coléoptère dévastateur qui broye dans ses mandibules les fragiles tissus floraux; puis l'insecte piqueur d'ovaire, mangeur d'ovules, producteur de gale; sans oublier l'enfant qui la cueille pour faire un bouquet. Quelle chance reste-t-il finalement à l'ovaire de sortir victorieux de tant de menaces, d'échapper à la loi d'airain de la nature qui est de se manger les uns les autres; loi d'autant plus sévère qu'elle s'impose à la plante dans toute sa rigueur, car l'herbe est à la base de la pyramide écologique; si elle ne mange personne, en revanche tout le monde la mange : sa position est juste à l'inverse de celle de l'homme, omnivore, dévoreur et dévastateur, qui mange tout et tout le monde, mais qui, sauf cas d'anthropophagie, n'est plus mangé par personne. Ce qui ne l'empêche pas de préparer activement son éventuelle autodestruction en s'acharnant à mettre au point et à perfectionner ses armes de mort.

Les risques d'être plante

Contre lui, elles n'ont jusqu'ici rien pu faire, sinon mourir d'aimer... ou plutôt d'être aimées. Que de fleurs cueillies et mortes en bouquet! Symbole ambigu d'amour et de mort. Encore s'il la récoltait pour se nourrir pourrait-elle se défendre, en synthétisant quelque poison dissuasif. Les plantes excellent dans cet art et savent mieux que les animaux se forger des armes chimiques redoutables. Mais l'homme habile ne tarde pas à déjouer leurs pièges, et nombreuses sont les plantes ornementales ou médicinales toxiques qu'il utilise à son profit. Pour les gros herbivores brouteurs, la toxicité est déjà un moyen de défense plus efficace : colchiques et boutons d'or continuent à pulluler dans les prairies, même lorsque les brouteurs sont nombreux. Car mus par l'instinct, ils délaissent ces fleurs aguichantes mais dangereuses par les poisons qu'elles contiennent et qui ne pardonnent pas.

Néanmoins, et malgré leurs efforts, les plantes ne peuvent échapper à leur destinée : fabriquer par synthèse chlorophyllienne des aliments que consommeront les animaux; cette mission que la nature leur assigne, elles l'accomplissent avec beaucoup d'abnégation. D'ailleurs la nature ne leur demande pas leur avis... Tout au plus s'évertue-t-elle à limiter les dégâts, et à maintenir un équilibre tel que la prédation dont elles sont les victimes désignées n'entame pas leur pouvoir de regénération et leur survie collective. Et en ce domaine, elles n'ont pas si mal réussi. Malgré tous les animaux qui prolifèrent sur terre, et les dévorent, les plantes se portent bien! Disparaîtraient-elles d'ailleurs entièrement dévorées par les herbivores que, ceux-ci affamés, disparaîtraient avec elles. Et l'homme suivrait aussitôt, privé de légumes, de fruits, de graines et de viande; car il dépend totalement des êtres qui le précèdent dans l'histoire et la hiérarchie de la vie. La survie collective est donc la loi commune et le maintien des équilibres entre populations, l'ultime secret de la nature.

Au maintien harmonieux de ces équilibres, les plantes contribuent à leur manière. Et dans la lutte contre les ravages et les dévastations causées par les petits animaux, elles ont même marqué une série de points non négligeables; ce fut le fruit de l'énorme et patient effort d'imagination développé par les plantes depuis l'origine pour accroître la protection et la sécurité de leur descendance. La protection maternelle et infantile n'est pas qu'une invention sociale : elle est d'abord une invention biologique, et l'on voit les plantes au long d'une évolution, qui s'étend sur plusieurs centaines de millions d'années, s'obstiner à protéger avec une efficacité toujours accrue la très précieuse cellule femelle qui, fécondée, perpétuera la vie. Cette cellule, elles l'enveloppent de parois protectrices superposées, comme dans un système de poupées gigognes s'emboîtant les unes dans les autres. L'addition de ces revêtements protecteurs aboutit, chez les plantes à fleurs, à l'ovule lui-même enfermé dans l'ovaire.

Le jeu des poupées russes

Pourtant arrivée à ce stade, l'évolution n'a pas encore dit son dernier mot, et l'on voit les plantes à fleurs poursuivre avec une obstination admirable le projet de la nature. Elles multiplient les parois protectrices, comme le firent les grands bâtisseurs de l'architecture militaire, qui multipliaient autour des forteresses des enceintes successives destinées à décourager l'envahisseur. Une cellule femelle, c'est une dame attendant dans son donjon l'arrivée d'un beau chevalier. Mais le monde est dur, le pillage est de règle, la guerre est partout. Des bandes armées rançonnent le territoire; l'insécurité et la menace exigent l'entretien de puissants systèmes de défense. Aussi a-t-on construit plusieurs séries de remparts. Lorsque le chevalier se présente aux portes de la forteresse, il lui faudra franchir une série d'obstacles, herses et ponts-levis pour atteindre enfin la demeure de la belle. On reconnaît dans ce chevalier le grain de pollen, et dans son itinéraire le cheminement du tube pollinique, qui doit traverser successivement la paroi de l'ovaire, puis les trois parois de l'ovule, que les fleurs ont construites autour de la cellule femelle pour la protéger, non pas de lui certes, qui a seul le privilège d'y pénétrer, mais de nombreux ennemis potentiels mangeurs d'ovules. Mais si l'ovaire est le château fort des plantes à fleurs, chef-d'œuvre accompli d'architecture défensive, les plantes primitives n'en étaient pas encore là. Point d'ovaire, point d'ovule, point de forteresse autour de leurs cellules femelles, installées à même le sol, car précocement abandonnées par la plante mère, et donc exposées à toutes les menaces.

Et pourtant, la fleur ne se contente pas du splendide édifice qu'elle a construit autour de ses cellules femelles. Elle va le perfectionner encore pendant les cent millions d'années de son histoire. Après la protection de la cellule femelle par l'ovule, puis de l'ovule par l'ovaire, c'est à la protection de cet ovaire que va désormais toute sa sollicitude!

Les fossiles nous enseignent que parmi les plantes à fleurs les plus anciennes figurent les saules. Or les saules ne protègent pas leurs ovaires. Ils se contentent de les aligner sur un axe dressé : l'ensemble forme ces chatons si appréciés à la fine aube du printemps, et dont l'élégance est rehaussée par les quelques filaments poilus qui s'insèrent entre les ovaires sans pour autant leur apporter la moindre protection.

Les ovaires de saule, dont chacun constitue une fleur femelle réduite à sa plus simple expression, sont fécondés par les abeilles et les bourdons, ce qui est exceptionnel dans cette grande famille d'arbres de nos forêts qui tous sont pollinisés par le vent. Ce mode apparemment moderne de pollinisation prouve en réalité le caractère conservateur des saules qui ont maintenu en région tempérée la pollinisation par les insectes, alors que la totalité de leurs cousins, perturbés par les glaciations successives des derniers millions d'années qui décimèrent les pollinisateurs, se sont reconvertis à la pollinisation par le vent.

D'où l'intense activité des abeilles autour des tout premiers chatons de saule, éclos dès la fine aube du printemps, et si généreusement visités à une saison où les insectes n'ont encore que très peu de nourriture à se mettre sous la dent !

L'impudeur du Magnolia

Pas plus que le saule, le magnolia, plante très ancienne à en juger par les fossiles, n'a pris soin de protéger ses ovaires. La fleur du magnolia est plus perfectionnée que celle du saule; elle répond mieux aussi à l'idée que l'on se fait d'une fleur : neuf grandes pièces colorées toutes semblables, entourent un cône allongé portant à sa base de nombreuses étamines et à son sommet un grand nombre de petits ovaires. L'architecture de la fleur de magnolia est archaïque : le nombre de pièces florales n'est pas exactement défini, ce qui semble vouloir dire que la formule n'est pas au point. Bref, la plante tâtonne et cherche son équilibre. De plus, en juchant ses ovaires au sommet de ce cône pointu, elle ne semble guère se préoccuper de leur protection. La disposition presque provocante des organes femelles au sommet d'un cône dressé avec insolence au centre de la fleur, agressif comme un phallus, s'accommode certes bien des comparaisons développées plus haut. Car si les ovaires sont des châteaux forts enfermant dans le donjon ovulaire les cellules femelles, il est notoire que les châteaux forts ont toujours été construits sur les hauteurs et se dressent sur des promontoires ou des escarpements. Malheureusement il est difficile de pousser l'analogie jusque-là : car dans les guerres d'autrefois, avant l'invention de l'aviation, l'ennemi ne pouvait approcher que par voie de terre : il était donc judicieux de porter très haut les lignes de défense, afin de découvrir le paysage et de surprendre ses mouvements. Il en est tout autrement pour la fleur où l'oiseau vorace, l'insecte ravageur et même l'herbivore brouteur ont toutes les chances d'attaquer par le haut, par la voie des airs en quelque sorte. L'érection de cette colonne centrale bien visible au centre de la fleur apparaît donc davantage comme une provocation que comme une protection. Et les fleurs s'en sont bien vite aperçu. Dans la famille aquatique des nénuphars, pourtant toute proche de celle des magnolias, un premier effort est tenté chez le *Nelumbo* pour corriger le tir : le cône s'aplatit, ou plus exactement se renverse et prend la forme d'une toupie. Les ovaires sont enfoncés isolément dans des loges creusées dans ce plateau terminal, le haut de la toupie. Cette plante originale est cultivée sur les pièces d'eau, à proximité des temples bouddhistes, dans tout l'Extrême-Orient. La forme de son étrange pistil, unique dans le monde végétal, est particulièrement prisée des amateurs de composition florale qui utilisent cet organe étrange dans la composition des bouquets secs où on les trouve de plus en plus fréquemment sous le nom de lotus. Avec le *Nelumbo* on passe en quelque sorte du château fort médiéval au fort de la guerre de 14. En effet, les ovaires restent portés par des organes émergeant nettement au centre de la fleur, comme les forts toujours construits sur les hauteurs pour constituer de bonnes lignes de défense. Mais cette fois, ils s'enterrent pour se protéger : c'est le principe du trou individuel ou de la tranchée... Les autres fleurs aquatiques de ce groupe, comme les lotus ou les nénuphars, vont plus loin et suppriment purement et simplement l'organe érigé porteur des ovaires : on tombe alors sur la belle fleur classique, à pistil plus discret et moins arrogant.

Une renoncule sardonique

Les renoncules appartiennent à une famille voisine des précédentes. Les fleurs sont beaucoup plus petites et leurs ovaires sont encore disposés sur un cône de forme arrondie mais qui n'émerge plus de manière provocante. De taille encore importante dans la renoncule scélérate, il devient plus modeste chez nos classiques boutons d'or où il finit par passer inaperçu. Étranges fleurs que ces renoncules que le bétail néglige, même lorsqu'elles abondent au point de jaunir la prairie. Mais les animaux, par instinct, redoutent leur toxicité. Comme les hommes ne mangent pas les boutons d'or, ils ne risquent pas d'accidents. L'histoire des renoncules toxiques est riche d'anecdotes [1]. Ainsi la renoncule « sardous », bien connue des auteurs anciens et qui pousse dans le bassin méditerranéen, possède l'étrange propriété de provoquer une paralysie partielle des muscles de la face et notamment de la mâchoire, ce qui produit chez les intoxiqués moribonds une crispation tout à fait typique du visage évoquant un rictus. C'est précisément le « rire sardonique » qu'arborèrent en mourant les Ibères vaincus par les Romains, et qui choisirent la mort par le poison plutôt que la servitude.

Voici le fraisier, dont la fleur ressemble comme une sœur jumelle à celle d'une renoncule blanche; une petite différence toutefois qui n'apparaît que sur une coupe transversale de la fleur : on retrouve toujours une protubérance centrale porteuse comme dans la renoncule de nombreux ovaires; mais les autres pièces de la fleur, sépales, pétales et étamines ne sont plus

1. DELAVEAU P., *Plantes Agressives et Poisons végétaux,* Ed. Horizons de France, 1974.

fixés directement sur ce cône : ils confluent entre eux par leur base en un disque horizontal annonçant les fleurs en calice ou en coupe. Après fécondation, ce petit cône grossit, devient charnu, succulent, et donne la fraise. Chaque ovaire se sépare alors de son voisin sous l'effet du gonflement du cône et donne, comme chez les magnolias et les renoncules, un petit fruit sec. La fraise n'est donc pas un fruit, mais un présentoir : ses fruits, ce sont ces minuscules éléments durs qui craquent sous la dent et résultent du durcissement des ovaires après fécondation.

La protection des ovaires commence à devenir vraiment efficace à partir de la reine-des-prés. Comme le saule, il s'agit d'une plante qui adore les terrains marécageux; son apparition dans une prairie est un mauvais présage, signe d'une dégradation de la qualité fourragère, qui nécessitera tôt ou tard un effort de drainage. Vivant comme le saule avec les pieds mouillés, elle se devait de partager avec lui la propriété de guérir les maladies qui précisément se contractent au froid et à l'humidité. Et de fait, au siècle dernier, un pharmacien suisse, Pagenstecher, réussit à extraire de ces fleurs un corps voisin de la substance active précédemment extraite de l'écorce de saule, l'aldéhyde salicylique; par oxydation cette substance donne de l'acide salicylique, antirhumatismal puissant. Une légère modification de cette molécule conduisit à l'aspirine, où l'on retrouve le radical « spir » en souvenir de l'origine botanique lointaine de ce médicament : la reine-des-prés est en effet une spirée; elle figure dans la série de fleurs que nous parcourons parce qu'elle illustre le premier cas d'une fleur qui ne possède plus aucune masse bombée porteuse des ovaires en son centre. Celui-ci au contraire se creuse en une coupe concave, et les quelques ovaires qui l'occupent ont la curieuse propriété de s'enrouler les uns autour des autres en spirales, ce qui valut précisément à la plante son nom de spirée.

L'enfouissement des ovaires dans le ventre de la fleur se poursuit de manière spectaculaire dans la plupart des arbres fruitiers de cette même famille des rosacées à laquelle appartenaient déjà la fraise et la reine des prés. Qu'ils s'agissent des cerisiers, des pruniers, des abricotiers, des pommiers, des poiriers, des cognassiers, tous ces arbres aux fleurs printanières présentent le même type d'architecture florale : cinq sépales verts, cinq pétales blancs ou roses et de nombreuses étamines, ces trois séries de pièces formant en confluant à leur base une coupe concave. Chez les cerisiers et les pruniers, cette coupe ne contient qu'un seul ovaire qui à maturité se transforme en un fruit charnu, tandis que les autres pièces fanent et tombent précocément, de sorte qu'autour de la cerise ou de la prune ne subsiste aucune trace du berceau qui lui a donné naissance. Car c'est bien d'un berceau qu'il s'agit, d'une coupe creuse comme un nid qui remplace le cône agressif et protubérant des magnolias et des renoncules. Et le fruit charnu a remplacé le petit fruit sec, autre signe d'évolution positive puisque désormais merles et étourneaux se chargeront de disséminer les noyaux et donc les graines loin de l'arbre porteur.

La rose et ses métamorphoses

Toujours dans la grande famille des rosacées, voici la rose qui lui a donné son nom : avec elle, le ventre de la fleur se creuse encore et forme une urne profonde et gonflée où se serrent des ovaires nombreux. Après fécondation, chacun d'eux produit un petit fruit sec qui reste cette fois dans le berceau jusqu'à maturité. Mais la rose des jardins n'existe pas à l'état sauvage. Les roses sauvages, et il en existe de multiples espèces souvent très voisines et difficiles à distinguer, ne sont en fait que des églantiers. Et les églantiers ne forment point de beaux bouquets, car leurs pétales fragiles tombent prématurément. Malherbe le savait bien, qui écrivait dans un texte célèbre : « Et rose elle a vécu ce que vivent les roses, l'espace d'un matin. » Car la rose de Ronsard comme toutes les roses de cette époque n'était encore qu'un églantier, ancêtre naturel des roses modernes. La nature a donné le modèle et la matière première, le talent des horticulteurs a fait le reste. Le passage de l'églantier à la rose exige une seule condition, nécessaire et suffisante : transformer des étamines en pétales. Les techniques modernes d'amélioration des plantes permettent ce genre d'opération. Car les pièces florales, sépales, pétales, étamines et ovaires ne sont pas des entités immuables. Les termes de passage d'un type à l'autre existent dans la nature; et l'homme ne fait que reproduire à son profit des processus naturels souvent observés : sépales se colorant comme des pétales, pétales portant à leur extrémité des sacs polliniques plus ou moins complets ou régressant à l'état de sépales, étamines réduites à des glandes à nectar, avortement d'un sexe, etc... Les groupes de fleurs archaïques, dont l'architecture florale n'est pas encore strictement fixée, manifestent souvent ce genre de phénomène : les pivoines et les nénuphars en sont d'excellents exemples; car la nature a réalisé chez les nénuphar ce que l'homme a fait chez la rose : la transformation d'étamines en pétales; le changement est graduel de l'extérieur de la fleur, vers l'intérieur; les pétales extérieurs sont normaux, les suivants se froissent à leur extrémité, puis portent une petite tache jaune à leur sommet tandis qu'ils s'amincissent. Et vers le centre de la fleur, ils finissent par devenir de véritables étamines : on a ainsi dans la même fleur tous les intermédiaires entre un pétale normal et une vraie étamine! Goethe avait été frappé par de telles métamorphoses auxquelles il consacra de nombreuses réflexions.

Ces phénomènes sont courants dans la nature, qui se méfie de nos schémas et de nos simplifications, et s'ingénie à dérouter nos esprits épris de logique et de rationalité. La vie est toujours plus complexe que nous le croyons. Elle a horreur de se laisser enfermer dans nos concepts et garde toujours une large part de potentialités non exprimées, d'initiatives possibles, voire de fantaisies inattendues. Rien n'est jamais totalement joué d'avance : les tissus jeunes, quand ils ne sont encore qu'une masse de cellules peu différenciées comme les jeunes embryons, possèdent de multiples virtualités. Ce n'est qu'au cours du développement que la différenciation et la spécialisation se dessinent, en vue d'une meilleure organisation et d'une plus grande efficacité dans la division du travail. Mais cette spécialisation se fait au prix de l'abandon de certaines potentialités qui resteront à jamais inhibées, non exprimées. Chaque cellule, en effet, porte en elle, dans ses chromosomes, tout le programme de l'être auquel elle appartient. Théoriquement elle peut à elle seule reconstituer l'être entier, comme le font les orchidées aujourd'hui reproduites à partir de quelques cellules embryonnaires. Pourtant, en vieillissant, les cellules se spécialisent en fonction du tissu ou de l'organe dont elles font partie et qui lui impose son programme. Comme dans une société où chacun voudrait faire beaucoup de choses, développer toutes les potentialités qu'il ressent en lui, et se voit pourtant condamné par les nécessités de l'organisation sociale et de la division du travail, à n'exercer qu'un seul métier. Tout ce qu'il ne pourra jamais réaliser occupera le vaste champ de ses rêves et de ses phantasmes. La cellule phantasme aussi : jeune elle pourrait devenir aussi bien une cellule de bois, qu'une cellule d'écorce, une cellule nerveuse qu'une cellule hépatique. Vieille, elle sera irréversiblement devenue l'un ou l'autre, contrainte par l'organisme à accepter la loi de l'organisation et à s'assujettir aux exigences du tissu ou de l'organe auquel elle appartient. Telle est la dure loi de la biologie, cruellement répressive, qui, à la fois et paradoxalement, ouvre au large le champ des possibles, et en même temps exige l'efficacité donc la spécialisation. Tel est le tribut que chaque élément se doit de payer à l'organisme vivant ou à l'organisation sociale dont il fait partie. Tel est l'impôt, le prix de la vie grâce à quoi des structures toujours plus performantes ont pu être mises au point, des êtres toujours plus complexes et mieux organisés ont pu surgir des poussées de l'évolution biologique. Chaque grand progrès se solde par l'instauration d'une hiérarchie d'un ordre supérieur, imposant sa loi aux organisations d'ordre inférieur. Et plus l'organisme est sophistiqué, plus nombreuses sont les interconnections, entre ses éléments, plus efficaces les systèmes d'information internes, plus strictement spécialisé et orienté chaque organe, chaque tissu, chaque cellule. Le coût du progrès, c'est l'acceptation de la discipline collective par l'humble cellule « de la base »... Et le miracle suprême, c'est qu'il n'y a en fait que des cellules de base : l'organisme est une immense société en équilibre, où tout est en relation avec tout, dans des réseaux d'interconnection d'une complexité inouïe; de sorte qu'il n'y a pas de chef, pas de pouvoir, seulement des équilibres infiniment subtils et complexes, comme d'ailleurs la nature elle-même, ce superorganisme par excellence, nous en donne l'exemple, avec le maintien permanent des grands équilibres écologiques. C'est l'autogestion parfaitement réussie, dans la commune acceptation des exigences collectives, pour le plus grand profit de l'organisme tout entier! Mais ce n'est pas, pour chacun, la « liberté » de faire n'importe quoi. La liberté, on le conçoit, aboutirait vite à l'anarchie et au désordre : qu'en serait-il d'un organisme qui laisserait à chacune de ses cellules la possibilité de faire ce qui lui plaît : une cellule du foie deviendrait un neurone du système nerveux, une cellule des os évoluerait en cellule sécrétrice de glande! L'organisme ne résisterait pas à une telle pagaille. Et la société pas davantage si demain chacun faisait tout à fait ce qui lui plaît. L'ordre et le maintien de l'organisation exige la discipline... Tout au moins un minimum de discipline. Car toute marque de fantaisie n'est pas exclue, et la nature sait jusqu'où elle ne doit pas aller trop loin... faute de quoi, il n'y aurait plus aucune évolution possible! Elle se réserve toujours une marge de sécurité, d'indétermination, de « liberté ».

Où l'ambiguïté sexuelle est de règle

La différenciation sexuelle des mammifères et de l'homme en est une preuve : chaque sexe conserve des traces du sexe opposé, dans ses organes et dans son comportement. Car, c'est dans le domaine de la sexualité que la plasticité de la vie paraît la plus surprenante; et le problème ne fait que se compliquer au fur et à mesure des découvertes et des expérimentations; les physiologistes sont aujourd'hui amenés à prendre en considération trois aspects du sexe : le sexe chromosomique (présence du chromosome Y chez le mâle, mais non chez la femelle), le sexe organique (nature des organes sexuels effectivement présents chez l'individu) et le sexe hormonal (nature des hormones dominantes). Or, ces trois composantes ne vont pas toujours de pair : le mâle sécrète des hormones femelles et la femelle des hormones mâles; un sujet à sexe chromosomique femelle peut avoir des testicules; des individus castrés, donc largement privés d'hormones, peuvent conserver une intense activité sexuelle; mieux, des vaches traitées par des hormones femelles se comportent souvent comme des mâles. Enfin, chez des sujets élevés dans un sexe contraire au sexe chromosomique, au sexe organique ou au sexe hormonal, c'est l'éducation qui détermine *in fine* le comportement. Hampson en conclut que le comportement mâle ou femelle n'est pas inné : le sexe « psychologique » est indéterminé à la naissance. Le fait de jouer à la poupée et de vêtir des robes réduira par exemple la virilité d'un jeune garçon et risquera de le conduire à l'homosexualité, comme une trop forte domination de la mère se substituant au modèle viril, mais défaillant du père. Bien entendu, l'influence du système nerveux est déterminante chez les mammifères. Et pas seulement chez l'homme, comme on l'a cru trop longtemps, en attribuant toutes les aberrations sexuelles au seul psychisme; des femelles de rat, ou de lion, présentent un comportement masculin en présence d'un mâle paresseux; et on observe chez les chimpanzés de nombreux cas d'hypersexualité (masturbation, viol, prostitution, etc.).

Les plantes n'ayant pas de système nerveux, ces phénomènes ne peuvent évidemment intervenir. Mais si les conditions de vie et d'éducation jouent un rôle capital dans l'évolution du comportement sexuel, c'est bien qu'il subsiste une large part d'indétermination au départ; celle-ci est d'ailleurs biologique, puisque tout être porte les traces du deuxième sexe : glandes ou étamines avortées chez beaucoup de fleurs femelles, pistil stérile chez les fleurs mâles, clitoris chez la femelle des mammifères et mamelon sur la poitrine du mâle.

Très suggestif à cet égard est le cas du bégonia africain qui est mâle s'il croît en pleine lumière et femelle s'il pousse à l'ombre. Ce bégonia croît sur les branches des arbres. Si un pied se détache et tombe au sol, les fleurs mâles qu'il porte dépérissent et sont aussitôt remplacées par des fleurs femelles. Ce qui prouve que l'individu possède potentiellement les deux sexes, et que seules les conditions d'éclairement l'orienteront dans un sens ou dans l'autre. Bel exemple de transsexualité qui n'est pas spécifique des végétaux car on l'observe aussi chez quelques vers ou mollusques à sexe instable, et parfois même chez l'homme; car tout est dans la nature... surtout l'imagination et le goût de l'aventure.

La vie, on le voit, ignore les contours nets. Si elle a progressé en chemin, elle ne renie pas ses premiers tâtonnements où l'hermaphrodisme et l'ambivalence sexuelle étaient de règle; et elle conserve, au moins en théorie, des possibilités de reconversion aussi larges que possible. L'horticulteur tire parti de cette plasticité lorsqu'il contraint l'églantier à transformer une partie de ses étamines en pétales; la fleur y gagne en taille et en élégance : c'est la rose cultivée à laquelle il nous faut maintenant revenir après ce long vagabondage.

L'urne de l'églantier forme une outre profonde contenant de nombreux ovaires; les autres pièces s'insèrent sur les bords, très haut au-dessus des organes femelles. A maturité, l'outre gonfle, devient rouge et charnue; ce cynorrhodon de rose ou d'églantier n'est pas un véritable fruit car il résulte d'une modification de l'urne contenant les ovaires et non des ovaires eux-mêmes; c'est en quelque sorte un fruit au deuxième degré, très apprécié pour sa haute teneur en vitamine C et pour l'excellente confiture qu'on peut en faire. Les ovaires blottis à l'intérieur ont durci après fécondation pour donner chacun un petit fruit sec surmonté d'un long style plumeux, revêtu de poils raides; ces fruits, « poils à gratter » ou « gratte-cul », sont bien armés pour leur future migration : ils pourront se fixer à la toison des animaux, et pratiquer un genre d'auto-stop très en vogue dans le monde végétal : le tansport à dos d'animal!

Les roses ne se contentent pas d'enfermer les ovules dans les ovaires, mais, en enfouissant les ovaires dans le ventre de la fleur, construisent une double enceinte autour des ovules. Une nouvelle ligne de rempart vient renforcer les défenses de notre château fort.

Continuons cette promenade dans les rosacées en suivant comme à la boussole la flèche de l'évolution. Le pommier offre l'image suggestive et familière d'une évolution arrivée à son terme. A première vue, aucune différence entre sa fleur et celle du cerisier : on repère les cinq sépales verts, les cinq pétales blancs, les nombreuses étamines, mais le centre de la fleur est une coupe peu profonde d'où émergent cinq styles. Plus de trace d'ovaires! Une section longitudinale de la fleur éclaire le mystère : les ovaires cette fois sont engloutis au fond du ventre de la fleur auquel ils adhérent intimement. L'ensemble ne fait qu'un. Après fécondation ce ventre grossit. Mais ce n'est pas l'embryon qui distend le ventre de sa mère, car il reste sagement logé dans la graine. Seules gonflent les parois communes et adhérentes de l'urne florale et des ovaires qu'elle contient. Elles forment un tissu unique et charnu, autour de cinq petites pièces dures et translucides emprisonnant les graines ou pépins : la pomme est un fruit mixte; sa chair vient en partie de l'urne florale, en partie de la paroi des ovaires; la ligne de démarcation est bien visible sur la coupe transversale. La pomme conserve, comme un vestige de la fleur à l'extrémité opposée du pédoncule, les cinq sépales juchés au sommet des ovaires désormais entièrement invaginés, adhérents et coalescents au ventre de la fleur.

La dernière ligne de remparts

Cette nouvelle ligne de remparts, puissante et épaisse, que la pomme construit autour de ses ovaires, marque-t-elle le terme de l'évolution? Sommes-nous au bout de l'imagination de nos architectes experts en art militaire? Chez la rose et le pommier, les ovaires sont entièrement enfermés dans les parois du ventre de la fleur et bénéficient ainsi d'une nouvelle protection contre d'éventuels agresseurs. Mais leurs stigmates, sortes d'antennes destinées à recevoir le pollen, continuent à émerger à l'extérieur de la fleur, où les insectes les visiteront; chez le pommier, ils émergent franchement au nombre de cinq, chez l'églantier ils émergent à peine, au ras de l'étroit opercule de l'urne ventrue qui renferme les ovaires.

A partir de là il n'est pas interdit de s'aventurer dans la botanique fiction. On peut en effet se demander pourquoi les plantes, arrivées à ce stade de leur évolution, seraient subitement guéries de l'obsession qui les pousse sans défaillance, et depuis l'origine de leur existence terrestre, à multiplier les enceintes protectrices autour de l'élément femelle. C'est pourquoi l'on peut en toute liberté créatrice imaginer les fleurs du futur, celles qui finiront par enfermer et l'ovaire et le stigmate dans une nouvelle enceinte; celles dont, par conséquent, le fruit sera protégé dans quelque nouvel organe entièrement clos, comme il y a deux cents millions d'années la graine s'enferma dans le fruit. Une nouvelle civilisation végétale émergerait alors, non plus celle des plantes à graines protégées par un fruit, mais celle des plantes à fruits protégés par ....le mot reste à inventer!

Quelques botanistes curieux se sont amusés à chercher dès à présent les prémices de ces plantes de demain. Ils ont regardé les grands arbres des forêts tempérées et ont vu le gland du chêne s'entourer d'une cupule et la châtaigne et le faine du hêtre s'y enfermer même complètement. Mais dans tous ces cas, l'encerclement du fruit par ces cupules protectrices plus ou moins développées n'intervient qu'après la pollinisation : le pollen est toujours déposé par le vent sur l'ovaire, qui ne s'enferme qu'ensuite dans sa cupule.

Essai de botanique fiction

Ce qu'il faudrait trouver, c'est une plante qui enfermerait d'emblée tout son pistil, ovaires et stigmates compris, dans une enceinte hermétiquement close. Où chercher des plantes qui auraient inventé un aussi précieux dispositif? Certes pas dans ces familles modernes à plan floral fixe, où l'évolution s'acharne et s'épuise à « pofiner » le détail sans réussir la moindre invention vraiment digne d'intérêt. Laissons donc les ombellifères, les composées, les orchidées, les crucifères, les graminées qui toutes sont à leur manière des civilisations brillantes, mais aussi des civilisations finies. Leur excès de spécialisation les enferme définitivement dans leur plan d'organisation actuel, tant il est vrai qu'il est difficile de se reconvertir lorsqu'on s'est trop spécialisé. Explorons plutôt ces groupes primitifs à plans floraux mal fixés où l'évolution active et imaginative tâtonne et innove. Tels ces groupes peu spécialisés auxquels appartiennent les magnolias, les nénuphars ou les renoncules et où s'expriment les plus vastes potentialités évolutives; c'est là justement qu'une plante sud-américaine, cousine germaine du boldo, semble réussir l'innovation géniale dont il est question. Chez ce *Hennecartia* les deux ovaires libres sont entièrement enfermés, y compris leurs stigmates, à l'intérieur d'une enveloppe hermétique. Le pollen tombe, semble-t-il, sur cette enveloppe et son tube aura à franchir un trajet encore plus long ; en d'autres termes, et pour revenir à la comparaison du château fort, il lui faudra franchir, avant d'atteindre le donjon, un pont-levis supplémentaire. Une autre plante de la même famille des Monimiacées, originaire cette fois de Madagascar, le Tambourissa religiosa, réussit la même performance comme l'attestent des observations récentes. Le pollen véhiculé par des insectes n'atteint pas les pistils des fleurs femelles, qui sont enfermées dans des urnes closes. Il est reçu, au somment des urnes, par une glue mucilagineuse qui simule un stigmate et tapisse l'intérieur des urnes porteuses de fleurs femelles. Le tube pollinique, qui aura à effectuer un long trajet de « l'hyperstigmate » de l'urne au stigmate des fleurs puis à l'oosphère, est en quelque sorte reçu et guidé par ce tapis sucré déroulé devant lui. A maturité, le Tambourissa produit un fruit qui évoque la figue... une sorte de figue dans laquelle toutefois aucun insecte ne se sera jamais aventuré, fut-ce dans son jeune âge à la saison des amours.

Avec le Tambourissa, nous voyons naître sous nos yeux l'un des premiers représentants de ce qui pourrait bien devenir une nouvelle civilisation végétale... Des plantes dont nos descendants, ici ou sur d'autres planètes, consommeront les fruits, eux-mêmes bourrés de fruits, chacun enfermant des graines...

Si cette nouvelle civilisation devait un jour remplacer l'actuelle, elle naîtrait, on le voit, de groupes archaïques, et non de familles très évoluées. Ici encore la nature nous donne un modèle transposable aux sociétés humaines. Les grandes civilisations ne naissent jamais les unes des autres par enchaînement direct et linéaire. Une civilisation nouvelle naît toujours sur les marges de celle qui la précède, à partir de groupes humains mal assimilés, ayant conservé soit par leur situation géographique, soit par leur culture, une certaine capacité créatrice. Rome est née d'un petit peuple du Latium, aux confins occidentaux de la civilisation grecque, et le christianisme vient des marges orientales du monde romain ; c'est chaque fois à partir de petites entités humaines, passant inaperçues des historiens de leur époque, que s'élaborèrent les grandes novations du futur. A Rome, on ne savait rien de ce peuple juif de Palestine. Et qui s'intéressait vraiment en Europe aux premiers colons d'Amérique du Nord ? Que sait-on aujourd'hui à Paris ou à New York de ces plantes cachées dans les forêts vierges d'Amérique du Sud ou de Malaisie, vastes laboratoires où s'élaborent déjà, sans même que nous nous en apercevions, les plantes de demain... Car « l'origine se cache sous les commencements », disait Heidegger.

Du magnolia aux ovaires exposés, à l'*Hennecartia* aux ovaires engloutis, la nature suit obstinément son projet : assurer la protection de la fragile cellule femelle avec une efficacité toujours accrue, renforcer les défenses du château fort, accroître les chances de vie et de survie.

D'autres ont adopté, dans la même perspective, des stratégies différentes, mais encore plus efficaces : c'est le cas par exemple des colchiques qui assurent la protection de leurs ovaires en les enfonçant profondément dans le sol : la fleur à demi-enterrée laisse émerger les trois longs styles capteurs de pollen, mais engloutit les ovaires, non plus dans son ventre, mais dans le ventre de la terre. Mode de protection efficace, mais accessible seulement à certains types de plantes, comme les plantes à bulbe dont les colchiques et les crocus font partie. Mais le projet est toujours le même. Il est d'ailleurs commun à tous les êtres vivants. Car les fleurs partagent avec les animaux et les hommes l'ultime obsession de se protéger pour se reproduire et de se reproduire pour se perpétuer et vaincre la mort.

CHAPITRE 11

La fleur enceinte

Croissez et multipliez-vous

La nature invente et explore, mais elle sait aussi répéter et imiter, faire du neuf avec du déjà vu.

Chez les plantes à fleurs, l'ovaire après fécondation se transforme en fruit, tandis que les ovules qu'il contient deviennent des graines. Mais chez des plantes aussi anciennes et aussi archaïques que le gingko et le cycas, véritables fossiles vivants, se dessine déjà le modèle du fruit. Et pourtant ces arbres, miraculeux rescapés des forêts de l'ère secondaire, ne font jamais de fruits; pas même de véritables graines. A leur époque, le fruit n'avait pas encore été « inventé ». Ce qui n'empêche pas leurs gros ovules de ressembler étrangement à nos mirabelles : même couleur, même volume; seule l'odeur les distingue, et nous fait pencher sans hésiter pour la mirabelle, ce qui n'empêche pas les Chinois de consommer les pseudo-fruits de gingko grillés, sous le nom d'abricot argenté.

Vraies et fausses mirabelles

Coupons ces organes transversalement : dans les deux cas l'opération est difficile; car sous la pulpe charnue et juteuse se cache un noyau plus gros et moins dur chez le gingko que chez la mirabelle... Mais la ressemblance s'arrête là. Car il a fallu à la nature cent millions d'années d'effort et d'imagination pour passer du type gingko au type mirabelle!

La mirabelle est un fruit moderne et récent. L'ovule du gingko, une structure archaïque et primitive. Qui le croirait en les voyant? Quels sont donc les avantages de la mirabelle et les handicaps du gingko, qui semblent condamner cet arbre à une prochaine disparition? Entre ces deux organes en apparence si proches, existe une différence capitale : l'un est un énorme ovule, souvent non fécondé, vierge; l'autre un fruit porteur dans son noyau d'une graine qui contient toujours, en germe, une nouvelle plante. Le premier pourrait se comparer à un œuf de poule, stérile ou fertile selon que la poule a « fréquenté » un coq ou non, mais pas couvé; le second au ventre d'une maman enceinte. Or curieusement la nature leur donne ici la même apparence extérieure.

Entre ces deux étapes de l'histoire de la vie végétale, tout le progrès se joue à travers l'intervention de plus en plus efficace des animaux au niveau du transport du pollen d'abord, et de la diffusion de la graine ensuite. C'est cette longue histoire que nous allons raconter!

Chez les cycas ou les gingkos, les insectes ou autres animaux interviennent dès que l'ovule est mûr, avec comme seul souci de s'en nourrir. Comme aucun organe protecteur ne le recouvre, leur tâche est aisée. Et chaque ovule dévoré est une future plante en moins. Ici, l'animal est l'ennemi, même si son va-et-vient sur la plante entraîne la chute de quelques ovules sur le sol, et très accidentellement le transport du pollen d'une plante à l'autre. Mais, en fait, c'est au vent que ces plantes archaïques confient leur pollen; car elles existaient bien avant la grande explosion des insectes, intervenue postérieurement alors qu'apparaissaient les plantes à fleurs. Si un grain de pollen a la chance de rencontrer un ovule ou sur la plante mère ou sur le sol, il le fécondera; l'ovule, sans modifier en quoi que ce soit sa structure et en conservant toujours son allure de mirabelle, développera alors en son sein un jeune embryon qui, en se nourrissant des matières alimentaires abondamment accumulées autour de son berceau dans ces ovules énormes, gonflera, se développera, s'enracinera et deviendra adulte.

Il faut attendre plusieurs centaines de milliers de siècles, après l'invention des ovules, pour que la graine voit enfin le jour. On sait depuis longtemps qu'une graine est un ovule fécondé : la fécondation en fusionnant un spermatozoïde à une cellule femelle de l'ovule déclenche chez celui-ci une série de transformations conduisant à la graine : dans celle-ci, l'œuf s'est développé pour former un embryon qui brusquement arrête sa croissance et se met en état de vie ralentie, latente; autour de lui, la plante mère fait gonfler l'ovule comme le ventre d'une maman en accumulant les réserves alimentaires qui seront nécessaires au moment de la germination, c'est-à-dire de la reprise de sa croissance. Enfin, le tout s'entoure d'une paroi protectrice rigide et dure.

Mais pour atteindre ce résultat la nature s'y prend à deux fois : elle inventa d'abord l'ovule, style gingko. Les plantes anciennes formant de tels ovules sont, si l'on peut risquer cette comparaison zoologique, ovipares; elles « pondent » dans le milieu extérieur de gros ovules souvent non fécondés, mais que la plante mère a soin de munir d'avance d'un stock important de matières nutritives pour nourrir l'embryon éventuel, comme un œuf de poule. Ces ovules sont déjà séparés physiologiquement, bien avant la fécondation, de la plante mère, par une enceinte dure et imperméable qui empêche celle-ci d'alimenter l'embryon. S'il y a fécondation l'embryon devra se satisfaire d'un stock alimentaire mis en réserve préalablement dans l'ovule. Il se développera de manière continue et jusqu'à donner une plante adulte sans être alimenté directement par la plante mère. Ces ovules ressemblent aux œufs des oiseaux et des reptiles : bourrés de substances nutritives, mais séparés de la mère par leur coquille, ils peuvent être pondus bien qu'inféconds, comme c'est le cas dans une basse-cour où ne sévit aucun coq.

Beaucoup plus tard, la nature s'avisa de perfectionner ce dispositif. Une première étape consistait à stopper la croissance de l'embryon pour le mettre en état de repos, ce qui lui permit d'attendre le cas échéant de meilleures conditions climatiques pour germer et représente donc un progrès substantiel. Mais il fallut alors améliorer la protection de cet ovule pour qu'il puisse attendre le moment favorable de la germination sans être détruit ou dévoré entre-temps. Les ovules se mirent donc à former une enveloppe rigide, dure, assurant précisément la protection de ce fragile embryon en latence. Dans une deuxième étape, la plante s'organisa pour n'accumuler des réserves dans l'ovule que lorsque celui-ci est fécondé, c'est-à-dire quand elle est vraiment sûre que ces réserves seront bien utilisées par un embryon au moment de sa germination. Dès lors, la graine était née, plusieurs centaines de milliers de siècles après l'ovule. Les plantes primitives formaient des ovules mais point de graines. Les plantes modernes transforment par la fécondation leurs ovules en graines. La graine est donc un ovule mûr, accompli, fécond, portant la vie en lui sous forme d'un embryon, d'une sorte de fœtus en attente...

Les plantes à graines peuvent être comparées aux animaux vivipares : la plante mère reste en contact étroit avec l'ovule fécondé et alimente l'embryon qui se développe à partir de l'œuf, par l'intermédiaire du placenta, point d'insertion de l'ovule; elle stocke en même temps des réserves alimentaires nécessaires pour la germination; la séparation physiologique ne se produit qu'après maturation complète de la graine, et c'est un embryon « tout formé » dans sa graine, qui se détache de la plante, enveloppé du fruit lui aussi fabriqué par les apports de la plante mère. Bref, la mirabelle, son noyau, sa graine se forment après la fécondation comme un petit fœtus animal alimenté par le placenta de la mère. L'ovule du gingko, au contraire, est entièrement formé avant sa fécondation et pondu à l'extérieur sur le sol où le pollen pourra l'atteindre. L'embryon qui se forme alors croîtra de manière « non stop », s'enracinera et si tout va bien donnera un nouvel arbre!

De ce point de vue, le gingko en est resté au stade d'organisation des poissons où la fécondation se fait hors du corps de la mère, dans l'eau. Mais les plantes à graines sont aussi avancées que l'homme dans l'art de protéger l'enfant à naître à l'ombre du sein maternel! Elles l'ont même dépassé, comme on va le voir!

La graine, ou la vie en conserve

L'apparition de la graine marqua la dernière grande révolution de l'histoire des plantes; rien de vraiment nouveau n'a vu le jour depuis cette trouvaille. Sa découverte provoquait une mutation aussi profonde que l'apparition du premier vaisseau de bois; elle ouvrit une ère nouvelle dans l'histoire du règne végétal en donnant le jour à la civilisation des plantes à graines.

Le propre de la graine est d'avoir réussi la « mise en hibernation » de l'embryon. Dans cet état de vie ralentie, où les échanges respiratoires et alimentaires sont réduits au strict minimum, l'embryon peut attendre des mois, voire des années, les conditions favorables à la reprise de sa croissance, c'est-à-dire à la germination. Quel chemin parcouru! Quel progrès réalisé depuis la spore de mousses et de fougères et même de l'ovule de gingko contraints de germer sur-le-champ ou de périr! Cet étrange processus de « mise en réserve de la vie » est la conséquence d'une intense déshydratation. Les graines contiennent rarement plus de 15 % d'eau, contre 50 à 90 % pour les autres organes. Des graines de nénuphars, prélevées dans les herbiers datant du XVIIe siècle, ont germé après avoir vécu plus de trois siècles à l'état de vie latente. Mais l'histoire des grains de blé trouvés dans des tombes de pharaons, et qui auraient germé après plus de quatre millénaires, est une farce. Un jardinier imaginatif avait espéré léguer son nom à la postérité en inventant de toute pièce cette extravagante affaire. En revanche, des graines trouvées dans des tourbières froides ont germé bien qu'elles aient eu plus de mille ans d'âge.

Le record de longévité dont on soit absolument certain est détenu par les graines du lotus d'Asie *Nelumbo nucifera*, qui sont restées à l'état de vie latente pendant mille ans environ puis ont réussi à germer ! Incroyable performance. A l'inverse, de nombreuses espèces tropicales produisent des graines faiblement déshydratées, dont la germination est presque instantanée et dont la phase de vie latente passe quasiment inaperçue. C'est le cas des graines de cacao qu'il est impossible de garder plus de quelques jours parce qu'elles conservent toujours le tiers de leur poids d'eau, ce qui ne réduit pas suffisamment les réactions chimiques de la vie pour endormir vraiment l'embryon. L'absence de saisons et de variations climatiques, qui caractérise les forêts équatoriales d'Amazonie, d'Afrique centrale et du Sud-Est asiatique, dispense il est vrai la graine de conserver longtemps son pouvoir germinatif dans l'attente de conditions meilleures, puisque les conditions de vie y sont perpétuellement favorables. Aussi bon nombre d'espèces équatoriales sautent-elles cette phase et développent leurs embryons de manière continue, comme des embryons animaux ou humains. Le cacao, arbuste cultivé à l'ombre des grands arbres forestiers, est de ceux-là. Et ce n'est pas sa seule originalité, car il se singularise aussi par ses fleurs et ses fruits qui poussent directement sur le tronc, et non sur les rameaux.

Ce caractère vivipare des graines du cacao se retrouve, en plus accentué, chez les palétuviers des mangroves; ces arbustes croissent dans la mer, sur les littoraux tropicaux où ils peuplent les plages, quand ils ne s'y substituent pas purement et simplement, en formant de véritables forêts basses et inondées rendant la mer inaccessible. Leurs racines émettent des extensions aériennes dressées qui, à marée basse, constituent les véritables poumons de la plante. Comme juchés sur des échasses, les palétuviers semblent vouloir aller à la conquête des océans. Chez ces arbustes, la graine germe immédiatement sur l'arbre, ce qui est sa manière à elle d'éviter de se noyer en tombant dans l'eau... car il semble bien qu'elle ne sache pas nager. Le palétuvier « accouche » donc littéralement, car il n'émet pas une graine, mais une jeune plante formée dans le ventre de la fleur mère. Cette jeune plante, lorsqu'elle est émise à marée basse, se fiche comme une fléchette par sa racine pointue dans le sol vaseux. Et à marée haute elle flotte en attendant la marée basse. La phase de vie ralentie propre à la graine a entièrement disparu, et on tombe sur le schéma classique du développement des fœtus et de l'accouchement des jeunes dans le monde animal.

Mais l'arbre, fût-il de mangrove, ne doit pas cacher la forêt, et l'exception ne doit pas masquer la règle. La règle, chez les plantes à fleurs, c'est de former des graines après fécondation de l'ovaire. Privilège singulier qui leur permet de réussir une performance extraordinaire : mettre la vie en conserve. Le projet était en germe dès les premières manifestations de la vie : les spores de résistance des bactéries ou des champignons, les kystes des amibes sont autant d'essais pour s'exclure d'un milieu défavorable quand tout va mal, en attendant des jours meilleurs. Et Dieu sait que ces spores ou ces kystes peuvent avoir la vie dure. Mais les animaux supérieurs ont perdu cette possibilité : leur mobilité, il est vrai, leur permet de rechercher les conditions optimales, donc de fuir. Immobiles, rivées à leur support, les plantes subissent le milieu. Incapables de trouver le salut dans la fuite, elles se réfugient dans l'attente en formant des graines. A la fuite dans l'espace, elles préfèrent la fuite dans le temps. Lorsque les conditions deviennent insupportables (sécheresse, vent, etc.), les plantes n'ont en effet d'autre issue que la mort; mais avant de disparaître, l'individu soucieux de la survie de l'espèce a soin de répandre ses graines alentour. Commence alors une longue attente; quand les conditions s'améliorent, après une pluie par exemple, la graine se réveille aussitôt et redonne une plante adulte.

L'homme moderne médite cet exemple. Comment atteindre les planètes lointaines, alors qu'une vie entière ne suffirait au voyage? Comment triompher aujourd'hui d'une maladie incurable, dont on trouvera peut-être demain la thérapeutique? Bref, comment attendre? Comment attendre, sinon en hibernant comme une graine? Et les biologistes de tenter la conservation par le froid, en vue de maintenir à l'état de vie latente des tissus et, peut-être, demain, des animaux ou des hommes...

La graine ou la liberté retrouvée

La graine est donc le symbole par lequel les plantes évoluées manifestent leur libération. Libération par rapport au sol où les premières plantes terrestres effectuaient la fécondation, loin de la plante mère, laissant leurs œufs sans protection, à la merci de n'importe quel accident et de la convoitise de n'importe quel animal. Avec la graine, l'œuf est fait sur la plante mère et reste protégé dans ses graines et dans ses fruits. Libération par rapport à l'eau ensuite, car ces mêmes plantes primitives émettaient des spermatozoïdes nageurs, de sorte que l'absence d'eau stoppait irrémédiablement la propagation de la vie. La graine, en résultant d'une pollinisation aérienne et en se déshydratant, permet aux plantes de passer les difficiles périodes de sécheresse sans dommage. C'est la troisième libération : celle par rapport au temps; leur capacité d'attendre, patientes et endormies, est leur atout majeur. Il y a enfin une quatrième libération : la graine arrache la plante à son immobilité; elle est l'instrument de sa propagation à distance, le mode de locomotion des plantes modernes!

Mille artifices sont inventés pour favoriser au mieux la dissémination : soies jouant le rôle d'un parachute, crochets se fixant à la toison des animaux, appareils de flottement permettant la diffusion sur l'eau! Car en ce qui concerne la diffusion des graines, la nature n'a pas été chiche d'imagination; elle utilise tous les stratagèmes et, comme pour la dissémination du pollen, utilise tous les vecteurs. Le vent d'abord naturellement : il suffit de voir les saules ou les peupliers émettre leur « neige », à la fin du printemps, pour apprécier l'efficacité de cet agent. En effet, les graines de ces arbres sont surmontées d'une petite houpe de poils blancs, à l'image des graines de cotonnier. Mais ces derniers, en voulant trop bien faire les choses, finissent par aller trop loin : leurs poils sont si longs et si nombreux qu'ils s'emmêlent les uns dans les autres de sorte que le vent n'a plus de prise sur ces grosses boules blanches tristement pendantes hors des capsules de la plante. Mais c'est l'homme qu'il faut ici mettre en cause, pas la nature. Depuis des millénaires, il sélectionne obstinément des cotonniers à longue fibre. Comment alors s'étonner que ces fibres ne soient plus fonctionnelles! Et d'ailleurs pourquoi le seraient-elles, puisque ces graines ne sont plus destinées à être livrées au vent, mais à être récoltées pour faire le coton.

Le chef-d'œuvre des graines à houppes est sans doute le *Strophantus.* Ces lianes tropicales portent de belles fleurs souvent caractérisées par les longs rubans qui prolongent leurs corolles jaune d'or [1]; elles forment chacune deux énormes fruits en forme de cigare, opposés l'un à l'autre selon un angle ouvert à 180°. Dans ces cigares d'innombrables graines sont soigneusement rangées; chacune se termine par une soie délicate ramifiée à son extrémité, formant un véritable petit parachute. Le vent enlève et dissémine ces milliers de graines avec une facilité déconcertante, car elles sont

1. Chez *Strophantus hispidus* notamment.

admirablement adaptées à ce vecteur : il le fallait d'ailleurs, car dans la forêt équatoriale, épaisse et impénétrable, la force du vent est très atténuée. Très rares sont les espèces à graines diffusées par lui. Il est donc logique que, celles qui le sont, aient dû atteindre un haut degré d'adaptation.

Les *Strophantus* sont des plantes majeures, par l'extrême toxicité de leurs graines utilisées depuis toujours comme poisons de flèche en Afrique noire; ils ont donné à la thérapeutique l'un des plus importants médicaments du cœur : l'ouabaïne.

Les animaux sont aussi d'excellents diffuseurs de graines, celles-ci s'accrochant à leurs toisons, se prenant dans leurs sabots, ou transitant à travers leur tube digestif. Quelques espèces toutefois ont estimé que l'on n'est jamais aussi bien servi que par soi-même : elles émettent leurs graines par éjection directe, en faisant exploser leurs fruits avec fracas. Diverses euphorbiacées sont passées expertes en cet art : dans les villages africains, on est surpris d'entendre un arbre émettre des bruits insolites. Cet arbre est souvent planté, car les fortes épines qui saillissent de son tronc sont réputées empêcher les serpents d'y grimper. On peut donc en toute sérénité se reposer sous son ombre. Mais on encourt alors le risque, bien modeste il est vrai, d'être atteint par les jets de graines, lorsque les fruits, comme un tir de mitraillette, explosent en crépitant... d'où le nom de l'arbre : *Hura crepitans.* D'autres euphorbes explosent de la même manière, bien que d'allure très différente : c'est le cas par exemple de plusieurs espèces d'euphorbes à forme de cactus dont le crépitement, par explosion des fruits et par temps sec, est aussi très impressionnant.

De fines observations ont permis d'élucider les mécanismes « actifs » mis en jeu par certains fruits pour disséminer leurs graines. Ceux-ci tiennent généralement à la présence, dans ces fruits, de longues fibres cellulosiques dont les membranes, d'épaisseur inégale, se gonflent ou se dégonflent en fonction du degré d'humidité de l'air. Il en résulte de fortes tensions qui provoquent la rupture brutale des parois du fruit avec éjection des graines, ou encore des torsions qui permettent aux fruits ou aux graines de ramper littéralement sur le sol, voire même de s'y enraciner.

Les fruits du géranium sanguineux illustrent le premier cas. Ces jolies petites fleurs rouges donnent à maturité un fruit capulaire à 5 loges, surmonté d'un long bec. La contraction des fibres dans ce bec, amène brusquement les loges à se séparer les unes des autres, chacune d'elle étant littéralement arrachée de son support et de ses voisines, et projetée en l'air avec éjection des graines. En fin d'opération, l'ensemble simule étrangement une sorte de lustre à 5 branches recourbées vers le haut, dont les capules vides occuperaient la place des lampes.

Certaines violettes et pensées sauvages usent de dispositifs analogues, les parois du fruit, munies de fibres, exerçant sur les graines une pression croissante au fur et à mesure de leur dessication. Cette pression finit par être si forte que les graines se détachent du placenta et sont éjectées l'une après l'autre, exactement comme on expulse un noyau de cerise par pression entre ses doigts. Des violettes d'Afrique du Nord dispersent également leurs graines en explosant. Ces graines sont très prisées par les fourmis qui les amassent dans leur nid, et se régalent des matières nutritives qui recouvrent leurs parois. Elles attendrissent du même coup leur tégument dur, ce qui facilite grandement la germination ultérieure. Bien plus, après avoir effectué ce travail, les fourmis rejettent les graines de leur nid, et les ensemencent en quelque sorte. Ainsi traitées, ces graines germent beaucoup mieux que celles qui n'ont pas eu la chance de trouver une fourmi sur leur chemin, et dont la paroi très dure rend la germination aléatoire.

L'avoine stérile, herbe courante de la région méditerranéenne au demeurant fort mal nommée puisque chaque épillet porte deux fleurs fertiles, a su mettre au point un système fort original de dissémination des graines. Ces épillets, porteurs de graines mures, tombent sur le sol. Chacun d'eux est prolongé par deux longues arrêtes parcourues de fibres, qui se tordent et se détordent en tout sens selon l'humidité. Si d'aventure les mouvements des deux arrêtes se conjuguent favorablement, l'épillet se déplace sur le sol, comme le ferait un animal singulier, qui serait à la fois bipède, rampant et fort maladroit dans ses mouvements ! Cette progression, qui peut amener l'épillet à plus de 10 cm de son point de chute, est aussi lente et laborieuse que celle d'un brin d'herbe emporté par des fourmis poussant ou tirant à hue et à dia, sans aucune coordination « intelligente » des mouvements : le brin d'herbe ne se déplace que lorsque le hasard veut que les forces se conjuguent, ce qui, statistiquement, finit toujours par arriver[1]. Erodium cicutarium, petite herbe proche du géranium, fait mieux encore : ses fruits sont surmontés d'une longue arrête courbée qui par ses contorsions, peut les « vriller » dans le sol, comme le ferait un villebrequin ou quelqu'animal à bec fouisseur. Voici donc une plante qui, à proprement parler, se plante elle-même !

Malheur à l'espèce dont la graine n'a mis au point aucun dispositif de dissémination; incapable de se propager, la voici clouée sur place, à la merci de la moindre modification du milieu, incapable d'émigrer, par graine interposée, sous des cieux plus cléments.

Un palmier obèse et obscène

L'énorme graine du palmier des Seychelles, contenue dans un fruit pesant plus de vingt-cinq kilos, ne peut

1. Les fameux pois sauteurs qui connurent une certaine vogue il y a quelques années étaient plus dynamiques : il est vrai que leur source d'énergie, leur moteur, était à l'intérieur sous la forme d'un insecte captif dont les soubressauts animaient le pois.

évidemment aboutir ailleurs que sous l'arbre qui l'a produite. Cette graine obèse est aussi obscène, comme l'exprime malicieusement le qualificatif de « cul de négresse » qui lui a été donné pour rendre compte de sa forme très suggestive. Ce palmier est une grande curiosité de la nature. Il produit ses graines à partir de quinze à trente ans, et met encore sept ans à les mûrir, après la fécondation; lenteur qui représente un lourd handicap dans la compétition biologique, les palmiers ayant toute chance d'avoir un accident avant leur « puberté » et les noix avant leur maturité! La forme étrange de ces noix destinait la croyance populaire à les considérer comme de puissants aphrodisiaques, conformément toujours à la théorie des signatures, selon laquelle les plantes « signent » par leur forme, leur couleur, leur odeur, les propriétés qu'elles possèdent! Or le signe ici était clair : il ne pouvait que manifester un tropisme marqué pour l'appareil sexuel. La graine du palmier des Seychelles déjà très suggestive, avec ses touffes de poils judicieusement placées, devient littéralement provocante lorsqu'en germant elle émet un organe aérien qui ressemble à s'y méprendre à un sexe mâle en pleine ardeur... Voici le cul de négresse subitement virilisé!

Ces palmiers ne vivent à l'état sauvage que sur la petite île de Praslin et l'îlot voisin de Curieuse dans l'archipel des Seychelles. C'est là qu'ils furent découverts en 1768 par le Français Barre. Pourtant, quelques noix circulaient déjà à cette époque en Orient, où elles se vendaient à prix d'or. Leur origine étant mystérieuse et personne n'ayant jamais vu la plante mère, on pensait que ces noix devaient se détacher de quelque arbre sous-marin croissant au fond de l'océan au large des îles Maldives; d'où le nom de « coco de mer » donné également à la plante. Très lourde, la noix fraîche ne surnage pas dans l'eau de mer, ce qui élimine toute possibilité de diffusion par les courants marins. De plus l'arbre est unisexué : il y a des palmiers mâles et des palmiers femelles. Le palmier mâle n'est d'ailleurs pas moins provocant que son partenaire femelle, si l'on en juge par l'énorme cône reproducteur, agressif et dressé au moment de la pollinisation. La biologie qui sépare les sexes de ces palmiers, joint à l'isolement qui sépare les Seychelles des continents voisins, réduit à néant les chances de voir ce palmier se propager loin de son archipel natal. Son installation sur un autre territoire, en supposant que ses graines y parviennent malgré leur poids, ne serait envisageable que si deux graines germaient à distance raisonnable, donnant l'une un arbre mâle et l'autre un arbre femelle, afin de rendre possible leur fécondation mutuelle. Or une telle coïncidence n'a aucune chance de se produire spontanément. Bref, ce palmier est coincé sur une île, sans passé connu et sans avenir prévisible, sinon celui que l'homme voudra bien lui réserver, en le protégeant ou en le transportant dans ses jardins botaniques. La vallée de Mai où il croît spontanément est aujourd'hui une réserve naturelle, ce qui n'empêche pas les touristes visitant les Seychelles d'en ramener immanquablement leur « coco fesse ».

La vie révèle, dans cet exemple, une de ses fantaisies familières : le phénomène d'hypertélie, évolution exagérée et inutile d'un organe ou d'un caractère. Il en résulte à la longue un déséquilibre grave, conduisant l'espèce à un cul-de-sac. Les exemples abondent en zoologie : la force et le développement de ses bois entravent le cerf dans sa course et affaiblissent l'un de ses moyens de défense, la fuite. Les pattes démesurées des tipules rendent leur démarche maladroite et difficile. En les coupant d'un coup de ciseau, on améliore la locomotion de ces insectes qui naissent en quelque sorte infirmes! Bien des espèces handicapées par des organes hypertéliques ont disparu : éléphants accablés par la taille de leurs défenses, dinosaures au crâne alourdi de tubérosités, insectes à mandibules énormes comme les lucanes.

L'homme n'est pas en reste : si son corps paraît suffisamment souple pour s'adapter aux conditions de vie et aux milieux les plus divers, l'évolution de son cerveau pourrait bien compromettre l'avenir même de l'espèce. Ce formidable ordinateur aux quatorze milliards de neurones en étroites interconnections est la plus extraordinaire machine jamais créée dans l'univers : c'est à elle qu'on doit le fabuleux essor des sciences et des techniques, mais aussi l'accumulation des armes de mort. Et voici du coup l'humanité menacée d'autodestruction, pour la première fois de son histoire, par sa propre capacité à fabriquer aujourd'hui, et peut-être à utiliser demain le prodigieux arsenal issu de l'imagination du cerveau de ses ingénieurs. Quelque fou paranoïaque, particulièrement inapte à réguler sa machine à penser, déclenchera-t-il un cataclysme planétaire? Les paris sont ouverts, et l'humanité est à la merci des pires dérèglements pour n'avoir pas encore réussi le développement harmonieux, coordonné et sans heurt de l'organe qui précisément fait son originalité : le cerveau. Organe où s'affrontent les pulsions ancestrales à l'avoir et au pouvoir, hérité de notre ascendance animale, et les spéculations intellectuelles et morales qui sont le propre du génie humain. Laquelle de ces forces finalement l'emportera? Bien malin qui saurait le dire!

Si l'homme a développé prodigieusement son cerveau, les palmiers détiennent les records, quant au développement de leurs graines. Et pas seulement le palmier des Seychelles! Les simples noix de coco contiennent suffisamment de réserves alimentaires pour nourrir et développer des plantules qui dépassent 30 centimètres de hauteur, avant même d'avoir enfoncé lá moindre racine dans le sol. Une telle accumulation de réserves alimentaires ne fait pas le seul bonheur de ces plantules, mais aussi celui des populations qui font du cocotier l'essentiel de leur régime alimentaire; nourriture généreusement offerte par la nature, sans effort et sans travail, par ces cocotiers à l'origine mystérieuse, dont on dit qu'ils ne poussent que s'ils entendent le bruit de la mer. Car leur localisation ne s'écarte jamais de plus de quelques kilomètres du littoral, et on les voit toujours sur les plages se pencher et « tendre le cou » vers l'océan. Providence des populations insulaires dans toutes les mers intertropicales, la fréquentation intime du cocotier exige toutefois quelques précautions : par grandes tempêtes, ne pas s'abriter sous ces arbres, dont la taille et le poids des feuilles et des fruits n'épargneraient guère l'imprudent qui en serait victime. La dureté de la noix de coco rend d'ailleurs difficile la percée de la plantule qui s'effectue par l'un des trois pores, bien perceptibles à la base de la noix. En germant, elle épuise peu à peu les réserves de beurre de coco accumulées par lente transformation du lait de coco, qui se baratte en quelque sorte spontanément.

La noix de coco, grâce aux fibres épaisses et résistantes qui entourent sa coque dure, peut résister et flotter longtemps dans l'eau de mer, qui représente le principal vecteur de sa dissémination. Rares sont les graines équipées pour résister à l'attaque de l'eau salée : si des plantes comme *Terminalia catappa* ou *Calophyllum inophyllum* sont répandues sur tous les rivages tropicaux, c'est à l'extrême résistance de leurs graines qu'elles le doivent. Celles-ci conservent leur pouvoir germinatif intact pendant des mois dans l'eau de mer, et traversent les océans portées par les courants.

Inventée par les plantes pour résister à la sécheresse, la graine apprend, ici, à résister à l'eau salée, et s'en fait une alliée pour assurer sa dissémination... Ces graines évoquent les mammifères marins, baleines, phoques, otaries ou dauphins qui, descendants d'animaux terrestres, ont réappris la vie marine de leurs lointains ancêtres, les poissons.

Les hormones du pollen

L'invention de la graine représente dans l'histoire des civilisations végétales une étape décisive. Grâce à leurs graines capables de résister à la sécheresse, les plantes à fleurs purent se libérer des sites marécageux où vivaient leurs ancêtres et établirent définitivement leur domination sur le sol sec. Les animaux à la recherche de nourriture suivirent le mouvement : les reptiles ovipares furent naturellement favorisés par rapport aux batraciens contraints à se reproduire dans l'eau; ces derniers, moins bien armés pour suivre les plantes dans leur migration continentale et s'adapter à leur nouveau mode de vie, déclinèrent; la zoologie entrait dans l'âge des reptiles et la botanique dans celui des plantes à graines. C'est alors que commencèrent à se développer des interrelations de plus en plus étroites entre les plantes et les animaux, en vue de la pollinisation et de la diffusion des graines.

Pollinisation et formation du fruit sont deux phénomènes étroitement liés. Les pétales et les étamines jouent, on l'a vu, un rôle déterminant dans le mécanisme du transport par le vent, par les oiseaux, par les insectes ou par l'eau; dans tous les cas, ces organes interviennent dans ce que l'on pourrait appeler la première manche de la partie. Le sexe femelle de la fleur pendant ce temps reste passif, verdâtre et à l'état embryonnaire. Il ne commencera sa croissance que si sa pollinisation a réussi, au moment même où pétales et étamines, désormais sans utilité, fanent et disparaissent. Le développement du pistil est induit par des phénomènes hormonaux liés à la pénétration du tube pollinique. C'est donc le pollen qui déclenche la maturation de la graine et du fruit.

Encore faut-il, dans les ovaires qui contiennent un grand nombre d'ovules, que la proportion de tubes soit satisfaisante, car le fruit se forme mal lorsque quelques ovules seulement sont fécondés. C'est ce qui se produit chez de nombreuses légumineuses où certains ovules ne sont pas fécondés, ce qui donne aux gousses une allure irrégulière et tourmentée comme on le voit chez le haricot.

Chez le melon, où les ovules sont innombrables, la

formation du fruit exige la fécondation effective d'un très grand nombre d'ovules, faute de quoi le melon se forme mal et avorte plus ou moins, en prenant des formes curieuses et irrégulières : c'est pourquoi les cultivateurs rapprochent les melons en fleurs des ruches afin de favoriser une abondante pollinisation et obtenir des fruits de belle qualité.

Dans cette compétition pour la pollinisation, les fleurs mal équipées pour attirer les pollinisateurs subissent un sérieux handicap : le magnolia, dont les beaux pétales ne sont porteurs d'aucune balise odorante ou colorée, attire peu les pollinisateurs; quelques ovaires seulement sont fécondés et forment de petits fruits secs disséminés çà et là sur le grand cône central de la fleur, qui se déforme entièrement.

La formation des graines et des fruits découle donc de la visite des insectes ou autres agents de la pollinisation, qui met un terme à la vie des pétales et des étamines, et enclenche le développement du pistil. A la limite ce pistil, avant la pollinisation, peut rester entièrement embryonnaire comme chez les orchidées, où les ovules eux-mêmes ne sont pas même formés et restent à l'état de petites masses cellulaires mal différenciées. On atteint ici, à l'extrême sommet de l'évolution des plantes où culminent les orchidées, le terme d'une évolution par constante miniaturisation : des ovules de cycas ou de gingko à taille de mirabelle, aux ovules de pin, gros comme un petit grain de riz, puis aux ovules des plantes à fleurs dont les dimensions n'excèdent jamais un ou deux millimètres, enfin aux ovules embryonnaires des orchidées dont la taille est de l'ordre du centième de millimètre. Dans ce dernier cas, la pollinisation n'entraîne plus seulement la transformation des ovules en graines, mais bien la formation des ovules eux-mêmes, selon le schéma classique d'une efficacité accrue par multiplication d'éléments miniaturisés. Les orchidées poussent ainsi à l'extrême le sens de l'économie des matériaux en ne formant leurs ovules que si vraiment ceux-ci sont destinés à être efficaces en devenant des graines. Et ces graines elles-mêmes restent minuscules, au point de nécessiter, au moment de leur germination, l'assistance technique d'un filament de champignon qui leur servira provisoirement à puiser leur nourriture dans le sol, avant de pouvoir se débrouiller seules grâce à leurs jeunes racines. Ces graines sont si petites que le vent les disperse comme de la poussière. Et pourtant les orchidées ont littéralement explosé en un formidable feu d'artifice de plus de vingt mille espèces. Alors que le palmier des Seychelles, avec ses graines énormes, ne forme qu'une population de quelques quatre mille arbres perdus dans le vallon d'un îlot d'un archipel de l'océan Indien!

Si les graines sont nécessaires à la diffusion de l'espèce, elles peuvent devenir gênantes quand les fruits qui les contiennent sont destinés à être consommés. On s'arrange alors, en copiant les stratégies de la nature, à faire des fruits sans graine, c'est-à-dire sans pépins : ce résultat peut être obtenu par simple pulvérisation d'hormones sur les fleurs : les ovaires se transforment alors en fruits en l'absence de toute fécondation. Cette méthode a été appliquée avec succès à la tomate, aux orangers, aux figuiers, qui produisent ainsi des fruits sans graines.

Mais on peut aussi produire des graines sans fécondation : la nature, en effet, n'exige pas absolument la fécondation pour fabriquer un embryon et une nouvelle plante; car la parténogénèse, rare dans le monde animal, l'est moins dans le monde végétal : il suffit qu'une cellule normale de l'ovule se mette à fonctionner comme un œuf et à donner un embryon, en dehors de tout phénomène de sexualité. De nombreux hybrides seraient condamnés à mort par stérilité, faute de réussir à se croiser avec des plantes voisines, s'ils n'avaient réussi à surmonter ce handicap en mettant au point ce mode de reproduction asexuée. Les pissenlits notamment excellent dans cet art, et leurs beaux capitules jaunes si attractifs pour les insectes peuvent se passer facilement d'eux, car leur reproduction est fréquemment parthénogénétique. Mais en attirant insectes et papillons, elles les détournent des plantes environnantes, réduisant leurs chances de pollinisation. Un moyen comme un autre de gêner le développement des compétiteurs!

Il arrive même que la fécondation produise des résultats fâcheux : la qualité des concombres est déplorable quand ils résultent d'une fécondation normale entre une fleur mâle et une fleur femelle. Mais si la fleur femelle a la chance d'échapper à la pollinisation, elle donne par parthénogénèse des fruits succulents. Aussi les cultivateurs évitent-ils la pollinisation par divers stratagèmes appropriés.

De fruit en fruit

Comme les graines, les fruits affectent les formes les plus diverses. Le grand botaniste anglais, Corner, ancien directeur du jardin botanique de Singapour, a vu dans le fruit du durian, un arbre de la forêt indo-malaise, le prototype et l'archétype de tous les fruits : il s'agit d'une sorte de petit melon couvert de fortes épines coniques se détachant spontanément à maturité du tronc et des branches de l'arbre. Le durian s'ouvre par cinq valves charnues et coriaces; à l'intérieur les grosses graines sont enveloppées dans un tissu épais, mou, à consistance et à saveur de fromage gras très fait. Les revêtements charnus de ces graines, nommés arilles, sont consommés par les Indonésiens, mais aussi par les gros animaux qui ainsi disséminent les graines, après leur avoir fait traverser leur tube digestif. Corner fait dériver tous les fruits de ce prototype tropical. Ainsi les jolis fruits du *Blighia* africain sont des durians en réduction et à surface lisse : ils apparaissent dans le feuillage vert de l'arbre comme de petites lanternes multicolores, avec leurs valves vermillon ouvertes sur des graines noires, luisantes, enchâssées dans une arille orange.

A l'inverse de ce prototype tropical, notre marron d'Inde serait un petit durian dont les grosses graines auraient perdu leur arille, mais dont l'enveloppe a conservé ses épines.

Les fruits primitifs contiennent généralement de nombreuses graines. Pour assurer à chacune une bonne dissémination, il faut que celles-ci s'échappent du fruit de façon précoce, donc que le fruit soit capable de s'ouvrir; car un fruit qui pourrirait sans s'ouvrir concentrerait toutes ses graines en un même point, ce qui entraînerait au moment de la germination une vive compétition entre elles, aboutissant à un désastreux gaspillage. La nature s'efforce donc de répartir au mieux les nouveau-nés, afin d'occuper l'espace d'une manière aussi homogène que possible. Stratégie d'aménagement du territoire bien différente de celle des humains qui se concentrent dans leurs villes monstrueuses, en même temps qu'augmentent violence et agressivité, celles-ci évoluant parallèlement à la densité. La nature au contraire met tout en œuvre pour assurer une dissémination des graines aussi efficace que possible et limiter l'agressive compétition qu'elles se livreraient si elles germaient au même endroit. L'efficacité bien comprise n'exige pas la concentration à tout prix! Aussi, pour éviter cette fâcheuse concentration, les fruits à graines nombreuses s'ouvrent-ils et laissent-ils échapper des graines à parois épaisses, généralement pourvues de dispositifs favorisant leur transport par l'air ou par les animaux. Les arilles pulpeuses et sucrées jouent précisément ce rôle attractif, et les animaux en sont friands. De plus, leurs couleurs constituent une excellente affiche publicitaire; et si, dans certaines espèces, l'arille disparait, c'est la paroi de la graine qui prend le relais en se peignant de vives couleurs, comme chez la liane réglisse, le fusain, la cola blanche, rose ou rouge, etc... Il arrive aussi que ce soit le fruit lui-même qui devienne charnu : la graine alors n'a plus besoin ni d'arille appétissante, ni de paroi colorée, puisque dans ce cas le fruit ne s'ouvre plus et sera, en entier, la proie des animaux. On a alors affaire à des baies, comme le raisin et la groseille, dont les graines chemineront à travers l'intestin des oiseaux et seront dispersées, avec leurs déjections, sur tout leur territoire de vol. Ce transit n'altère nullement le pouvoir germinatif de la graine dont les oiseaux sont d'excellents agents de diffusion, comme pour le gui par exemple.

Certains fruits précautionneux n'attendent même pas qu'on les mange. Sait-on jamais, si les animaux venaient à manquer d'appétit... ou à manquer tout court. Les grosses baies d'*Ecballium* explosent littéralement en se détachant de leur pédoncule, et projettent tout leur contenu sur ceux qui s'avisent de les cueillir. Cette cucurbitacée mérite bien son nom de concombre d'attrape ou cornichon d'âne.

Bien des fruits cependant se passent d'animaux pour répandre leurs graines : chez la jusquiame et le mouron, le fruit est une sorte de petite boîte dont le couvercle s'ouvre spontanément à maturité, laissant apparaître un amas de graines soigneusement rangées. La forme du couvercle du fruit des jusquiames aurait inspiré, dit-on, la forme de la calotte que les Juifs portent à la synagogue, et que copièrent ultérieurement les évêques et cardinaux. Décalottées, ces boîtes à graines finissent par verser leur précieux contenu sur le sol à la suite de quelque accident. Quant au pape, il a aussi son fruit : la fameuse monnaie du pape, inséparable des bouquets secs, est un fruit rond et aplati dont on aperçoit les graines par transparence.

Il arrive aussi que les parois de l'ovaire s'épaississent, durcissent, et forment un fruit incapable de s'ouvrir spontanément. La nature, dans sa logique, en tire les conséquences et n'enferme plus, dans ces fruits, qu'une ou deux graines; car s'il n'en était pas ainsi, on retomberait sur l'inconvénient déjà signalé, où seraient concentrées au même endroit de nombreuses graines du même fruit, contraintes à déclencher une épuisante compétition entre elles au moment de la germination. Cette fois ce n'est plus la graine, mais le fruit lui-même, qui sera diffusé : et l'on retombe sur tous les cas précédents : fruit sec s'accrochant à la toison des animaux, comme les petits fruits de *Gallium* ou de benoîte qui se fixent aux bas ou aux pantalons lorsqu'on parcourt une prairie en été; fruits surmontés de soies offrant une merveilleuse prise au vent, comme chez l'anémone, la clématite et surtout le pissenlit qui est un modèle du genre, et sème ses fruits surmontés d'un parachute à tout vent. Fruits pourvus ou accompagnés d'ailes membraneuses jouant aussi le rôle d'un parachute comme chez l'orme, le frêne, le charme, l'érable, le tilleul... Dans un stade plus évolué, la dispersion fait de nouveau appel à l'appétit des animaux, oiseaux notamment : mais il faut alors remettre en œuvre les dispositifs d'affichage, et préparer les menus appropriés : c'est ce qui se produit lorsque la paroi externe de l'ovaire devient pulpeuse, la partie interne restant ligneuse et constituant le noyau. On tombe alors sur les fruits charnus à noyaux, dont les cerises, les prunes ou les olives sont les prototypes.

Mais en enfermant les graines dans des fruits à parois dures, la nature prend le risque de rendre leur germination difficile; c'est la difficulté qu'éprouvent les graines de violette dont les téguments durs empêchent la percée de l'embryon, s'ils n'ont pas été au préalable attendris par les fourmis. Les fruits à noyaux trop durs ont les mêmes problèmes.

Le *Calvaria major* [1] est devenu sans doute l'un des arbres les plus rares du monde. Il n'en reste que quelques spécimens à l'île Maurice, dont les plus jeunes ont environ trois cents ans. Or on savait que ces arbres vivaient en relation avec les dodos, ces grands oiseaux sans défense que les Hollandais exterminèrent à leur arrivée sur ces îles, où ces gros oiseaux vivaient isolés, sans ennemis et sans concurrents. Incapables de courir et de voler, ils furent une proie facile pour l'instinct chasseur de l'homme : le dernier dodo fut tiré en 1681,

1. Famille des Sapotacées.

et l'espèce s'éteignait avec lui. On croyait que les dodos étaient seuls capables de féconder les *Calvaria.* Mais des études récentes ont montré que c'est un tout autre service que ces oiseaux offraient à ces arbres : en expérimentant sur des dindons, il apparut que les fruits durs des *Calvaria* sont attendris par leur séjour de plusieurs jours dans le gésier des oiseaux. Puis certains fruits, ainsi attendris, sont rejetés et deviennent alors capables de germer, leurs parois ayant été fortement ramollies par le long séjour dans les liquides biologiques. Ainsi peut-on à nouveau espérer sauver les *Calvaria,* dont le sort, étroitement lié au régime alimentaire des dodos, les condamnait à les suivre dans la mort à brève échéance.

Tout au moins est-ce là la thèse soutenue par des universitaires américains, mais qui a suscité en France, où l'on étudie précisément la flore de l'île Maurice, quelque contestation. On constate tout d'abord qu'il arrive parfois qu'une graine de calvaria réussisse à germer : fait rare certes, mais qui a pu être observé... et l'on en déduit, non sans malice, qu'il devrait donc exister encore si cette thèse est exacte quelques dodos à l'île Maurice! Or, évidemment, il n'en est rien. Mais si l'homme a bien exterminé les dodos, il a, en revanche, importé des macaques dans l'île, qui sont devenus rapidement envahissants, constituant une sérieuse menace pour la végétation endémique, qu'ils dévorent et dévastent allègrement. Les graines de *Calvaria* font partie de leur régime alimentaire, ce qui expliquerait la raréfaction de l'arbre par destruction massive des graines.

Il n'est pas impossible que dans cette affaire tout le monde ait un peu raison. En tout cas, le résultat est clair : la disparition des dodos et l'invasion des macaques semblent bien représenter une menace fatale pour l'avenir des *Calvaria,* aux graines trop dures et incontestablement peu aptes à germer.

On voit qu'une trop forte protection de l'embryon est un risque au moins aussi grave qu'une protection trop faible. Il en est des embryons comme des enfants : pour leur donner leur maximum de chances, il faut leur assurer suffisamment de protection pour leur offrir la sécurité affective, indispensable à leur développement, mais pas trop pour ne pas étouffer leur personnalité et rendre impossible leur épanouissement à une vie autonome et adulte. Vivre, c'est naviguer au jugé, dans l'équilibre entre les contraires.

La miniaturisation des fruits

La taille du fruit n'est pas nécessairement en rapport avec celle de la plante qui le produit : le melon et la citrouille sont portés par des herbes heureusement rampantes, ce qui leur évite de devoir porter des fruits aussi monstrueux. A l'inverse, les ficus qui comptent parmi les arbres les plus gros du monde, avec leurs racines pendantes formant des échasses, produisent les fruits les plus petits que l'on connaisse !

Les fruits à graine unique s'inscrivent dans la parfaite logique des « innovations » du monde végétal. Partant d'une grande fleur formant un fruit de grande taille renfermant de nombreuses graines l'évolution tend à réduire la taille des fleurs et à les regrouper en ensembles denses : les inflorescences. Ces nombreuses petites fleurs produiront naturellement de nombreux petits fruits, généralement à graine unique. Le nombre global de graines n'est pas forcément changé, mais la multiplicité des fleurs offre des chances plus grandes à la pollinisation en attirant des insectes d'autant plus nombreux que ces fleurs échelonnent leur épanouissement dans le temps et qu'elles sont visitées tour à tour. Si toutes ne le sont pas, les pertes seront néanmoins moins sévères que si une seule grande fleur à graines multiples n'est pas pollinisée, ce qui se solde alors par un déficit net considérable. De plus, de petits fruits et de petites graines ont naturellement plus de chances d'être disséminés par le vent ou les animaux que des organes très gros. La nature s'inspirant des principes de la spéculation en bourse, tend à répartir ses œufs dans plusieurs paniers, et finalement va jusqu'à ne plus mettre qu'un seul œuf par panier. Elle limite ainsi les risques au maximum et se ménage une sortie quoi qu'il arrive. C'est l'application aux fleurs et aux fruits du principe d'unicité inauguré par les cellules femelles dans leur réduction à une seule contenue dans un prothalle unique naissant lui-même d'une seule spore femelle logée dans un ovule unique au sein de l'ovaire. Etrangement, au fur et à mesure qu'elle progresse et invente de nouveaux procédés et de nouveaux dispositifs, l'évolution simplifie les structures élémentaires et les rend plus fonctionnelles!

De même les calculateurs électroniques et les ordinateurs les plus sophistiqués résultent de l'addition et de l'interconnection de structures élémentaires sans cesse miniaturisées, mais combinées entre elles en nombre toujours plus grands. Plus les entités élémentaires se simplifient, plus riches apparaissent les combinaisons possibles entre elles.

L'apparition des graines et des fruits semble avoir introduit les animaux dans la vie des plantes enclenchant une longue évolution mutuelle : ils interviennent d'abord pour répandre sur le sol les gros ovules du cycas, du gingko et de leurs congénères des temps héroïques. Puis, lorsque les plantes évoluent, la pollinisation est repoussée avant la formation de la graine, ils interviennent aussi à ce niveau et une sorte de spécialisation s'instaure : les insectes se spécialisèrent dans la pollinisation, tandis que les animaux supérieurs, oiseaux ou mammifères, entreprirent de disperser les graines. La faune se développa donc en rapport avec la flore; de plus, les arbres à fleurs offraient de nouveaux abris aux animaux, diversifiant et enrichissant leurs milieux et leurs conditions de vie. Cette exubérance végétale, dans les forêts équatoriales, entraîna bientôt la prolifération des animaux, dont les plantes durent alors se défendre; car ces alliés finissaient par devenir encombrants et dévorants : elles mirent donc au point toutes sortes de stratégies de camouflage et de dissuasion pour confiner l'intervention des animaux aux seuls secteurs « autorisés » : pollinisation et dispersion des fruits mûrs et des graines. En revanche, il fallait protéger les boutons floraux et les jeunes fruits de leur voracité. Ceux-ci se camouflèrent en adoptant la couleur verte, universelle et inattractive de l'ensemble de la végétation, se fondant en quelque sorte dans le décor. La coloration des fleurs et des fruits, la sécrétion des nectars et des parfums, l'offre de pulpes charnues et succulentes n'interviennent qu'à maturité, au moment où la visite de l'animal vecteur est opportune et souhaitée. De même, les fruits ne s'ouvrent qu'à maturité, livrant leurs graines au bon moment. Le choix des couleurs est lui-même adapté aux objectifs de l'organe : les fleurs évitent le rouge, car la plupart des insectes pollinisateurs sont insensibles à cette couleur. Les fruits, offerts en appât aux oiseaux, font souvent l'inverse car les oiseaux voient les couleurs comme nous : ils renferment des graines protégées dans des noyaux durs, donc inattaquables, ou des graines minuscules que les oiseaux avalent sans croquer : dans les deux cas, noyaux et pépins sont rejetés dans les excréments, intacts mais attendris. L'oiseau n'est plus prédateur, mais uniquement un allié! Il mange le fruit mûr, mais dissémine la graine, selon un échange de bon procédé, calqué sur celui déjà mis au point par la fleur, qui nourrit l'insecte de son nectar et le charge de disséminer son pollen.

Pour éviter toute intervention prématurée des animaux, le fruit vert ajoute à son camouflage des systèmes de défense chimique : il accumule des substances diverses, de saveur piquante et détestable, qui augmentent singulièrement ses chances d'arriver à maturité : acides et tanins astringents détournent l'animal du fruit vert mais disparaissent au cours de la maturation. Cette défense chimique, dont on peut imaginer l'efficacité en devinant sa signification, remplaça l'armure dont se revêtaient les fruits primitifs. Les fruits « modernes » n'ont plus besoin de se barder d'épines ou de se hérisser de piquants comme le fruit du durian et de ses congénères ancestraux. Ils ont inventé les armes modernes de la guerre chimique, même s'ils ne les emploient qu'en tant qu'armes défensives. Sans ces systèmes de camouflage et de défense, les jeunes fruits n'auraient aucune chance de survivre. Inséminateurs artificiels lorsqu'ils pollinisent, accoucheurs lorsqu'ils arrachent à la plante mère la graine et le fruit, insectes et oiseaux sont les alliés naturels de la fleur et de sa descendance. Sous les tropiques, leur rôle est presque exclusif. En région froide et tempérée, où les faunes sont moins riches et soumises à la sévérité de la saison froide, ces tâches sont en partie dévolues au vent qui y joue un rôle beaucoup plus important que dans les forêts équatoriales, où les plantes et les animaux vivent en communautés plus étroites. D'où l'impression de vie intense, grouillante et luxuriante, se dégageant de ces forêts sombres et épaisses où la vie s'arrache à la terre, comme aspirée par le soleil qui la produit et la féconde.

CHAPITRE 12

La socialisation des fleurs

Une solution élégante aux excès du gigantisme

Les premières fleurs sont apparues dans les forêts tropicales humides où l'évolution biologique se poursuit depuis des millions de siècles sans accident, sous un climat pratiquement inchangé. Cette continuité et cet étalement des processus évolutifs sur des temps très longs ont permis la mise au point des formes et des systèmes les plus divers, d'où l'extraordinaire richesse de la vie animale et végétale sous les tropiques. Sur la manière dont les plantes à fleurs se substituèrent petit à petit aux végétaux fossiles, aujourd'hui disparus, on ne sait que peu de choses. C'est là, disait Darwin, « un abominable mystère », un trou en apparence infranchissable dans l'histoire des plantes.

La miniaturisation des fleurs

Tout au plus sait-on que les premières fleurs étaient robustes, portées par de solides rameaux comme dans la famille des magnolias, à laquelle on revient toujours lorsqu'on évoque les fleurs les plus anciennes. La fleur de magnolia est, en effet, l'intermédiaire entre un cône de conifère et une fleur moderne : c'est une simple prolongation de la tige, portant des feuilles transformées en pièces colorées; on ne peut distinguer pétales et sépales, puisque toutes ces pièces ont la même couleur : violette, rose ou blanche. Viennent ensuite de nombreuses étamines fixées en spirale sur l'axe dressé, qui porte à son extrémité de nombreux ovaires, renfermant les ovules.

A partir de ce prototype, la fleur tend à se simplifier : un calice vert se distingue nettement d'une corolle colorée; les étamines tendent vers un nombre fixe, les ovaires se soudent entre eux en un organe unique, les ovules deviennent moins nombreux et la fleur adopte des dimensions plus modestes. Bref, en évoluant, la fleur miniaturise, comme le bouton qui la produit. Ce bouton cesse alors d'exercer une influence dominante sur le rameau qui le porte, influence par laquelle il manifestait son « pouvoir » sur les boutons situés au-dessous de lui, dont il inhibait entièrement la croissance. Car le monde végétal n'ignore pas les strictes hiérarchies et les systèmes de pouvoir, qui ne caractérisent pas seulement les sociétés animales ou humaines. Les bourgeons d'un rameau ne se développent pas à volonté. Le bourgeon central, dominant, impose sa loi à ses congénères, comme un chef de meute. Seul, son affaiblissement peut induire la montée voire la revanche des dominés qui s'empressent de saisir la parcelle de pouvoir disponible! Car la nature a horreur du vide : les dominants sont toujours jalousés et leur position fort convoitée.

Dès que le bouton central, en réduisant sa taille et son influence, cessa d'exercer sa dominance, les petits boutons floraux situés en position inférieure et dormant à l'aisselle des feuilles purent enfin tenter leur chance et donner à leur tour des fleurs; en même temps les feuilles qui les portaient réduisaient leur taille, et les tiges porteuses de fleurs se raccourcissaient; par ce double mouvement de diminution de la taille des fleurs et de multiplication des fleurs à l'extrémité des rameaux, des groupements floraux denses s'organisèrent, dont le modèle le plus simple est l'épi : toutes les petites fleurs se disposent en rang serré sur le même rameau et perdent leur pédoncule. Dans les épis des céréales, les fleurs se simplifient au point de perdre même leurs pétales, ce qui les contraint d'utiliser le vent comme transporteur de pollen. La famille des arums dispose ses fleurs, encore plus réduites, de la même manière : mais elle a inventé un stratagème habile : une très grande pièce attractive et colorée entoure l'épi, l'ensemble simulant une sorte de grande fleur, qui n'est en réalité qu'un ensemble de très petites fleurs munies d'un puissant appareil publicitaire et attractif, qu'elles ont hissé comme un drapeau.

Mais dans d'autres familles botaniques, celle du lys par exemple, un mouvement inverse s'amorce : les fleurs réduisent leur nombre et augmentent leur taille. Le lys des champs de l'Évangile est un asphodèle à nombreuses petites fleurs blanches, très abondant au printemps dans tout le bassin méditerranéen. Le lys blanc, fréquent dans les jardins et dont s'honorent les statues de saint Joseph, car il est symbole de pureté, a des fleurs moins nombreuses et plus grandes, d'un blanc éclatant. Les fritillaires, très proches du lys, ont encore moins de fleurs, et la tulipe finit par ne plus en avoir qu'une seule, mais très grande, comme la jonquille ou certains iris. Et nous voici revenus au point de départ : de la grande fleur solitaire à la multitude de petites fleurs groupées, puis au retour à la fleur unique, la nature prend un malin plaisir à nous déconcerter, décrivant des cycles étranges dont le sens nous échappe entièrement. Mais si le deuxième mouvement est assez exceptionnel, le passage des grandes fleurs primitives et solitaires types magnolia, nénuphar, lotus, anémone, aux petites fleurs multiples, semble se vérifier dans la plupart des grandes lignées évolutives. Processus classique de miniaturisation qui semble de règle chez les plantes évoluées, et peut aboutir à de surprenantes extrémités.

C'est dans la famille de la lentille d'eau que la miniaturisation atteint son point culminant. Ces lentilles vertes forment d'importantes colonies sur les eaux stagnantes ou les cours d'eau calmes. La plante ne dépasse pas 2 ou 3 millimètres, ce qui permet d'imaginer la taille de sa fleur ! Mais les *Wolffia* font mieux encore : ce sont les plus petites plantes à fleurs connues, puisqu'elles ne dépassent pas 0,5 millimètre : elles forment des espèces de grains verts, sans racines, sans vaisseaux, sans feuilles et l'on se demande comment elles arrivent à se reproduire : la floraison est rare et la fleur quasi microscopique. Plantes d'eau, elles ont fini par simuler des algues, mais des algues à fleurs avec leur unique étamine et leur minuscule ovaire à un seul ovule ! Étrangement, ces plantes poussent parfois à proximité des grands *Victoria regia*, ces nénuphars géants de l'Amazone, la nature rassemblant ici les extrêmes dans une de ses savantes compositions dont elle a le secret.

La miniaturisation des fleurs, puis leur regroupement en ensembles appelés « inflorescences », semble une loi fondamentale de l'évolution. Dans une première étape la fleur subit toutes les réductions possibles et imaginables; elle finit par atteindre un degré de simplicité tel qu'elle ne peut se condenser davantage; mais en même temps elle se regroupe avec ses voisines en inflorescences denses. Alors un nouveau processus s'amorce aussitôt : c'est la condensation, par contraction, de cette inflorescence qui se restructure et se simplifie à son tour au point de finir par ressembler de nouveau à une fleur simple. Autre jeu de la nature, autre cycle donc, de la fleur à l'inflorescence, puis de l'inflorescence à la fleur, autre mécanisme mystérieux dont le sens nous échappera sans doute à jamais...

Nouveaux progrès dans la division du travail

Les inflorescences différencient leurs fleurs : les plus externes augmentent la taille de leur corolle, les autres au contraire la réduisent. On assiste à une redistribution du travail entre fleurs, chacune se spécialisant dans une tâche précise, en s'inspirant des modèles que leur offrent les fleurs simples. Les fleurs externes simulent une corolle et n'ont d'autre fonction, semble-t-il, que d'attirer les insectes pollinisateurs sur l'inflorescence ; car leurs organes de reproduction avortent généralement, laissant ces fleurs stériles. Les fleurs centrales, à l'inverse, négligent de développer leur corolle au seul profit des organes reproducteurs. Elles assurent en priorité la fonction de reproduction. On voit ce phénomène s'amorcer dans de nombreuses familles, chaque fois que les fleurs ont tendance à se regrouper en inflorescences denses. Ainsi la corbeille d'argent qui forme de jolies bordures dans les jardins de rocaille organise-t-elle de manière prononcée l'asymétrie des fleurs externes. La plupart des ombellifères en font autant ; on reconnaît ces herbes au premier coup d'œil, par leurs grandes inflorescences où chaque petite fleur est juchée à l'extrémité du rayon d'une sorte d'ombrelle, de parapluie. Les fleurs externes de l'ombelle de la grande berce, ou mieux encore de l'énorme berce du Caucase, l'une des plus grandes herbes, et en tout cas la plus grande ombellifère, pouvant atteindre trois mètres de haut, deviennent nettement asymétrique par accroissement des pétales externes. Les *Orlaya*, très belles ombellifères d'Europe centrale, accusent davantage encore le phénomène, comme le fait aussi la boule de neige, belle fleur ornementale de nos jardins. Mais chaque fleur conserve néanmoins son individualité, sa personnalité propre. Et l'inflorescence déployée aligne ses nombreuses petites fleurs, comme un lit de dentelle prêt à recevoir le papillon pour les noces ! La carotte sauvage est un bon prototype de ces ombellifères à fleurs sociales, sinon totalement socialisées.

Cette évolution socialisante culmine dans la famille des composées, la première du règne végétal, la plus vaste des plantes à fleurs, et sans doute aussi l'une des plus récentes, puisque ses origines ne remontent qu'à une trentaine de millions d'années. En botanique, c'était hier ! La grande marguerite des champs est le prototype des composées; son organisation est révélatrice des performances que peut réussir l'évolution lorsqu'elle va au bout de sa logique. Les fleurs élémentaires sont minuscules et se pressent les unes contre les autres pour former la grande « fleur » que l'on connaît; car la marguerite est en réalité une inflorescence, mais une inflorescence qui ressemble à s'y méprendre à une fleur. Elle est entourée par un système de petites feuilles vertes, protectrices, nombreuses, simulant un calice : comme un vrai calice, ces pièces protègent la marguerite en bouton en s'écartant à l'heure de l'épanouissement. Suivent des fleurs externes dont la corolle est formée d'une longue lame blanche déjetée vers l'extérieur, et en tout point comparable à un pétale. Ce sont elles que l'on arrache quand on effeuille une marguerite, en disant « je t'aime, un peu, beaucoup, passionnément, pas du tout. » Puis, en approchant du centre, on voit un tapis dense de petites fleurs jaunes, très serrées, formant un parterre fleuri. Leur corolle forme un tube long et mince, cachant cinq étamines minuscules soudées en un tube qui traverse le style et le stigmate de l'ovaire. Les fleurs ne mûrissent pas en même temps : les plus externes s'ouvrent les premières et sont fonctionnellement mâles, tandis que celles du centre sont encore fermées. A ce stade, elles se comportent comme des étamines. Puis, quand les fleurs centrales s'ouvrent, les premières arrivent au stade femelle, tandis que les secondes inaugurent leur stade mâle : on a alors une fleur à l'envers, où les éléments mâles sont au centre et les éléments femelles vers l'extérieur, ce qui n'arrive jamais chez les fleurs « normales ». Mais l'ensemble néanmoins simule une fleur simple avec toutes ses fonctions et toutes ses prérogatives.

La marguerite illustre une société parfaite, où chaque fleur reçoit sa juste part de nourriture et n'essaie pas de se hisser au-dessus de sa voisine pour mieux séduire l'insecte... Société équilibrée, paisible, harmonieuse, où personne ne se marche sur les pieds, car chacun accepte la stricte discipline du groupe.

On se demande à la limite pourquoi elle ne fut point choisie comme l'emblème du parti socialiste! Certes son nom peut paraître désuet à l'heure du féminisme militant! Et puis les politiques ne sont point botanistes... Enfin, on ne connaît pas de marguerites rouges! Qu'à cela ne tienne : un gerbera, sa sœur jumelle, aurait pu faire l'affaire. Non certes ces beaux gerbera roses qui évoqueraient par trop les pâles couleurs de la sociale-démocratie. Mais un vrai gerbera rouge, auquel il ne manquerait que les épines. Mais qu'importe après tout, puisque le langage politique, lui, ne manque pas de piquant, comme nous le rappellent ces cactus qui occupèrent jadis une place si importante dans les discours officiels. Et puis la mode changea, remplacée par celle des « petites phrases ». Il restait heureusement les célestes, qui, fidèles à leurs traditions millénaires, préféraient les « cent fleurs »; car la botanique, en Chine, à toujours le dernier mot!

De l'organisme à l'organisation sociale

Le type de structure des composées évoque les modes de vie et d'organisation des insectes sociaux : l'analogie est frappante lorsqu'on compare, par exemple, les fleurs tubuleuses serrées sur le réceptacle d'un capitule de marguerite, et les alvéoles d'un nid de guêpes fixées à leur support : même disposition, même concentration. Bien plus, dans le nid comme dans le capitule, certains éléments sont clos (fleurs fermées, alvéoles operculées) et d'autres ouverts. Curieuse analogie, qui rassemble les fleurs d'un individu (marguerite) comme les individus d'un groupe (nid de guêpes). La comparaison pourrait aussi bien s'étendre aux immeubles collectifs où la « niche » humaine finit par ressembler à une alvéole, dans ces ruches grouillantes que sont les grandes tours des villes contemporaines.

De la fleur simple à la fleur composée, de l'abri de

l'insecte à la ruche de l'abeille, de la maison villageoise au grand collectif urbain, au sommet des grands axes de la vie, chez la plante, l'insecte ou l'homme, la tendance à la concentration, à l'organisation communautaire, à la socialisation s'affirme. Ambiguë comme tout fait biologique, elle paraîtra exaltante aux uns qui, comme Teilhard de Chardin, y verront le signe de l'unité et de la réconciliation finales des éléments formant « l'étoffe » de l'univers; concentrationnaire et déprimante aux autres qui redouteront les effets néfastes de l'anonymat et du collectivisme.

Mais la vie sait corriger le tir : après l'urbanisme des grands ensembles on revient aujourd'hui à des conceptions plus modestes, plus libérales, moins concentrationnaires, plus aérées, plus vastes... Il arrive que les composées en fassent autant, en réduisant leurs inflorescences au point de leur conférer la taille et l'allure d'une fleur simple.

La ressemblance d'un capitule de composée avec une fleur simple est un piège classique de la botanique, tant elle peut être frappante. Si la composée possède beaucoup de fleurs externes, à grandes corolles en lames colorées, elle ressemblera aux fleurs à plan mal stabilisé et à pétales nombreux, comme par exemple les fleurs de *Mesembryanthemum.* Si au contraire ces fleurs externes se réduisent à cinq seulement, comme dans les petites inflorescences des millefeuilles ou des *Galinsoga,* elles ressembleront davantage à la classique fleur à cinq pétales. Et si, par-dessus le marché, les fleurs en tube du centre se réduisent aussi à cinq elles évoqueront alors des étamines. C'est le cas d'une jolie composée de la flore vosgienne, le prénanthes pourpre, qui finit par ressembler de façon singulière à n'importe quelle fleur classique à cinq pétales et cinq étamines. Ainsi, après s'être efforcée de réunir de nombreuses fleurs en formations serrées, voici les composées qui, de nouveau, éclaircissent les rangs, simplifient leurs formations, et reviennent à l'organisation de la fleur simple. Nouvelle illustration de ces cycles progressifs et régressifs dont la nature nous offre maint exemple.

L'organisation de l'inflorescence des composées illustre une loi essentielle de l'évolution : la tendance à la division du travail s'accuse au fur et à mesure que les individus et les sociétés se perfectionnent.

Chez les individus d'abord : les tout premiers êtres nés dans les océans aux origines de la vie ne possédaient qu'une cellule au contenu diffus. Les êtres primitifs se perfectionnèrent durant des milliards d'années, jusqu'à former les cellules « modernes » où plusieurs minuscules organites accomplissent les tâches précises qui leurs sont assignées : la membrane filtre les aliments : c'est la douane. Le noyau possède dans ses chromosomes tout le programme de la petite usine cellulaire : c'est l'ordinateur central Les ribosomes synthétisent la matière vivante dont la cellule a besoin pour se construire : ce sont les ateliers de production. Les mitochondries rechargent sans cesse les batteries : ce sont les générateurs d'énergie. Les vacuoles stockent les réserves : ce sont les magasins. L'ergastoplasme détoxique et élimine les déchets, comme le fait le foie dans l'organisme : c'est la station d'épuration de l'usine.

Puis les cellules se socialisent : on passe des êtres monocellulaires aux êtres pluricellulaires. Des tissus, des organes se forment, dont chacun joue, à son tour, un rôle bien particulier : le cerveau, le cœur, le rein, le foie, ou chez les plantes, les racines, les tiges, les feuilles, les fleurs. L'organisme devient une machine complexe, aux fonctions judicieusement équilibrées, capable des plus brillantes performances.

De « l'organisme » individuel à « l'organisation » sociale, le pas est vite franchi, car le « corps social » spécialise à son tour ses organes selon la loi de division et de répartition du travail qui continue à jouer : chaque organisme, chaque profession assure la tâche qui lui revient au bénéfice de la société toute entière. Et le phénomène s'étend et s'amplifie au fur et à mesure que l'organisation de la société devient plus complexe.

L'autarcie est le système de production et d'échange propre aux groupes primitifs : chaque cellule sociale, la famille, la tribu, le village assure seule tous les besoins de ses membres; de même on dit d'un individu qu'il vit en autarcie lorsqu'il subvient seul à l'ensemble de ses besoins. C'est ce que fait aussi l'unique cellule de tous les êtres monocellulaires, végétaux ou animaux qui, très tôt dans l'histoire de la vie, ont peuplé les mers, puis les continents. C'est ce que font enfin les fleurs simples, assurant chacune à la fois la protection de leurs boutons par leurs sépales, l'attraction des insectes par leurs pétales, la production du pollen par leurs étamines et leur reproduction par leur pistil.

On trouve encore dans nos villages de ces vieux réputés savoir tout faire seuls : cultiver leur lopin de terre, fabriquer leurs paniers, rempailler leurs chaises, empailler les oiseaux, réparer les montres, préconiser les vieux remèdes... Hommes de jadis, vivant en marge de la société industrielle, et pour qui les notions de productivité et de rendement sont dénuées de sens. En avaient-elles d'ailleurs pour ces compagnons du Moyen Age qui consacraient des années à la fabrication de leur chef-d'œuvre ou pour nos ancêtres qui passèrent leur vie à construire des cathédrales.

Mais lorsqu'on passe d'une société rurale et agraire au monde urbain et industriel, lorsque les villages dépérissent au profit des villes, les tâches se redistribuent au sein de ces ensembles plus vastes et plus complexes. Plus de place pour la polyvalence : le mot d'ordre est à la spécialisation. Seuls quelques artistes ou artisans conservent le privilège de concevoir et de réaliser de leurs mains, à leur guise, et selon leur inspiration, les objets ou les œuvres de leur choix. Mais les exigences combinées du rendement et du progrès technologique contraignent la plupart des travailleurs à la morne et indéfinie répétition d'actes simples dont le travail à la chaîne est l'expression accomplie.

La fleur simple est comparable à ces hommes polyvalents des villages d'autrefois. Mais le capitule de composée évoque davantage l'homme de la civilisation industrielle. Les fleurs y acquièrent, si l'on peut dire, une spécialité : les fleurs périphériques deviennent stériles et se contentent d'attirer les insectes, tandis que les fleurs centrales se spécialisent dans les fonctions de la reproduction. Alors que la plupart des fleurs fonctionnent de manière artisanale, le capitule en est déjà au stade industriel. Du même coup le rendement s'améliore. L'insecte en vagabondant d'une fleur à l'autre ne pollinise qu'une seule fleur à la fois; mais en visitant un capitule de composée, il assure du même coup la pollinisation d'un très grand nombre de fleurs : économie d'énergie, réduction des frais de déplacement, concentration de la production, l'insecte pratique à son tour la pollinisation à la chaîne. Que l'on songe par exemple au capitule du tournesol, où des centaines de fleurs peuvent être fécondées au cours d'une seule visite. Ces capitules géants, qui peuvent associer plus de mille fleurs, sont plus gros encore qu'une fleur de magnolia ou une fleur de nénuphar. Tendance au gigantisme que l'évolution, décidément obstinée, va s'empresser de contrer : et l'on voit, au sein de la famille des composées, les grands capitules subir à leur tour l'évolution que connurent avant eux les fleurs simples, vers la miniaturisation. Le nombre de fleurs par capitule diminue, la taille du capitule se réduit; mais, en même temps, les capitules se rapprochent, puis se regroupent en ensembles denses et l'on aboutit... à des capitules de capitules! C'est une socialisation au second degré! La nature fait parcourir au capitule le même cycle qu'avant lui, elle avait fait parcourir à la fleur : simplification et regroupement des capitules prennent alors le relais du mouvement de simplification et de regroupement des fleurs! Car l'évolution progresse en spirale : chaque étage de la spire correspond à un palier de complexité supérieur du précédent. Et les lois régissant la cellule, la plante, l'animal et l'homme régissent aussi les sociétés qu'ils forment en se regroupant!

L'edelweiss ou le sens de la prospective

La tendance à la simplification et au regroupement des capitules s'amorce nettement chez l'eupatoire, le millefeuille, le beau solidage verge d'or, où les petits capitules forment des inflorescences – on devrait dire des « incapitulescences » – denses et ornementales. Elle aboutit à l'edelweiss où plusieurs capitules de taille réduite se resserrent au point de former de nouveaux ensembles denses, formés de petits capitules agglomérés. Et pour donner le change, ces capitules de capitules s'entourent de pièces blanches et duveteuses, de sorte que l'ensemble simule à nouveau une fleur : mais il s'agit en réalité d'un capitule de capitules de fleurs! Une fleur au troisième degré en quelque sorte. Dans la marche de l'évolution, l'edelweiss boucle ainsi un nouveau tour de spire, et nous amène deux niveaux au-dessus de la fleur simple; il persiste pourtant obstinément dans le même type d'organisation, puisqu'il confie à des pièces allongées et blanchâtres le rôle des pétales et aux capitules initiaux les tâches de reproduction. L'attachement sentimental à l'edelweiss s'adresse en vérité à l'un des édifices les plus perfectionnés et les plus modernes du monde végétal; fleur prestigieuse de nos montagnes, elle est aussi la plus élevée dans la hiérarchie végétale, la plus récente aussi, donc la plus proche; et peut-être parce que la plus proche, la plus aimée.

Le processus évolutif, qui conduit de la fleur simple à l'edelweiss, évoque le développement des grandes villes, par association successive de villages peu à peu englobés dans la structure urbaine. L'histoire de Paris illustre bien ce processus : au départ, une agglomération modeste que l'on pouvait comparer à une inflorescence pour autant que chaque maison soit considérée comme équivalente à une fleur. Et à peu de distance, des villages : Saint-Germain, Montmartre... Au fur et à mesure que le noyau initial s'étend, les entités d'abord isolées confluent en un ensemble unique qui les regroupe toutes : les villages deviennent des quartiers. Et autour s'édifient les lignes successives des remparts, chaque siècle repoussés plus loin, qui enserrent les « urbanescences » comme les pièces de l'edelweiss le font de « l'incapitulescence ».

Mais pour pousser à ce point le degré de socialisation, il fallait en même temps réduire et simplifier les capitules élémentaires sous peine d'aboutir à des ensembles monstrueux, dont on sait que la nature a horreur. Peut-on imaginer le regroupement de plusieurs capitules de tournesols? C'est pourquoi plus les capitules se regroupent, plus ils diminuent le nombre de leurs fleurs. Là encore, l'évolution va jusqu'au bout de sa logique : les gros chardons ornementaux à têtes sphériques que sont les *Echinops*, ces boules piquantes bleues ou violacées, si prisées pour faire des bouquets secs, résultent de l'agglomération d'innombrables capitules , mais dont chacun ne contient plus qu'une seule fleur. Échec est ainsi fait à la tendance au gigantisme que porte en germe le regroupement de fleurs ou d'inflorescences.

Et c'est là que s'arrête la comparaison avec le modèle urbain, où l'absorption de nouvelles entités périphériques et l'addition continue de nouveaux édifices ne sont compensées par aucun mécanisme correcteur. Aussi les villes grossissent-elles indéfiniment, jusqu'à devenir monstrueuses. L'évolution sociale défierait-elle les lois de la nature? Pas tout à fait. Car la nature élimine toujours les structures monstrueuses comme elle le fit des dinosaures. Aussi le gigantisme est-il de bien mauvaise augure; et chacun d'imaginer les guerres, les cataclysmes ou simplement les décadences qui pourraient bien ramener nos mégapoles à de plus modestes dimensions. Ainsi Rome, qui comptait un million d'habitants sous Auguste, n'en avait plus que 30 000 à la fin du ve siècle! Combien d'habitants à Paris ou à Tokyo en 2 200? Peut-être aucun...

En réduisant ses capitules à une seule fleur, l'*Echinops* a su conserver une taille tout à fait raisonnable.

Ce beau chardon de montagnes ne doit pas être confondu avec le chardon bleu ou panicaut des Alpes, qui est une ombellifère, et non une composée. Mais une ombellifère un peu particulière qui mérite d'être mentionnée ici, car son ombelle a été également victime, si l'on peut dire, du processus de simplification et de réduction qui nous est familier : les axes porteurs des fleurs sont courts, de sorte que l'ombelle tend à prendre la forme condensée du capitule. Elle s'entoure en outre d'une collerette de feuilles piquantes, plus ou moins colorées en bleu-violet, le tout simulant une fleur simple. L'astrantie des Alpes, autre ombellifère montagnarde, évolue dans le même sens, mais fait mieux encore : elle entoure ses ombelles très condensées d'une fausse corolle, formée de nombreuses pièces colorées, et cette fausse fleur ne ressemble plus du tout aux ombellifères classiques dont pourtant elle dérive.

Ainsi, dans des familles pourtant aussi éloignées que les composées et les ombellifères, les mêmes processus se développent : concentration des fleurs en inflorescences denses, réorganisation de l'inflorescence sur le modèle d'une fleur simple par spécialisation des tâches entre fleurs, avortement des pédoncules floraux, etc.

La nature pratique d'ailleurs avec ardeur les techniques de l'avortement, et finit par faire ressembler une inflorescence à une fleur, après s'être acharnée à simplifier et à regrouper les fleurs pour former des inflorescences. Avec quelle intensité ces phénomènes cycliques ont joué au cours de l'évolution, on ne sait au juste. Mais ce que l'on sait en tout cas, c'est que dans la toute récente famille des composées, ces phénomènes ont joué avec une réelle frénésie, puisqu'ils ont abouti à fabriquer vingt mille espèces en trente millions d'années, record de rapidité et d'efficacité que seules les orchidées semblent avoir battu.

Simplification, réduction et regroupement se sont ainsi poursuivis, sans relâche, formant des cycles successifs qui laissent le botaniste perplexe, car il n'en saisit pas le sens. Pourquoi ces étranges aller-retour pour atteindre un objectif pourtant simple : fabriquer des fleurs ou des agencements floraux fonctionnels et efficaces! Car la fin justifie les moyens : tous les mécanismes sont bons, c'est-à-dire retenus par la sélection naturelle, dès lors qu'ils garantissent une bonne pollinisation, donc la perpétuation des individus et de l'espèce. De là à conclure que l'évolution, puisqu'elle parcourt des cycles, est réversible, il n'y a qu'un pas. Mais ce serait une grave erreur de le franchir. Car l'image de la spirale est plus conforme à la réalité que celle du cercle : la vie joue avec la vie, mais elle ne revient jamais en arrière; ses chemins nous déconcertent et nous laissent sur notre faim lorsqu'elle semble développer ses initiatives en toute liberté imaginatrice et créatrice, sans but perceptible : car à quoi correspond ce jeu qui va de la fleur à l'inflorescence, puis de nouveau de l'inflorescence à la fleur et ainsi de suite... Mystère! Ce qui est sûr, c'est que la vie n'avance pas en ligne droite, pas plus d'ailleurs que l'évolution sociale. Les civilisations aussi parcourent, chacune pour leur compte, un cycle, avec une phase d'expansion suivie d'une phase de déclin, qui appelle une nouvelle poussée d'une nouvelle civilisation. Même mouvement de va-et-vient, qui s'inscrit sur le grand axe de l'évolution biologique dont la fin ultime nous échappe entièrement.

En revanche, il est une obsession de la nature qui dure obstinément où que le regard porte, et qui elle se comprend fort bien : c'est la tendance à protéger avec une efficacité toujours accrue les organes femelles. Il est donc logique de voir le capitule de composée suivre avec un singulier parallélisme le parcours évolutif qu'avait suivie la fleur simple. Les fleurs du capitule se serrent sur un cône bombé chez la camomille, sur un mamelon subsphérique chez la marguerite, sur un disque plat comme un plat à tarte chez le tournesol, sur un disque légèrement concave chez l'artichaut; c'est d'ailleurs ce disque que l'on consomme après avoir enlevé la paille, c'est-à-dire les fleurs qui le surmontent.

Mais ce chardon monstrueux et alimentaire dont le fond en assiette est comestible, ne marque pas encore le terme de cette évolution. Les *Xanthium* font mieux encore, en enfouissant les fleurs de ses capitules dans une coupe profonde.

Ainsi le long chemin que l'évolution avait déjà tracé du magnolia à la rose pour protéger les ovaires, elle le parcourt à nouveau de la camomille au *Xanthium* pour protéger les fleurs. Elle reste fidèle en cela à la loi de protection des organes femelles qui ne souffre aucune exception et constitue l'un des axes guides de l'évolution des plantes à fleurs.

On retrouve aussi chez les composées une autre loi, déjà rencontrée chez la rose, et à laquelle la nature reste obstinément fidèle : c'est l'indétermination fondamentale des organes jeunes dans leur capacité d'évoluer dans des directions souvent inattendues. On a vu les étamines de l'églantier se « désexualiser » et se transformer en pétales pour donner la rose des jardins. Et l'on voit chez les composées, les dalhias par exemple, les petites fleurs jaunes du disque central évoluer insensiblement en périphérie jusqu'à donner les grandes fleurs attractives et colorées destinées à attirer les insectes! Entre les unes et les autres pas de rupture, pas de solution de continuité : un simple glissement régulier, en fondu enchaîné, d'un type à l'autre; comme chez le nénuphar et la pivoine où les étamines deviennent insensiblement des pétales! Preuve supplémentaire, s'il en était besoin, que les mêmes processus, les mêmes types d'organisation se retrouvent à tous les niveaux de complexité, aussi bien chez la fleur simple que chez la fleur composée. Et que la nature a horreur des solutions tranchées, se réservant toujours une part d'indécision et de « liberté ».

Le strip-tease des euphorbes

La simplification par réduction des fleurs suivie de leur regroupement est encore plus spectaculaire dans la famille des euphorbiacées, vaste lignée évolutive de près de dix mille espèces, dont la différenciation est plus avancée que celle des composées puisqu'elle a commencé il y a cent millions d'années. Les euphorbiacées forment une famille botanique passionnante, où l'on retrouve les formes végétales les plus extraordinairement variées : des arbres comme les hévéas à caoutchouc, des plantes cactiformes comme les nombreuses euphorbes des déserts africains, d'étranges petits arbres miniature comme les euphorbes canariennes, des mauvaises herbes redoutables et prolifiques comme la mercuriale des jardins, de belles herbes à « fleurs » caractéristiques comme toutes les euphorbes de l'Europe tempérée ou méditerranéenne, des plantes alimentaires comme le ricin ou le manioc, etc.

L'architecture de la fleur d'euphorbe est restée pendant longtemps un mystère, tant est bizarre sa construction. Puis on s'est aperçu qu'il s'agissait en réalité d'une inflorescence très contractée, formée d'un ensemble de fleurs dont chacune est réduite à sa plus simple expression.

Les fleurs initiales des euphorbiacées sont simples et unisexuées : venant d'ancêtres hermaphrodites, elles ont perdu leur deuxième sexe, dont elles conservent toutefois, çà et là, quelque trace, signant leur évolution régressive. Les fleurs mâles possèdent initialement des sépales et des pétales comme on le voit dans certains crotons. Mais l'évolution les engage promptement dans une sorte de strip-tease qui va finir par les dénuder entièrement. Dans le ricin, elles ne possèdent plus qu'un bouquet d'étamines, entouré de quelques pièces vertes. Mais cette fleur a tendance à se simplifier encore. Dans le genre *Anthostema*, les étamines se réduisent à une seule, et enfin dans l'immense genre *Euphorbia*, riche d'environ deux mille espèces, les sépales disparaissent et l'on aboutit à la fleur la plus simple qui se puisse imaginer : une unique étamine.

Mais une telle fleur ne saurait rester solitaire : elle s'empresse donc de se réorganiser avec d'autres fleurs de son sexe, aussi réduites qu'elle, et forme à nouveau de petits bouquets d'étamines, qui sont autant de bouquets de fleurs mâles. Après ce premier regroupement homosexuel, cinq bouquets de ce genre retrouvent l'équilibre en se disposant autour d'une fleur femelle; celle-ci est aussi simple que possible car elle a subi au cours de l'évolution le même déshabillage! Elle n'est plus formée que d'un unique ovaire à trois loges, d'ailleurs caractéristique de cette famille et qui permet de l'identifier d'un simple coup d'œil. L'ensemble ayant ainsi conflué s'entoure de cinq pièces vertes simulant des sépales. Entre eux, d'autres pièces forment des glandes jaunes ou rouges selon les espèces; ces lobes colorés attirent les insectes et simulent une corolle. De sorte que le tout ressemble à une fleur simple, avec tous ses organes : c'est le cyathium, édifice floral spécifique des euphorbes.

Chez une petite euphorbe herbacée [1], ce cyathium se simplifie encore car les étamines, *alias* fleurs mâles, se réduisent au nombre de cinq. La similitude avec une simple fleur banale est encore plus frappante.

Mais les euphorbes n'envient pas les fleurs banales et cherchent à s'embellir : chez l'euphorbe *milii*, espèce ornementale et cultivée originaire de Madagascar, encore nommée *Euphorbia splendens*, les cyathium s'entourent de deux jolies pièces colorées jaune ou rouge carmin. La plante est hérissée d'épines acérées qui, à l'extrémité des rameaux, sont remplacées par des feuilles : ce qui semble indiquer que ces épines sont des feuilles modifiées et que cette plante, travaillée par l'évolution, devient une plante grasse sous nos yeux! Sorte d'intermédiaire ambigu et en pleine métamorphose entre les euphorbes à forme de cactus, comme

1. *Euphorbia hirta*.

la superbe euphorbe canarienne, et les euphorbes herbacées des régions tempérées.

Si ces pseudo-fleurs d'euphorbe que sont les cyathium se regroupent entre elles, leurs pseudo-pétales ne suffisent plus à jouer le rôle attractif qui leur est dévolu. Ce sont alors les feuilles qui prennent le relais comme chez le poinsettia [1] qui, depuis quelques années, a envahi l'étalage des fleuristes après s'être répandu d'Amérique tropicale à toutes les régions chaudes du monde. Plante somptueuse que cette rose de Noël – encore nommée étoile de Noël – où l'on voit de nouveau la nature éviter les solutions tranchées. Car si certaines feuilles deviennent rouge vif, d'autres restent étrangement ambiguës entre le vert de l'immémoriale tradition foliaire, et le rouge de l'audacieuse initiative de cette espèce. Ce qui montre bien que, dans la nature, rien n'est jamais ou tout blanc ou tout noir. C'est notre esprit cartésien qui voudrait tout classer, tout simplifier. Mais la vie est tellement plus complexe, plus riche, plus déconcertante. Le poinsettia est aux euphorbes ce que l'edelweiss, non moins ornementale, est aux composées : un ensemble de cyathium auréolés de ces superbes feuilles rouge vif.

Mais le mouvement va encore plus loin : chez les *Anthostema* déjà nommés, certains cyathium perdent leurs fleurs mâles, et d'autres leur fleur femelle, puis ils se regroupent pour former un nouvel édifice, un cyathium de cyathium, en somme une « incyathescence ».

L'évolution on le voit est parallèle à celle des composées, avec toutefois une plus vaste capacité de réarrangement des ensembles. Chez les composées, tout le jeu consiste à assortir convenablement deux types de fleurs : les fleurs en languettes du bord des capitules qui attirent les insectes, et les fleurs en tube du centre qui assurent la reproduction. En diminuant le nombre de ces dernières, les composées peuvent réduire la taille de leurs capitules; et, en supprimant les

1. La dénomination botanique exacte est *Euphorbia pulcherrima*.

premières, les rendre inattractifs pour les insectes et fécondables par le vent, ce que font par exemple les armoises à l'instar de ces fleurs simples que nous avons vues ici où là perdre leurs pétales, et donc leurs insectes pollinisateurs! Mais la marge de manœuvre des composées s'arrête là.

Les euphorbiacées vont beaucoup plus loin : elles ne se contentent pas d'ajouter ou de supprimer des fleurs, mais en même temps elles les démembrent. Le jeu devient beaucoup plus ouvert et les regroupements les plus divers peuvent s'imaginer.

Car les euphorbiacées ont un art consommé pour faire avorter des pièces et réussir ainsi des assortiments originaux : tandis que les composées ne jouent que sur le nombre des fleurs, les euphorbiacées jouent en plus sur la qualité : leur curieuse tendance à l'autocastration, par perte d'un sexe ou de l'autre, leur permet de construire des édifices qui simulent une fleur simple et sont ainsi des pièges beaucoup plus redoutables encore que les composées, pour un observateur qui ne serait pas très informé. En fait, ici, l'évolution régressive est parfaite et l'inflorescence, en se simplifiant, redonne une véritable « fleur » bisexuée. Les euphorbiacées bouclent de véritables cycles évolutifs : il en résulte une extraordinaire prolifération d'architectures florales caractéristiques de cette famille, l'une des plus passionnante du règne, et peut-être la plus activement « travaillée » par l'évolution.

Beaucoup de familles botaniques jouent au petit jeu de la miniaturisation et du regroupement des fleurs. Proche des composées, le joli cabaret des oiseaux [1] en est une autre illustration. Partie intégrante du paysage des régions tempérées, cette grande herbe un peu chardonneuse se maintient des années dans les bouquets secs, tant est rigide la structure de ses longues tiges épineuses et de ses têtes piquantes qui servaient jadis à carder la laine. D'où vient qu'une plante aussi sèche ait

1. *Dipsacus fullonum* (Dipsacacées).

pu se voir qualifiée de cabaret? C'est que ses feuilles s'insèrent sur la tige, comme deux mains réunies en coupe pour recueillir de l'eau; et, de fait, elles forment de petits bassins où les eaux de pluie persistent longuement et où les oiseaux viennent s'abreuver. Autre curiosité de ce cabaret : ses fleurs violettes, piquetées chacune dans une logette sur la grosse tête de ce faux chardon, commencent à s'ouvrir au centre des inflorescences, à mi-hauteur; puis le mouvement d'épanouissement des fleurs se poursuit curieusement vers le haut et vers le bas, comme si l'inflorescence séparait deux couronnes fleuries posées sur sa tête, et qu'elle écarte l'une de l'autre d'un mouvement lent et majestueux.

De la socialisation des fleurs à la vie sociale des plantes

Toutes ces plantes, toutes ces familles culminent au sommet de lignées évolutives différentes; mais toutes pratiquent la socialisation de leurs fleurs, thème central de leur effort sur lequel elles modulent à l'infini, formant des sociétés de fleurs au sein desquelles s'effectue le partage des tâches.

Mais ces sociétés florales se développent sur chaque individu : ce sont des fleurs qui se regroupent sur les plantes qui les portent, et non des plantes qui se regroupent entre elles. Et c'est en cela que ce modèle offert par la nature diffère du modèle social, qui associe des personnes et les organise entre elles, afin que chacune assume une tâche précise pour le plus grand bien de tous. Mais la comparaison ne manque pas d'intérêt pour autant : elle montre que les mêmes principes d'organisation s'appliquent aussi bien aux divers organes d'un individu, qu'aux divers individus d'un groupe. La vie invente du neuf en répétant du déjà vu. Comme la route qui gravit un col : les lacets sont tous semblables, mais la vue change à mesure qu'on s'élève. A chaque tour de spire, la perspective s'élargit et l'horizon s'étend.

De la socialisation des fleurs à la vie sociale des plantes, il n'y a qu'un pas, et l'on serait tenté de le franchir allègrement. En effet, les plantes connaissent comme nous les heurs et malheurs de la vie en société.

On apprendrait par exemple que, pour reprendre, mais en l'inversant, le slogan célèbre de mai 1968, les plantes ne font pas seulement l'amour, comme dans ce livre consacré à ce thème, mais aussi la guerre. Et la guerre sous toutes ses formes ! A l'arme blanche comme l'agave au dard acéré, ou le palmier rotang aux tiges tranchantes comme une épée. A l'arme à feu comme ces euphorbes qui expulsent leurs graines avec la force et le fracas d'une mitraillette. Guerre de mouvement chez la jacynthe d'eau des rivières tropicales qui, pratiquant la guerre éclair, le blitz, envahit en quelques jours de vastes étendues aquatiques, éliminant toute végétation concurrente; ou guerre de position chez le petit poa ou le petit mouron, qui occupent obstinément les terrains cultivés par le nombre invraisemblable des graines qu'ils produisent et font germer avec ardeur.

Mais les plantes n'en sont pas restées à ces formes de guerres conventionnelles ! Elles ont inventé bien avant nous les subtiles cruautés de la guerre chimique; « les gaz de combat » émis par les eucalyptus éliminent toute végétation herbacée dans leur voisinage; conifères et noyers en font autant, en empoisonnant insidieusement le sol, et la modeste piloselle fait pis encore : elle défend si vigoureusement son territoire par ses excrétions radiculaires que non seulement elle élimine ses ennemies, mais finit par s'éliminer elle-même par ses propres toxiques : version végétale du suicide ou de la guerre civile, comme on voudra, puisque le conflit se développe ici entre individus d'une même espèce; et, en tout cas, modèle naturel des intoxications subies par l'homme à la suite d'un usage immodéré des produits chimiques qu'il sécrète dans ses usines et répand dans ses champs : ainsi la piloselle avait-elle inventé la pollution bien avant nous!

N'assombrissons pas davantage le tableau, car il arrive aussi que les plantes aiment vivre ensemble : les vieux paysans connaissent les plantes qui s'aiment et ne leur refusent pas le bonheur. Ils savent, par exemple, que l'orge et le blé, en cultures mixtes, font les plus heureux ménages. Mais ils ignorent sans doute que la pâquerette pratique l'aide sociale! C'est qu'elle a réussi à mettre au point un dispositif chimique de défense contre les agressions de l'ail sauvage, habile comme personne à faire le vide autour de lui par ses poisons. Mais la pâquerette a réussi à produire le contrepoison idoine, de sorte que, sous son parapluie protecteur, d'autres espèces, comme la chicorée sauvage par exemple, peuvent survivre sans que l'ail ne les assaille... Vivre au ras des pâquerettes est alors sa seule chance de survie.

Compétition et coopération : les plantes doivent se soumettre, comme tous les vivants, aux exigences de la vie en société. Et l'histoire même de leurs civilisations s'effectue, à cette seule différence de détail près que les échelles de temps sont différentes, selon les lois mêmes qui régissent les sociétés humaines. Affirmer que l'histoire du christianisme se superpose à celle du platane paraît une boutade... Or les deux espèces de platane se sont séparées, comme l'orthodoxie et le catholicisme, par un schisme, fruit d'une longue période d'isolement : mêmes processus, mêmes résultats. Et que dire de la spartine de Townsend, cette plante « réformée » qui, en peu de temps, s'est substituée sur les littoraux britanniques à ses ancêtres, dans la meilleure tradition des insulaires déjà singularisés par la rébellion d'Henri VIII contre Rome! Car les plantes mutent et s'hybrident, s'isolent et se séparent comme les peuples et les idées. Elles ont leurs rideaux de fer ou de bambous, océans ou montagnes qui séparent les territoires et fragmentent les populations : si le français du Québec n'est plus tout à fait le français de France, les hêtres du Canada ne sont plus tout à fait non plus ceux d'Europe! L'Atlantique est « passé par là », formant une puissante barrière de part et d'autre de laquelle l'évolution s'est poursuivie de manière divergente.

Mais ceci est une autre histoire... une histoire qui reste à conter, celle de la vie sociale des plantes...

CHAPITRE 13

Et demain?

Ainsi s'achève notre histoire. Une épopée grandiose. Une histoire d'amour.

Une histoire d'amour entre les éléments : l'eau, l'air et le feu du ciel qui embrase la terre et engendre la vie.

Une histoire d'amour entre les vivants; l'oiseau, l'insecte et la fleur qui unissent leur destin. Mais à quel prix! Célibats forcés, unions manquées, trahisons, tromperies, cruautés : la vie fait payer cher le prix de sa pérennité. Car la nature n'est pas l'Eden. Elle ne paraît paisible que du dehors : la terre est belle, vue des mornes déserts des planètes mortes; la forêt habille le paysage d'une calme sérénité quand elle moutonne à l'horizon; la communauté des moines rassemblée au chœur invite au silence et à la paix. Mais la terre bouillonne et fermente, la forêt est le théâtre d'affrontements sans merci... et le monastère abrite bien des drames.

En plongeant dans le réel, les perspectives changent! Encore n'en saisissons-nous qu'une infime partie : car notre vision n'est pas celle de l'abeille; et notre sensibilité ne s'émeut vraiment que de nos relations amicales ou antagonistes avec les êtres de notre espèce. A l'instar des grands fauves, l'homme possède en effet le rare privilège de n'être plus en compétition qu'avec ses semblables. Plus de prédateurs menaçants : toutes les espèces animales et végétales lui sont soumises. Pour une plante, la culture c'est ce que l'homme fait d'elle. Et pour l'homme, ce qu'il fait de lui. C'est donc au sein de notre seule espèce que se vivent les interrelations complexes, heureuses ou malheureuses, tendres ou cruelles, qui font et défont la vie.

Les frontières de l'espèce délimitent ainsi le territoire inviolable à l'intérieur duquel s'éveillent les désirs et les pulsions du sexe : territoire ou se déploie le vaste arsenal des stratégies et stratagèmes que la nature a inventés bien avant nous pour séduire; car chaque espèce est enfermée dans ses propres barrières : l'attrait sexuel ne se manifeste qu'entre ses membres : les autres êtres ne provoquent aucun émoi! On ne tombe jamais amoureux d'une poule ou d'un éléphant. Pas même d'un chien ou d'un chat. On s'y attache certes, on les aime, mais autrement.

La quantité d'énergie dépensée à canaliser les pulsions et impulsions que notre vieux cerveau laisse monter comme des bulles à la surface de la conscience est impressionnante. Elle suffit amplement à nous angoisser ou à nous distraire. Elle témoigne en tout cas de la force primordiale de la sexualité qui est la flèche et l'aiguillon, et le dard de la vie. Énorme investissement dans un domaine où la vie ne lésine pas sur les moyens dès lors qu'il s'agit de son propre avenir. Nos sociétés qui ont codifié à l'extrême la productivité des quarante heures hebdomadaires ont dû faire la part du feu : elles abandonnent le reste aux œuvres et aux rythmes de la nature; temps de la liberté et des contraintes biologiques : le prix de la vie.

Affrontements et tensions, gaspillage d'énergie et de temps : la vie, ne serait-ce que cela? C'est ce que crurent en tout cas les penseurs du XIXe siècle de Malthus à Adam Smith et de Marx à Engels, dont nos systèmes économiques et politiques, libéraux ou socialistes, capitalistes ou marxistes perpétuent obstinément les idées. Interprétant la société à la lumière de la nature, ils éliminèrent le gaspillage – du moins le crurent-ils – en inventant les concepts de rentabilité et de productivité, et valorisèrent les luttes, les tensions et les compétitions, y voyant le seul moteur du « progrès ». Ne sommes-nous pas en état permanent de guerre économique? Et au moins idéologiquement de guerre civile? L'idéal libéral de la concurrence rejoint celui de la lutte des classes dans cette évidence communément admise que c'est toujours le plus fort qui gagne. Comme dans la nature telle qu'on se l'imaginait à l'époque : une jungle sans pitié.

Malheureusement ou plutôt heureusement, cette vision est incomplète; car elle néglige l'autre face de la réalité : la coopération qui, dans la nature et la société, équilibre à tout moment les forces de compétition. Au nom de la coopération, la vie introduit, dès l'organisation cellulaire, d'harmonieuses interrelations entre chaque constituant de cette société hautement organisée qu'est la cellule : chaque élément y joue son rôle pour le bon fonctionnement de l'ensemble. Et pour cela sacrifie une part de son indépendance et de sa « liberté ». L'esprit de sacrifice et de solidarité s'inscrit donc au cœur même de la vie. Il en est de même au fur et à mesure que l'on s'élève dans la hiérarchie des organisations, puis des êtres : les cellules s'organisent en tissus, et se spécialisent chacune dans leur fonction; puis les organes en font autant au sein de l'organisme, les individus au sein de la société, et les espèces au sein de la nature. A chaque niveau, la vie, en imposant son organisation, exige la coopération mutuelle entre ses éléments. D'où l'idée fondamentale d'équilibre, que l'écologie a eu le mérite de dégager en mettant en relief la tension constante entre deux pôles dialectiquement opposés : compétition et coopération. Des algues les plus primitives aux orchidées les plus sophistiquées, des virus à l'homme, toutes les stratégies, toutes les inventions répondent à ce double impératif.

Mais il arrive que le fléau de la balance penche davantage d'un côté que de l'autre. Les échanges ne sont pas égalitaires : certains donnent beaucoup et reçoivent peu; pour d'autres c'est l'inverse; d'où une dissymétrie permanente, et comme une faille qui traverserait de part en part le continent de la vie. Véritable « péché originel », entraînant comme une tare dans son sillage l'injustice et la souffrance, la douleur et la mort. Car telle est la loi d'airain de la vie qui répartit inégalement le lot des bonnes et des mauvaises chances.

Mais avec l'homme vinrent les cultures, les croyances et les religions. Toutes visèrent à renforcer le pôle coopératif et à encadrer au plus juste l'instinct de compétition et de meurtre. Mais les idéologies s'affrontèrent à leur tour, comme si la nature imposait aux sociétés humaines la transcendance absolue de sa propre organisation. Aux abus de l'Inquisition succédèrent les crimes des goulags, et la lutte vint se loger justement là d'où l'on prétendait l'évacuer : non plus seulement entre les individus et les espèces, mais aussi entre les croyances et les idées... Or ce sont les idées qui mènent le monde!

Certes, il y a les saints : donnant tout sans rien attendre en retour, ils cassent le système, s'échappent par la porte étroite, et témoignent prophétiquement d'un autre monde, d'un autre règne; comme cet homme qui mourut si jeune sur la croix où l'avaient planté – comme une graine – ceux à qui il avait pourtant tout donné; et comme tant d'autres qui partagèrent son destin.

Et puis, il y a nous, les autres, la foule, les masses, troupeau immense et anonyme. Dans le grand désarroi d'un monde qui avance à l'aveugle en brûlant ses vaisseaux, que nous dit la nature?

Elle multiplie à l'envi ses tentatives et ses initiatives, dans l'exploration de toutes les voies possibles. Elle accumule une incroyable collection de prototypes et de processus, avec une imagination sans limite et des fantaisies déroutantes. Elle progresse de crise en crise, traverse les cataclysmes, rebondit ailleurs; jamais elle n'avance en ligne droite, car elle brouille ses pistes et mêle le pire et le meilleur dans un bouillonnement et une turbulence sans égale. Elle nous apprend qu'elle sait faire tout ce que nous faisons, puisqu'elle le fit avant nous... avant de nous faire. Elle est notre modèle. Tout nous unit à elle et nous en émergeons.

Ce qu'elle nous enseigne, c'est notre propre vie, notre histoire, avec ses heurs et malheurs, ses crises qui nous provoquent, nous contraignent à avancer où à périr. Elle est la souche, le rocher où s'enracinent toute histoire, toute science humaine; faute de cette référence essentielle, il ne peut y avoir de véritable science de l'homme, sinon l'enlisement du discours dans le marécage des mots et la vaine diarrhée du verbe. Mais qu'a-t-elle encore à nous apprendre?

D'abord sans doute, un peu de modestie. Car que faisons-nous vraiment de neuf, sinon de l'imiter. Edgar Morin a raison lorsqu'il constate :

> « L'homme ne fait que remettre partiellement en activité une intelligence qui avait déjà organisé et créé les êtres vivants, y compris lui même : son intelligence redécouvre les inventions, processus, techniques, trouvailles qui, il y a deux milliards d'années ont déjà constitué l'organisation cellulaire. L'intelligence de l'homme semble provenir d'une fuite dans les conduites de l'intelligence inconsciente [1]. »

Mais quelle intelligence? Et d'où procède-t-elle?

Hasard ou nécessité? Dieu ou le néant? Éternel et vieux débat; car les mots sont usés et avec eux les idées. Laissons donc ces querelles; admirons le vaste déploiement de quelque chose qu'il faut bien appeler un projet... un projet grandiose et qui fait rêver. Et risquons une comparaison.

Chaque être, chacun de nous commence par un œuf : il contient en germe un programme héréditaire original que la nature et la culture, la croissance biologique

1. MORIN E., *Journal de Californie*, Paris, Le Seuil, 1970.

et l'éducation ont ensuite déployé pour aboutir à un adulte. Programme souple et flexible, puisque continuellement remanié et remis en cause par les fluctuations même de l'existence. Programme aboutissant à l'émergence d'une conscience personnelle, prenant le relais de la croissance biologique, en même temps que la responsabilité de la conduite de l'existence. On pourrait transférer ce modèle à la vie elle-même, dont nous sommes chacun un élément. Et si elle était, elle aussi, le déploiement visible de quelque dessein, d'un programme déjà contenu à l'origine dans la matière inerte, et qu'elle aurait déployé selon une inéluctable nécessité, pour aboutir aux formes les plus sophistiquées et les plus perfectionnées, culminant au sommet des règnes. Si l'orchidée et nous n'étions que l'aboutissement d'un dessein qui nous échappe entièrement, et dont les premiers balbutiements de notre conscience ne nous permettraient point de saisir le sens, sinon tout au plus d'entrevoir les modalités. Faute de trouver une réponse au « pourquoi », au moins entrevoyons-nous le « comment ». Et forts de ce savoir tout neuf, nous voici soudain capables d'entreprendre à notre tour de conduire la nature là où nous voulons qu'elle aille, assurant par nos moyens sa maîtrise et sa domestication. Mais notre programme est-il conforme au dessein initial? Va-t-il l'accomplir ou le trahir?

Responsabilité écrasante exigeant les plus hautes valeurs morales. Mais où sont-elles? où en trouver la source? où sont les communes références autour desquelles rassembler la grande famille humaine?

Si la nature nous offre ses modèles, éclairant aussi nos propres comportements, elle ne nous livre pas pour autant des règles de conduite infaillibles. Bien malin qui prétendrait tirer une philosophie de la nature : car elle dépasse toutes nos philosophies. Bien malin qui voudrait tirer une morale de la nature, car elle dépasse toutes nos morales. Elle remet en cause nos certitudes, dément nos hypothèses, prend à rebours notre logique. Comme la vie, elle nous cache son mystère.

Car elle est d'une essence qui nous dépasse infiniment. D'une essence proprement divine. Qui sait la contempler avec humilité médite ses leçons : il perçoit alors une invite pressante à poursuivre, avec l'intelligence du cœur, l'œuvre entreprise dès l'origine du monde; à renouveler l'alliance immémoriale de l'homme avec la vie, la nature, l'univers; unifier et pacifier, c'est jardiner la terre avec amour, comme aux temps d'Eden... car Eden pourrait être demain; c'est, comme le disait Shakespeare, « façonner nos fins, si grossières que soient nos ébauches ».

Mais cette alliance est menacée par l'accumulation des armes de mort; et plus encore par la mortelle illusion qui ronge les sociétés industrielles : en prétendant garantir le bonheur par l'accumulation des biens matériels et l'augmentation du niveau de vie, elles ont en moins d'un siècle rompu tous les équilibres, détruit toutes les cultures.

Seul un formidable effort de dépassement, un immense élan spirituel pourraient arracher l'homme au destin tragique qui le menace. Heidegger nous laissa, en guise de testament, ces mots prophétiques : « Seul un Dieu peut nous sauver. » Il avait raison. Au moment où l'humanité scrute l'avenir avec angoisse, on aime lire et relire cet admirable texte de Kazantzakis, qui retrace notre histoire et libère notre avenir :

> « Il souffle, dit-il, dans le ciel et sur la terre, dans notre cœur et le cœur de chacun, un souffle immense que l'on appelle Dieu, un grand cri, une voix. La plante voulait dormir immobile au bord des eaux stagnantes, mais le cri jaillissait et secouait ses racines : va-t-en, lâche la terre, marche! Pendant des milliers et des milliers d'années, le cri a poussé sa clameur et voici qu'à force de désir et de lutte, la vie a quitté la plante immobile; elle s'est libérée. Le cri terrible s'est planté impitoyablement dans ses reins : quitte la boue, dresse-toi sur tes pieds, engendre plus grand que toi! Cela a duré des mil-

liers et des milliers de siècles et voici qu'est apparu, tremblant sur ses jambes encore mal affermies, l'homme. Il s'est efforcé encore pendant des milliers d'années de sortir comme une épée du fourreau de la bête. Où aller? crie l'homme avec désespoir. Je suis arrivé au sommet, au-delà s'étend le chaos, j'ai peur! Lève-toi, crie la Voix, marche, c'est moi qui suis au-delà! »

Bibliographie sommaire*

BOEDYN K., *Les Plantes du Monde : Plantes sans fleurs,* 1 vol., Paris, Hachette, 1969.

BRISTOW A., *The sex lifeof plants,* Bassic and Jenkins, London, 1978.

CORNER E.H.J., *La Vie des Plantes,* Paris, Bordas, 1970.

FAEGRI K. et VAN DER PIJL L. : *The principles of pollination ecology,* Pergamon Press, 2e éd., 1971.

FRITSCH K. Von, *Les Insectes, Maîtres du Monde,* Paris, Flammarion, 1976.

GOETHE, *La Métamorphose des Plantes,* Triades, 1975.

JAEGER P., *La Vie étrange des Fleurs,* Horizons de France, 1959.

JAEGER P., *Les Rapports mutuels entre Fleurs et Insectes,* in Grassé P.P., Traité de zoologie, T. 8, fasc. 4, Paris, Masson, 1976.

LANGANEY J., *Le Sexe et l'Innovation,* Paris, Seuil, 1979.

MANGENOT G., *Données Élémentaires sur l'Angiospermie,* Annales de l'université d'Abidjan, 1973.

PELT J.M., *Évolution et Sexualité des Plantes,* Horizons de France, 2e éd., 1975.

DE WIH H., *Les Plantes du Monde : Plantes à fleurs,* 2 vol., Paris, Hachette, 1963/1965.

* Cette bibliographie sommaire ne comporte ni les ouvrages scientifiques, traités ou précis d'usage courant, ni les publications scientifiques originales françaises ou étrangères consultées par l'auteur, et qui l'alourdirait inutilement.

Table des matières

*Cet ouvrage reproduit par procédé photomécanique
a été achevé d'imprimer sur presse CAMERON
dans les ateliers de la S.E.P.C.
à Saint-Amand (Cher), en mai 1989
pour le compte de la librairie Arthème Fayard
75, rue des Saints-Pères - 75006 Paris*

35-30-6762-05
ISBN 2-213-00993-7
Imprimé en France
Dépôt légal : mai 1986
N° d'édition : 2935 - N° d'impression : 956

H/35-6762-5